U0921431

婚姻法案例重述

主　编　李显冬

副主编　郑广森　张　红

撰稿人　李显冬　郑广森　张　红　王双京
疏振娅　龙云丽　王福强　宝　颜
陈绍芳　李兆军　黄　杨　李　平
马吉亮　扶晴晴　于　敏　刘　臻
武建峰　杨若蒙　张　赟　高海玲
舒　翔　高小玲

中国政法大学出版社

案例与法
——兼论两大法系的法律方法论之异同[1]

（代绪论）

一、案例研究在法学教育中的地位和意义

（一）案例研究是法律学习目的所决定的不可或缺的内容

中国人历来认为，学习和研究的目的在于实践，学习法学的目的就是为了运用，故对于学习法律的学生来说，要想学好法律必须有正确的与实践相结合的方法。由于法律教育的成败得失事关国家法治的盛衰，因此在法学教育中，对法学教育方法的研究意义重大。

就其本质而言，法无非是在人类社会中对整体秩序具有规定作用的、并以人们的外在行为作为其调整对象的一种行为规则。民法是调整平等民事主体之间的财产关系和人身关系的法律规范的总和。当某种社会关系受到民法的调整和规范的时候，这种社会关系就成为民事法律关系。

法律的适用，是指将法律规范适用于具体案件以获得判决的全过程。如果某一具体的法律规范规定，具备某种构成要件就会产生某种特定的法律效果，那么当待决案件的事实符合这种构成要件时，该待决案件事实就应当产生这种特定的法律效果。法律能否正确而有效地实施，取决于人们对立法意图、立法目的、立法精神和原则能否正确认识和理解，具体来说，就是对案件所包含的社会关系能否正确认识和理解。

所以，从某种意义上说，适用法律的过程，也就是依据法律的有关规定来分析判断案件中所包含的社会关系的过程。正因为如此，在进行这种法律适用的逻辑

---

〔1〕 在我上研究生期间，杨振山老师是民法硕士研究生导师组的组长，我毕业留校后，他是教研室主任，我是党支部书记，一直在他身边。在此期间，杨老师带领我们完成了《民法案例精析》和《民商法实务研究》两部著述，这篇文章就是我当时学习和研究案例教学的一点体会。1999 年我随江平老师、谢怀栻老师、杨振山老师等去台湾进行学术交流，这篇文章是我参加交流的学术论文。杨振山老师不幸逝去的消息突然传来，思绪万千，自己写下了一首挽诗，以资怀念："扬名天下，名振四方，水长山高，鬼雄亦强。"现将此文修改补充后予以发表，以表达对杨老师的哀思。

推理之前,必须先寻找出可得适用的法律规范,即找法。找法的结果无非有三:一是有可以适用的法律规范;二是没有可适用的法律规范;三是虽有规定,可由于其过于抽象,必须加以具体化。无论哪种情况,均需对法律规范进行解释,或使之系统化;或使漏洞得以弥补;或使法律规范的价值得以补充。[2] 德国萨维尼曾说过:"解释法律,系法律学之开端,并以其为基础。"梁慧星老师进而发挥说:"法解释学作为科学的实用法学,并不是以法律解释本身作为目的,而是以裁判的先例为素材,以预见将来的裁判为目的。"

故可见,无论是法律的学习,还是法律的适用,都不可避免地要涉及到案例研究问题。这是因为,法律本身,特别是条文本身是死的东西,如果学生仅仅注重于对法律注释的研究,孜孜于法律、甚至孜孜于字义的解释,而忽视了法律的运用,特别是不能以活的头脑来解释死的法律,那么其既没有把握法律学习的真谛,忘记了"法学理论的研究,乃是法律真正科学的研究",[3] 而且又由于此种学习方法养成了动力定型,使其在遇到某种事实没有现成的解释例可适用时,往往变得迷茫不知所措。

(二)案例学习法是学生在法律学习中必不可少的方法

显而易见,一个法律院校并非只要挂一块法学院的牌子、再开几门法律课程就算在办法律教育。法律教育当然首先是为了培养法律人才,[4] 法律人才当然得掌握法律知识。而要掌握法律知识,又必须先弄懂法律是怎么一回事。在大陆法系各国,各种法学知识的学习,一般来说,是要求学生首先掌握基本概念、基本制度和基本理论。但是,学习理论的目的是为了更好地运用,掌握了法学基本理论还是不够的,学生还得学会运用法律。

正因为如此,学习法律的学生决不能仅仅专注于法律条文的分析,更不能只对现行法律条文穿凿附会,而应当在法律条文之外,对社会变迁、社会现状、社会发展趋势有相应的了解,而要做到这一点,研析各种案例便是最便捷的途径之一。故学习法律的学生,在将必要的社会科学作为基础课的同时,在学习各种法律学科的过程中,还应注重对典型案例的研析。

历史上各法学流派的研究方法各有特点。分析法学派的研究方法旨在鉴别法律现象的共同要素,侧重于分析解剖具体法律的成分与构成,而脱离了典型案例的

---

〔2〕 王泽鉴:《民法实例研析·基础理论》,作者自版,第 116 ~ 120 页;杨仁寿:《法学方法论》,三民书局有限公司 1987 年版,第 119 ~ 121 页。

〔3〕 Gray, *The Nature and Sources of the Law*, 2d ed. , p. 133.

〔4〕 孙晓楼:《法律教育》,中国政法大学出版社 1997 年版,第 11 页。

形象思维，使学生往往难以把握抽象规定的度与量。

历史法学派从法律的发源与成长来推求其原理和原则。并且，即使在大陆法系中，几乎每一个原理和原则也都能寻找到其藉以发端的著名案例。

哲学法学派是以抽象的伦理目光来批判现实的法律。但不通过现实的案例，何以得知现实法律的弊端？比较法学派的研究方法侧重于对各种法制的异同进行比较。收集材料的标准虽有不同，但案例无疑是其重要的内容。而社会法学派崛起以来，法律的研究方法发生了重大转变，更倾向于实际的、广义的、功用的研究。由过去对现实法发表其空洞的理论，或者拿空洞的理论来解释现有的法律的学风，而逐渐变为实际研究。目前各国的学者均认识到过分偏于理论往往用非所学，难以致用，理论脱离实际，所以，不论是大陆法系中的学者，还是英美法系的学者，近代以来，在著作、讲授和课程编制方面，都重视以案例研究为主要的教学方法。[5]

所以，学法律，不但要学条文，学司法解释，更要研究案例。

（三）案例分析是法学学生的基本功

在英美法系国家，不成文的案例法，特别是一些高级法院的著名法官的判例，实际上起着法律的作用，因此判例法的学习就成了英美法系法学学生课堂学习的主要内容。顺理成章，案例分析也就成为法学学生最基本的学习方法。

在大陆法系国家，尽管不承认法官的造法作用，但事实上在成文法之外，依然不能完全否定判例的参考作用。可以说，无论在理论上，还是在实践中，判例对任何一个法系都是不可或缺的。大陆法系的理论抽象，讲究围绕法律关系进行法学理论研究和学习，案例就是现实法律关系的概括和抽象。研究法律关系无疑须以具备案例分析的能力为前提。

（四）正确地分析案例是法学理论学习效果的检验标准

法学与一般社会科学不同，其不但以现行法为研究对象，而且应致力于形成对人类社会有利的规范作为自己的任务。为了使现行法达到维护统治阶级的社会关系和社会秩序的目的，为立法和法律解释等法律实务提供必要技术为目的的实用法学，必须针对具体的案例事实，将判例的分析作为其重要的研究内容。

对一个真实的案例来说，搞清案情即案件的客观情况其实是个证据问题。就课堂学习而言，学生的任务只是从仅剩下最基本的社会关系的案情介绍中，一步步地找出其所包含的全部法律关系。换句话说，分析一个案例时，只要学生弄清了其中所包含的一层层的法律关系，正确认定了这些法律关系的性质，也就知道了各方

---

〔5〕 孙晓楼：《法律教育》，中国政法大学出版社1997年版，第43页。

当事人究竟享有哪些权利，同时又承担哪些义务。

法律被正确适用的过程，无疑是以一个具体案件得以正确分析为基础的。案例分析在实践中的重要意义，决定了其在理论学习中的重要地位。

二、案例研究在法律方法论上的意义

由于历史的原因，中国的法律现代化一开始就囿于大陆法系的窠臼之中，中国近代最早的《民法》和《民事诉讼法》都是主要模仿大陆法系国家的。众所周知，我国目前的《民法》和《民事诉讼法》在理论体系上，也都属于大陆法系。随着改革开放的不断深入和发展，我国与英美法系国家的交往日益密切，而且，在我国诉讼法修改以后，祖国大陆的诉讼制度正在由"纠问式"向"辩论式"演化。可虽然诉讼程序在法律上已改为了辩论式，而实体法却依然是法典化的。故研究两大法系对案例的态度，就有了更加现实的意义。

（一）普通法的遵循先例与大陆法的三段论

美国法学家梅利曼在《大陆法系》一书中说过："两大法系在司法程序中的重大差异，并不在于两种法院实际上在做什么，而在于它们各自居于传统地位的社会习俗观念要求法院应该做什么。"[6] 梅利曼认为，两大法系的真正差异在于法典编纂的思想、法典系统化和概念化的程度以及对待法典的态度不同。[7] 我国法学界的通说认为，两大法系的区别在于法律方法论的不同。

普通法系国家，法院在处理具体案件的时候，首先要探讨以前类似案件的判决，并从中找出适用于所要处理的案件的一般原则，此即所谓的遵循先例原则。普通法系民法的结构不是理性逻辑的，而是以判例法为基础的经验体系，通过一定的原理而不是概念，将主要散见于庞杂的有效判例中的规则联系起来。这一结构是一个灵活和不断发展的体系，不能依靠概念分析、演绎推理去理解和发现法律，只能从积累的经验中抽象出规则以及理解它们的联系。因此，英美法系民法的体系是大陆法系所难以理解的，这个经验的体系由于无需文字表达的逻辑综合，因而在结构上看起来似乎是庞杂无章的，但在英美法律职业者看来，此种体系却是最好的，它是一个以法官的"语言"构成的体系，这个体系特别适合于社会的发展，也有利于法官发挥作用。[8]

而在大陆法系国家，对这种"遵循先例"的原则却完全持否定态度。他们至少在理论上不承认任何法院的司法判例具有法律效力。下级法院在法律上不受上级

---

〔6〕［美］梅利曼：《大陆法系》，顾培东、禄正平译，知识出版社 1984 年版，第 53 页。

〔7〕［美］梅利曼：《大陆法系》，顾培东、禄正平译，知识出版社 1984 年版，第 5 页。

〔8〕参见龙卫球：《民法总论》，中国法制出版社 2001 年版，第 84 页。

法院判例的约束。大陆法系国家在处理案件时,首先考虑的是制定法所确定的一般法律准则,传统民法学运用了一个单纯的逻辑模式作为法律适用始终应遵循的方法,称之为确定法效果的三段论法。[9] 在这个逻辑推理的三段论中,一个完全的法条构成大前提;而将具体案件事实归属于法条构成之下的过程,构成小前提;最后推出结论。法官俨然像一个机器操作工,只能谨慎地活动于立法者所设定的框架之内,把法学家创造出的"系统、清晰、逻辑严密"的法典适用于具体的案件事实。

可是,任何规则总有例外。长久以来,三段论在司法实践中得到了一致的应用。但是当代越来越多的法学家发现,三段论法的模式不恰当地简化了法律适用的过程。在法条就构成要件以及法效果规定得相当精确的场合,三段论的清楚适用问题不大,但是,事实上法律中的多数法条是不完整的,往往要运用不确定的概念或者需要填补的标准,而这些通过归纳法抽象出来的一般原则,不论其有多大的概括性,当其适用于特殊的案件时,总难免会产生不公平的结果。王利明先生说:"当今世界法治发展的趋势表明,判例法未因成文法的发达而湮没在浩如烟海的法典及法律之中,相反,判例法在法律的创制、解释及填补法律漏洞上所发挥的作用,使其地位比以往任何时候更加突出。"[10]

(二)务实的普通法系的法官与大陆法系抽象理论研究传统

西方法学界有一句名言:普通法是由法官创造和建立起来的。[11] 普通法从最初创立,到后来形成和发展,都离不开法官的贡献。正是由于法官们逐案严密地进行推论,才建立起这样一个法律体系,使以后的法官只能服从"遵循先例"的原则,依据案例处理类似的案件。

而在大陆法系国家,则在理论上排斥法官对法律的解释权。大陆法的传统理论认为,不论法官对法律作何解释,这都意味着"法官立法",而法官只应当执法。

因此,西方的法学家说,普通法的法学家是务实的,而大陆法系的法学家只注重抽象的理论研究。

三、判例在民法渊源中的重要地位

(一)判例在两大法系中均有重要作用

在英美法国家,判例法处于优先适用的地位。只有在判例不敷应用之际,才适用其他法律渊源。其实,两大法系审判模式的形成,都是在各自特定的历史环境

[9] [德]拉伦茨:《法律方法论》,陈爱娥译,台湾五南图书出版公司 1999 年版,第 168 页。

[10] 王利明:《中国民法案例与学理研究》(总则编),法律出版社 1998 年版,第 1 页。

[11] [美]梅利曼:《大陆法系》,顾培东、禄正平译,知识出版社 1984 年版,第 37 页。

中，由于政治、经济、法律文化、民族传统等种种因素的相互影响，逐步演进，通过一个长期的发展过程，才最后形成的，而且它们至今依然在不断地变化发展中。

审结案例不但直接反映了法官对案件的分析能力和执法精神，而且可以直接展现法官的法律意识以及其对立法的理解；同时，案例的具体情节还反映现实的社会现象，特别是经济发展状况，以及法治建设水平。成功的优秀判例，可以使法官处理同类或类似案件时，作为重要的参考资料，起到示范作用。所以，判例的研究，本身就是总结法官办案的经验、提高审判水平的一个有效途径。在大陆法系国家同样如此。

权威法学家公认，简单地去评判不同法系的优劣实际上是个愚蠢的问题。任何理论都渊源于社会实际，是社会实践的反映。在对待判例的态度上，尽管两大法系理念不同，但都不否认判例在司法审判实践中的重要作用。

（二）中国古代“律例并用、以例辅律”的判例法

1. 中国古代作为法律渊源的判例法。先例一直在中国固有民法中居于某种主导性的地位。学者所称的作为法律渊源的判例法，是指由法院在裁判过程之后所作出的那些判决例而形成的法律。英美法系以判例法为重要法律渊源，故其各级法院便有系统的判例汇编向公众公布；大陆法系国家凡是承认判例有补充制定法效力者，也都有官方出版的判例集。[12] 强调“个案裁判就是法律”是英美法学家的名言。[13] 众所周知，在大陆法系法院原则上是不受自己、同级或上级法院所作出的判决的拘束的，不过这并不妨碍其同样可以产生判例法。在司法实践中，往往一项判决作出之后，再遇有同样的案件发生，只要没有特别反对的理由，法院必然会作出同样的判决。故可见，“以同样判决屡经援用，人民之间遂成为习惯法而发生法律的效力。此即所谓判例法”。[14]

中国古代没有像古代罗马人那样，将业已存在的民事法律制度整理成逻辑严密的民法典或条理清晰的教科书，却只是本着息事宁人的宗旨，满足于合情合理地判定实际案例。[15] 故而需要引起我们注意的就是，先例一直都在中国古代法中居

---

〔12〕 如中华民国大理院书记厅曾编判例集，收录民国元年（1912 年）七月至民国三年（1914 年）七月民刑事判决。

〔13〕 陈传法：“法的移植简论”，载《法的移植与法的本土化》，法律出版社 2001 年版，第 6 页。

〔14〕 史尚宽：《民法总论》，台湾正大印书馆 1980 年版。

〔15〕 怀效峰：《明代民事判牍研究》（序），广西师范大学出版社 1999 年版。

于一种主导地位，诸多裁判案件的汇集都可以证明这一点。[16] 恰恰就是通过审判机关所累积起来的判例，中国固有民法同样形成了一个能够与社会生活相对应的统一完整的规范体系。[17]

2.“律垂邦法为不易之常经，例准民情在制宜以善用。”中国固有民法的演化规律是，先是“以例辅律”，逐渐“例律并行”，最后“以例破律”。所谓“例”，即成例汇编，是在汉代“比”的基础上发展起来的一种法律形式，但明清法规以律为主，律外有例、诰、令、条例、则例、会典等；特别是经常以奏准的例来补充律文的不足。[18] 明清时期律例合编。清律继承和发展了明律的有关规定，清朝法典分为“律”与“例”两部分，律是正文，例是附例。“凡律令该载不尽事理，若断罪无正条者引律比附，应加应减，订拟罪名，议定奏闻。”“律不尽者著于例……有例则置其律，例有新者则置其故者，律与例无正条者，得比而科焉，必疏闻以候旨。”而且《则例》又与“律令相表里”，在法源上具有统一性。[19] 以至于有学者说：“清以例治天下，一岁汇所治事为四季条例。采条例为各部署则例。新例行，旧例即废，故则例必五年一小修，十年一大修。采条例以入会典，名为会典则例，或事例。”[20] 据考证，嘉庆十六年“清厘例案之时”，皇帝曾发布上谕：“著各该堂官等择其在署年久、熟谙政务、平素端谨之人，责令详慎修辑，务使义意贯通。词句明显，以便永远遵守。”[21] 嘉庆的这一上谕后被载入了《钦定户部则例》“通例”门中。而在同治四年《户部纂辑则例》中更明确规定：“旧例有与现行之案不符者，逐条逐案详查折中。”采取的办法是：“例均舍案存例，案均改例从案。”即是说，当现行之案较多，而例与之相矛盾时，将案上升到例，即所谓“新例”，而原例或删除，或作为案保留在例中，以体现不以案废例的原则。[22] 可见，到清朝业已形成一系列比附范例作为审判时所应遵循

---

〔16〕 王健编：《西法东渐——外国人与中国法的近代变革》，中国政法大学出版社 2001 年版，第 41 页。Jamison, Translations of Leading Cases, China Rev., XVlll, No. 33. (1889); Emest Alabaster, Notes and Chinese Supreme Court Decisions, Peking, 1923; Wigmore, Panorama of World's Legal System (1929), I, p. 179.

〔17〕 [日]滋贺秀三：“清代诉讼制度之民事法源的概括法源——情、理、法”，载王亚新、梁治平编：《明清时期的民事审判与民间契约》，王亚新、范愉、陈少峰译，法律出版社 1998 年版，第 73 页。

〔18〕 张晋藩：“中国法制史发展概论”，载《中国法学》1984 年第 2 期。

〔19〕 林乾、张晋藩：“《户部则例》的法律适用—兼对几个问题的回答”，载朱勇主编：《〈崇德会典〉·〈户部则例〉及其他》，法律出版社 2003 年版，第 120 页。

〔20〕 林乾、张晋藩：“《户部则例》与清代法律探源”，载朱勇主编：《〈崇德会典〉·〈户部则例〉及其他》，法律出版社 2003 年版，第 121 页。

〔21〕 《钦定户部则例·通例》(同治十三年本)卷九十八。

〔22〕 林乾、张晋藩：“《户部则例》与民事法律探源”，载朱勇主编：《〈崇德会典〉·〈户部则例〉及其他》，法律出版社 2003 年版，第 118 页。

的先例。[23]

总之，例与律的地位随时代的变化而有消长，基本过程是：先是以例辅律，逐渐例律并行，最后以例破律。荀子曾说过："有法则以法行，无法则以类举，听之尽也。"[24]武树臣认为：这即为荀子提出的司法审判原理。其含义即是说："在审判中，有现成的法律条文可援引的，就按法律条文定罪科刑，没有法律条文的就援引以往的判例，没有判例就依照统治阶级的法律意识、法律政策来定罪量刑，创制判例。"[25]

考证还说明，例如在清代时，习惯法和判例法都是审判机关处理案件时的重要法律渊源。由于此种"例"其实是对成案中包含的法律原则的高度抽象，而适用成案事实上又是清代法律适用的一项原则，以至于清朝号称"以例治天下"。

3."定例"是中国古代成文法的重要组成部分。中国古代同样存在着实质意义上的判例法，认为中国古代是所谓"混合法"的学者说："中国存在着实质意义上的判例法乃至判例法体系。在清代，已经存在着一种判例法的形成机制，经过这种机制抽象出来的例，体现了若干禁止性授权性的规范，因而成为一种可以普遍适用于其他相关案件的法律原则。因此，清代不仅存在着判例（成案），也存在着判例法（定例），而且存在着判例法体系（大清例的体系）。"[26]

《大清会典则例》明文规定了各部事例，"有与律义相合者"采入律例的原则。[27] 修订律例时，事关罪罚，应入例者纂入律例。[28] 故有人认为：在封建社会后期，"律"仅规定大的原则，而"敕"、"例"等则从各个具体方面予以补充并可进行一定幅度内的修正。那些作为大原则的"律"是相对稳定的，很少进行修改，而实际起作用的那些附属立法如"例"，则会因时因地频繁修订，此即所谓"律垂邦法为不易之常经，例准民情在制宜以善用"。[29] 无疑，在民事法律调整中，这一特点尤为突出。

可见，只要我们不坚持那种僵硬、狭隘和陈旧过时的实证主义的法律定义，就可以看清楚，在中国运用法律来实施统治是一种极其久远的传统，自秦汉以后，不

---

〔23〕 张晋藩："清律初探"，载《法学研究》1979 年第 1 期。

〔24〕《荀子·王制》。

〔25〕 武树臣："中国古代法律样式的理论诠释"，载《中国社会科学》1997 年第 1 期。

〔26〕 何勤华："清代法律渊源考"，载《中国社会科学》2001 年第 2 期。

〔27〕 乾隆《大清会典则例》卷一百二十四，《律纲》。

〔28〕 林乾、张晋藩："《户部则例》的法律适用—兼对几个问题的回答"，载朱勇主编：《〈崇德会典〉·〈户部则例〉及其他》，法律出版社 2003 年版，第 76 页。

〔29〕 曾宪义：《中国法制史》，北京大学出版社、高等教育出版社 2000 年版，第 7 页。

但每个朝代都有大量的法律典章流传下来，而且这些条例随时损益，体现着有关社会变化的大量信息。[30] 所谓“有法则以法行，无法则以类举，听之尽也”，在中国古代民法这个领域，难道不更是如此吗?!

（三）成文法国家判例的弥补作用

在中国这样的成文法国家，不论是民法还是其他的一些法律，虽然可以通过立法和司法解释等手段来不断弥补现行立法的不足，但不论将民法的渊源扩充到何种范围，只要其中还没有包括判例，仅想以单独一部民法囊括社会生活中的一切社会关系，显然是不切实际的。这就是所谓成文法的局限性。对于审判实践中遇到的、许多属于民法调整范围内的、但民法又没有明文规定的社会关系，事实上，任何国家都不得不通过判例的方式来予以调整。就是成文法中的运用法律的基本原则、理解立法者的意图及法律精神、扩张解释某些条文的含义等手法，来适用法律，或者对在适用范围、条件等方面规定不明确的条文，也须运用各种法律解释学的方法对其进行解释，而这一切，其最终均需体现在审结的案例中。毋庸置疑，由此形成的案例，对司法实践有着重要的指导意义。对其进行系统地整理和研究，具有不言而喻的价值。事实上，在我国，许多类似情况就是通过最高法院对判例的认可来予以规范的。日本学者尾高潮雄说过，法解释学的作用不仅在于理解法律，而且还常常起着造法的作用。

所以研究业已表明，中国固有民法的一个重要特点，恰恰就是正律以外各种广义的法律相互配合，才构成了一项项调整民事生活的具体的法律制度。尽管中国历代法典均无明确系统的时效法律制度的规定，但以有效调整民事关系的各种单行法为主干而构成的民事法律规范体系，同样可以形成中国古代的时效制度，而且即使以近代民法的标准来予以考察，似乎也并非相去甚远。

也正因如此，虽然在我国漫长的古代社会中，没有一部集中的民法典来调整财产关系和人身关系，但却通过各种单行的法令条例对有关物权、债权、婚姻家庭方面的各种民事法律关系进行着有效的调整。[31] 故而必须注意的是，中国固有民法首先并不局限于律典。

众所周知，中国古代“法外有法”，律与其他各种法律形式并行。[32] 从秦开始，法律的主要形式统称为律，如《秦律》、《汉律》、《明律》、《清律》等。但除此以外，还有其他多种法律形式。例如，汉、魏六朝，律令之外，还有“科”与“比”。科是“事

---

〔30〕 梁治平:《清代习惯法:社会与国家》,中国政法大学出版社 1996 年版,第 15 页。

〔31〕 张晋藩:“论中国古代民法研究中的几个问题”,载《政法论坛》1985 年第 5 期。

〔32〕 饶鑫贤:《中国法律史论稿》,法律出版社 1999 年版,第 62 页。

条”;比是“类例”。唐代律、令、格、式并行。“律”是主要的法典,规定罪名和刑罚;“令”是皇帝的命令,规定贵贱等级方面的重要制度;“格”是关于官吏办事规则的规定;“式”是官署通用的公文程式。在这四种形式中,以律为纲,以令补律的不足,以格、式辅助律、令的施行。此外还有各种独特的形式,如宋代有《编敕》,就是帝王的诏书和命令的汇编;明、清有《例》,它是和“比”相类似的成例,但不一定有具体事例;明还有《大诰》。这些法外之法的存在,特别是它们不断增多的情况,不仅仅说明了封建法网日趋严密,封建专横的越来越苛酷和封建法制的越来越濒于崩溃,[33]而且对我们理解中国固有民法来说,有其更重要的意义。可以说,恰恰就是正律以外各种广义的法律,相互配合,才构成了中国古代一项项调整民事生活的具体法律制度。以至于有学者说,如果我们仅仅依据《大清律例》的例文那样的成文法,是不能全面了解古代相关法律变化的,甚至会出现诸多的“误读”。[34]

近年来法律史研究中对正律以外的大量史料的考证再一次说明:既然中国古代曾有辉煌的国际和国内贸易是不争的事实,且调整这些社会关系的大量的行为规则和裁判规则的存在亦不容置疑,那么,只要转换思路,从实质意义上的民法渊源的角度来看问题,就不但可以发现中国古代固有民法的实在体系,而且能够概括出其特有的调整模式,这无疑对目前我国民法典的编纂,同样具有重要的现实意义。

中国古代肯定没有形式意义的民法,但“有法制必有法典”的思维定式显然有欠妥当,中国古代不可能没有实质意义上的民法。历朝法典中凡户婚钱债田土等事撮取入律,既然狭义的实质意义上的民法,其仅为私法之一部,故而从广义的实质意义的民法的角度来看,凡有法律实质者不问形式皆可谓之民法。时效问题不就是一个较为典型的例子吗?这样,中国古代有无民法的争议因此也就迎刃而解,不应再成为问题。可见,以成文法为表现形式的民法的直接渊源之外的间接渊源,即法律之外的其他法源,是我们理解中国固有民法法律渊源的多元结构的关键。

此外,中国古代“说经解律,引礼入法”,礼作为伦理道德和社会规范的总和,是调整民事法律关系的特殊形式的法,农业社会中的家族法,无疑是稳定财产与人身关系的基本行为规范,而且这两者都是中国古代对国法的重要补充形式。对民事法律关系进行调整的传统习惯法,是弥补制定法不足的固有民事法律规范,地方官对习惯的认可,使得调整利益冲突的一整套地方性的行为规范得以确立。国家

〔33〕 饶鑫贤:《中国法律史论稿》,法律出版社1999年版,第63页。

〔34〕 林乾、张晋藩:“《户部则例》的法律适用——兼对几个问题的回答”,载《〈崇德会典〉·〈户部则例〉及其他》,法律出版社2003年版,第77页。

对民间交易习惯的适度放任，又表明中国古代也有“凡是不违法的就是合法”的理念。特别需要人们注意的是，中国古代亦有“民有私约如律令”的理念，说明当时通过违法惩处而赋予了契约以法律效力。而中国古代“律例并用、以例辅律”的判例法，使古代民事诉讼“有法则以法行，无法则以类举，听之尽也。”这不但证明“定例”是中国古代成文法的重要组成部分，而且说明中国古代存在着实质意义上的判例法。

(四)判例研究是促进法律进步的必要途径

有人说，近代立法中，有一种成文法与判例法融合的趋势。[35] 在成文法系国家，需要对法律作出解释。法学家强调，解释法律，不宜拘泥于法条文字，应当找出隐藏某一规定之后的法理或一般原则，以适用于法律没有明文规定的事项，这是法学和法院的权利与义务。

而且，即使是在成文法国家，遵循先例的原则事实上也依然是法制的重要原则之一。否则，不但对事实相同的案件可能出现不同的判决结果，而且对同一条件下发生的同一事实，也可能出现不同的法律后果。而这两种情况的蔓延，无疑都会从根本上动摇民法作为行为规范的基本意义。

中国历史上第一部民法典草案《大清民律》的诞生是中国固有民法在旧律体系外的重构，“奉夷为师”、取法日本特别是移植了德日民法典的概念与制度，不但奠定了民国初年民法近代化的规范基础，而且也给今天的中国民法留下了挥之不去的“潘德克顿法学”的理论印记。民法典的起草不但体现了一种理念的转变，而且预示着民法功能的演化。其分编起草、分别通过的潘德克顿的五编体制，适应现代社会需要的法律原则和法律规则，不但为法律的发展留下了自我开拓的空间，而且反映了当时对民法基础理论的深入研究。特别是《中华民国民法典》顺应现代立法的趋势——民商合编法典，奠定了中国“民商合一”立法模式的基础，其《民法物权编》作为私有财产神圣不可侵犯的宣言，防患于未然以“定分止争”，特别是其“准诸本国习惯”来“移植西方法律”，在“移植的法”与“长成的法”之间寻求恰当的连接与交融，为我们今天的民事立法留下了宝贵的经验。

最近，民法学界学者再次主张，我国所要制定的民法典应是一部开放型的民法典，而不应是一部封闭型的民法典。无疑，所有的民法学者都想要制定一部反映中国20世纪民法的成就、而且能够影响21世纪的“世纪法典”。人们不禁要问：我们行将制定的中华人民共和国民法典与一百年前即开始起草的、集中了那么多中国

---

〔35〕 王利明：《中国民法案例与学理研究》，法律出版社1998年版，第1页。

人的智慧的《中华民国民法典》，两者之间到底有没有关系呢？如果有，它们又是一种什么样的关系？我以为，要解决这个问题，首先要做的事情，就是了解中国固有民法及其法典化的历史和现状。

英国著名的法学家密尔松先生曾经在他的《普通法的历史基础》一书中说过："从法律的本质来看，目前的状况必须与刚成为过去的事物相吻合，因此，法律史的本质就是研究由证据材料有规律地表现出来的令人困惑的问题。"显然，从民法发展的历史的角度，只要对目前法制史学界有关固有民法的各种最新研究成果，即使是以一个民法学者的视野做一个的囫囵吞枣的扫描，那么，我们当用民法发展的这样一条历史线索，将自己感悟的只言片语，或那些问题之点连接在一起的时候，恰如密尔松在他的大作《普通法的历史基础》中阐述过的那样："法的历史就像儿童们玩的那种拼图游戏一样，当你用线条把一定量的点连接起来时，突然一幅图画就会出现在那些看来杂乱无章的线段之中。"

中国古代民事法律规范系统的独到之处，如果从法律方法论的角度来考察的话，其最大的特点就是用负面防范的表述方法，即用"凡是不违法的就是合法"的思维方式来界定民事法律关系的。只要我们把握了其规范民事关系的律例条文大多为禁止性的消极规范的特点，就明白了中国古代的任何社会规范，原则上只要附有了法律制裁，就变成了法律的道理。

所以我们会发现，中国固有的民法本质，在于其是在成文的法典体系外来设想和构筑市场的实定秩序的，故而所谓正律仅仅是一种作为民事活动底线的最基本的要求。由于中国古代的民法无非是长期积累的临时应急措施的定型化，致使民事法律规范大量掩藏在了律典的例文之中。无疑，中国固有民法是在一个包含有多个法律规范系统的层面之中，实施着多种法律渊源综合调整的法律规制方法。在古代，可以说中国人是自觉或不自觉地应用系统论的方法，而形成自己开放性的民事法律规范的体系的。

许多学者都认为，从某种意义上说，像侵权行为法、人身权法本来就是案例法，其实，案例研究对学习和掌握侵权行为的民事责任，有着特殊的意义，借鉴判例制度，在中国整个民法的发展和完善中，无疑也有其非常重要的意义。对中国古代"民有私约如律令"的考证，更使我对此有了进一步的理解，特附于书后，以飨读者。

李显冬

2008年1月于中国政法大学学院路校区

目 录

第一章　婚姻法概述

第一节　婚姻的概念与特征

一、婚姻的概念

婚姻是为当时社会制度所确认的男女两性的结合。此结合所形成的两性关系即为夫妻关系，又称为婚姻关系或者配偶关系。婚姻作为人类社会历史中最为古老的制度，在不同的国家和不同的地域有着不同的含义。

《中国公序良俗第一案——泸州遗赠纠纷案》〔1〕

【案情简介】

黄某与妻子蒋某感情不和，长期分居。后黄某与张某租房公开以"夫妻"名义同居，并生有一子。2001 年 2 月，黄某查出自己癌症已到晚期，即订立公证遗嘱，将自己的全部财产遗赠给张某。

张某一直照顾黄某到死亡，后持遗嘱向占有遗产的蒋某请求给付，遭到拒绝，于是起诉到人民法院，请求依据继承法的有关规定，判令被告蒋某按遗嘱履行，同时对遗产申请诉前保全。

【审理判析】

法院经审理认为：尽管《继承法》中有明确的关于遗赠的法律规定，而且本案中的遗赠也是真实的，但是黄某将遗产赠送给"第三者"的民事行为违反了《民法通则》第 7 条规定的"民事活动应当尊重社会公德"这一基本原则，当属无效，故判决驳回了原告

〔1〕 参见云南农业大学党委宣传部网，http://news.ynau.edu.cn/xcb/lilun/200504/20050426092157.html.访问日期：2005 年 4 月 2 日。

的诉讼请求。[1]

【法理研究】

本案曾在国内引起广泛而激烈的争议。就行为的违法性而言,究竟是"包二奶"违法,还是遗嘱违法,不无异议。

中国古代婚姻是以宗法伦理为基础的,其认为:"婚礼者,将合两性之好,上以承宗庙,下以继后世也。"而古代罗马法学家莫德斯汀则认为:"结婚是男女之间的结合,是生活各个方面的结合,是神法和人法的结合。"在欧洲的中世纪,婚姻被认为是一种神作之和。到了近代,大陆法学家一般认为婚姻是男女以永续共同生活为目的之结合。

像"包二奶"这种为法律和道德所否定的社会关系,当然在任何国家都不会被认为是合法的婚姻关系。

二、婚姻的特征

虽然人类在不同的历史阶段对婚姻有着不同的理解,但一个有效的婚姻一般具有以下几个特征:

(一)婚姻是男女两性的结合

男女两性之间的结合是婚姻的本质要件之一,也是区别于其他社会关系的最显著标志。从功能上看,婚姻为男女的自然性本能提供了合法的制度基础,也为人类繁衍后代、生生不息提供了合法的制度基础,是社会人文和伦理的体现。当然,在现代社会,同性恋已经成为了一个引人瞩目的现象,一些西方国家甚至承认了同性婚姻。但男女异性的婚姻作为一种最常态、最根本的人文伦理体现,仍然具有标志性的意义。

《杨女诉白男变性后离婚案》[2]

【案情简介】

杨女与白男于1997年12月自由恋爱,1998年5月登记结婚。婚后未生育小孩,亦没有共同财产。2001年4月,白男实施变性手术,并于2001年7月在公安机关办理了

---

〔1〕 该法院副院长在接受记者采访时阐明了这样判决的理由:"《继承法》、《婚姻法》这些特别法的规定都不能离开《民法通则》的指导思想。执法机关、审判机关不能机械地引用法律,而应该在充分领会立法本意的前提下运用法律。在判决本案时,我们直接引用《民法通则》的基本原则,而没有机械地引用《继承法》的规定,是合情合理的。如果我们按照《继承法》的规定,支持了原告张某的诉讼主张,那么也就滋长了'第三者'、'包二奶'等不良社会风气,而违背了法律要体现的公平、公正的精神。"

〔2〕 最高人民法院中国应用法学研究所编:《人民法院案例选》总第46辑,人民法院出版社2004年版,第75页。

姓名、性别、身份证变更登记，将姓名变更登记为白女，性别男性变更登记为女性。杨女于2002年2月1日向区法院起诉，以白男已变更性别为由，要求与白男离婚。白男表示同意离婚。

【审理判析】

区法院认为：本案仍按一般婚姻纠纷案件处理，只是在法律文书中叙述白男性别为女性，并加注说明其原来的性别为男性。因白男表示同意离婚，经调解双方当事人自愿达成协议：

杨女与被告白男离婚；个人衣物及日常生活用品归各自所有。区法院确认上述调解协议符合有关法律规定，并于2002年9月11日制发了调解书。

【法理研究】

本案事实比较简单，但如何适用法律，却存在比较大的争议。如果在离婚时，认定被告仍然是男性，那么这个案件就应当按照一般的离婚纠纷来处理。但是如果在离婚时，将被告认定为女性，就存在几种不同的可能：

其一，认定原被告之间的纠纷仍然是离婚纠纷，按照一般离婚程序予以处理。但如果按照一般离婚的程序处理，我国《婚姻法》又明确规定离婚的双方必须是男女双方。

其二，将原被告之间的纠纷认定为一种无效婚姻。但根据《婚姻法》第10条的规定，本案的此种情况又不属于法定婚姻无效的类型。这样，这个案件在审理中就陷入了一个二难推理的悖论。

实际上，在解决这个案件时，应当从婚姻的性质出发。根据《婚姻法》的精神，婚姻是男女之间的一种人身关系，其是由符合法定条件的男女在自愿基础上，经过法定机关登记认可而形成的一种以两性的结合为基础的人身关系。我国法律的这种界定，明确将“同性婚姻”排除在《婚姻法》所承认的婚姻之外。因此，任何同性间缔结的婚姻都是无效的。在我国，所谓无效婚姻是指因存在法定的瑕疵而不具有法定效力的婚姻。但需要注意的是，无效婚姻随着一定期限的经过，可能变成一种有效的婚姻。例如，男女一方或双方未达法定婚龄所缔结的婚姻，本属无效婚姻，但双方在达到法定婚龄后又主张婚姻无效的，法院不予支持。如果从这个角度来反向思考，是不是一个本来有效的婚姻，也可以基于一定的事实出现而归于无效呢？

应当认为，在本案中被告作为一个完全民事行为能力人，有权选择自己是否进行变性手术，这种基本人权他人当然不得随意干涉。但他这种行为必然导致法律上的一个后果，即根据我国《婚姻法》所确定的婚姻的根本属性，必然引起原有婚姻基础的丧失。故此案中应当认定该婚姻无效，而不应再以离婚程序来处理。

（二）男女两性的结合应当为当时的社会制度所确认

婚姻关系作为特殊的社会关系必须同当时的社会经济发展水平相适应，必须同当时的历史文化和伦理认知相适应，这是婚姻在社会层面上的要求。不同的社会、不同的国家以及不同的历史阶段对于男女两性结合的承认和保护是不同的。例如，在古代，一般承认实质上的一夫多妻制的，而现代社会则一般只承认一夫一妻制。

《李某收买被拐卖的妇女案》〔1〕

【案情简介】

1991年11月，被告李某在河北省某县笔头村，以人民币1800元从人贩子张某（在逃）处，收买了被拐骗的四川籍女青年卢某，准备作为妻子。收买后，李某于次日晚强行与卢某发生性关系，后又多次与卢某发生性关系。案发后，李某的认罪态度较好。

【审理判析】

县法院经过公开审理后认为，被告人李某收买妇女并强行奸淫，其行为已构成收买被拐卖的妇女罪和强奸罪，应予惩处。由于其认罪态度较好，可以酌情从轻处罚。该院依照全国人民代表大会常务委员会《关于严惩拐卖绑架妇女儿童的犯罪分子的决定》第3条第1款、第2款和《刑法》第139条第1款、第64条第1款的规定，判决被告人李某收买被拐卖的妇女罪成立，处有期徒刑1年。强奸罪成立，判处有期徒刑3年，决定执行有期徒刑3年。

【法理研究】

合法有效的婚姻需要为当时的社会制度所承认。虽然在不同的历史时期，有关合法有效婚姻的要求、构成要件以及举行婚姻仪式的繁简程度各不相同，但男女双方的结合必须经过合法的途径，其婚姻效力才能得到承认，进而产生应有的法律效力。我国《刑法》明确规定禁止买卖被拐卖、绑架的妇女，否则要承担相应的刑事责任。本案中，李某收买被拐卖的妇女卢某，并不顾其意志强行与其发生性关系，已经触犯了法律，他们之间的结合是不能够得到社会的承认和认可的，也不能得到国家法律的承认和保护。在我国部分地区，买卖妇女的现象时有发生，这种行为严重侵犯了妇女的合法权益，应当受到法律的严厉制裁。

---

〔1〕 最高人民法院中国应用法学研究所编：《人民法院案例》总第2辑，人民法院出版社1992年版，第21页。

（三）婚姻是经社会或国家认可的夫妻身份法律关系

经由社会制度所承认的两性结合，具有夫妻的身份，受到法律的保护。夫妻关系是一种得到社会认可的身份法律关系，其必须得到社会或者国家机关的认可，或者通过宗教仪式和社会习惯予以认可。没有社会或国家机关的确认，仅有作为当事人的男女双方私下对夫妻身份的合意，并不能得到相关法律制度的保护。反过来看，男女双方虽没有以夫妻名义生活，但是此种夫妻身份已得到了国家或社会的认可，仍然能够得到相关法律制度的保护。

《黎男诉谢女解除未明确夫妻名义的同居关系案》〔1〕

【案情简介】

黎男与谢女于1996年相识。之后不久，黎男将谢女带到自己的宿舍住宿。同年6月，谢女辞去工作，但仍然常到黎男宿舍与其同宿。在此期间，黎男向周围人介绍说谢女是其女朋友，黎男的同事也认为黎、谢二人是男女朋友关系。黎男由于工作性质，外出工作较多且无规律，引起谢女的猜疑，双方为此经常争吵。同年8月，黎男与同事外出工作，谢女见阻止未果，便从黎男宿舍楼顶跳下，致双腿摔伤，黎男将其送往医院治疗。现谢女双腿已瘫痪，暂住黎男宿舍。

1997年，黎男向法院提起诉讼，要求法院依法解除与谢女的非法同居关系。

【审理判析】

一审法院审理认为：非法同居是指无配偶的男女，未办理结婚登记手续即以夫妻名义公开同居生活。据查，黎男与谢女从1996年5月至同年8月虽有同居，但黎男对外介绍谢女是其女朋友，黎男同事也认为他们只是男女朋友关系，黎男也反对谢女与周围邻居交往，双方只是交朋友、谈恋爱，并非以夫妻名义同居生活。鉴于黎男、谢女的行为只是恋爱过程中的越轨行为，不属非法同居关系，故原告的起诉不属于法院受理的民事诉讼范围，不符合法定的起诉条件，应驳回其起诉。

【法理研究】

本案中，黎男和谢女虽然同居，但是并未办理婚姻登记，基于婚姻的概念，黎男和谢女之间不存在婚姻关系。因此，本案中，黎男、谢女的同居关系不能得到《婚姻法》的保护。

---

〔1〕 最高人民法院中国应用法学研究所编：《人民法院案例选》总第31辑，人民法院出版社2000年版，第53页。

婚姻是受法律保护的男女两性的结合,而同居仅仅是男女(或者是同性恋行为者)之间的、没有得到国家强制力保护的结合。故从本质上说,同居是当事人双方对自己生活事务的一种法外处理,国家没有干涉的必要。因此,法院驳回原告的起诉是正确的。

三、婚姻的性质

关于婚姻的性质问题,各个国家在不同的历史时期有不同的认识。一般来说,婚姻的性质主要有契约说、婚姻伦理说、信托关系说、制度说、身份关系说等。

(一)契约说

契约说由来已久,至今在西方法学界仍然具有支配性地位。该学说的代表人物是康德,其认为:婚姻关系是"性的共同体",是基于人性自然法则的必要契约。婚姻契约说最早为法国宪法第7条所确认:其坚持"法律只承认婚姻是一种民事契约。"婚姻契约说是反对封建包办和买卖婚姻的最强有力的武器,因而,在近代受到了人们极为热烈的推崇。但是,反对该学说的人却认为:婚姻契约说没有看到婚姻关系与一般民事契约之间的区别,婚姻关系固有的伦理性和制度性特征不能完全在民事契约的框架内得到解决。

(二)婚姻伦理说

该学说的创始人是德国哲学家黑格尔。此种学说认为:婚姻是"精神的统一",是一种"实质的伦理关系"。因此,婚姻关系与契约关系是有严格区别的。这种学说还认为,双方成立婚姻关系后,即抛弃现有的自然人格,从而达到一种有"自我意识"的男女两性结合——另一个不同于夫妻双方的完整人格。但反对该种学说的学者认为:婚姻伦理说过于强调婚姻精神层面的东西,忽视了世俗社会中夫妻人格平等、人格独立的原则。

(三)信托关系说

当代的一些英美法学家认为:婚姻是一种信托关系,国家将配偶一方委托给另一方,从而使他们在处理家庭问题上享有一系列权利。但同时国家又保留了婚姻利益中对社会有潜在影响的那些权利,因此,如果父母虐待儿童,国家就行使这些对其作为委托人仍然享有的权利。这种学说虽对国家与个人之间在婚姻方面的特殊关系作出了说明。然而,国家为什么在这种关系中享有委托人的地位?此种学说却始终不能给出一个符合现代观念的完美答案。

(四)制度说

该种学说起源于法国。其认为,婚姻乃是一种制度,当事人只有选择进入与不进入该种制度的权利,而没有改变该种制度的权利。因此,在这种学说看来,婚姻作为一种制度具有自主的地位。这种学说过于强调了婚姻的制度性特征,完全否定了缔结婚姻关系的双方当事人的主观意志。

（五）身份关系说

这种学说认为，婚姻本质上是一种身份关系，婚姻双方在财产上的权利义务关系是附属于人身上的权利和义务的。身份关系说是我国婚姻法学界的通说。

《张女诉周男单方出卖双方同居期间建造的房屋无效案》〔1〕

【案情简介】

张女与周男于1991年开始同居生活并生育一子。同居生活期间，双方共同出资修建房屋一栋。1994年10月12日，周男将该房屋以8万元的价格出卖给第三人李某，并在市房屋交易所办理了房屋过户手续。李某在办理该房屋的土地使用证手续时，被张女发现，张女即向市国土局申请要求停办，并于1995年10月向区人民法院起诉。

张女诉称：我与周男在同居生活期间，由我父及胞兄资助，与周男共同修建房屋一栋。1994年9月，周男强令我写下便条一张把房屋让与给他，之后我便外出打工。1994年10月，周男在我不在家不知情的情况下，将房屋出卖给李某，我现要求法院判决该买卖关系无效。

周男辩称：我是在张女同意的前提下才将房屋出卖给李某的，我们双方已在有关部门办理了房屋过户手续，房屋买卖应确认为有效。

李某述称：我购买周男的房屋是双方自愿的，且在有关部门办理了有关手续，应认定房屋买卖有效。

【审理判析】

区法院经审理查明：张女与周男于1991年12月开始同居生活，同居生活期间生育一子。1993年4月，张女父亲与胞兄共同将位于本市教场居委会后溶街的一块宅基地让予张女，张女与周男遂共同出资在此宅基地上修建房屋一栋。1994年9月5日，张女与周男发生矛盾，周男迫使张女书写未签名的便条一张，内容为："自愿将房屋送给周男和儿子。"张女于当晚便将此事告知了胞兄张男。张男于次日迫使周男写下一张便条，内容为"昨天张女写给我的一切条子作废"。此后，张女便外出打工。1994年10月12日，周男趁张女外出之机，将属于共有的房屋以8万元价格卖给第三人李某。周男与李某共同在市房屋交易所办理了房屋产权过户手续。其后，李某在办理土地使用权证手续时，被张女发现，张女即向市国土局申请要求停办，故土地使用权证一直未更改户名。

区法院认为：张女与周男在同居期间修建的房屋，系双方共同出资所建，理应属于

---

〔1〕 最高人民法院中国应用法学研究所编：《人民法院案例选》总第27辑，时事出版社2000年版，第53页。

双方共同财产。周男采取不正当手段私自出卖共有的财产,侵犯了张女对该房屋的所有权,其行为无效。张女于1994年9月5日给周男写下的便条,因是受周男胁迫所写,不是其真实意思表示,不予认可。第三人李某购买此房属不知情,没有过错,房屋买卖关系依法确认无效所造成的损失,应由周男承担。

【法理研究】

本案案情简单,但涉及的法律问题众多。对这些法律问题如何认识,不能就事论事,应当结合民法的相关理论、制度来认识。

关于争议的房屋所有权的性质,它关系到张女有无诉权的根本问题。这个问题的正确认定,又直接受到周男、张女同居关系的影响。

男女之间的同居关系为一种事实关系,而不是法律关系,不能产生合法婚姻关系下的权利义务以及配偶基于身份关系能对对方主张的权利。但同居关系下,男女之间仍能基于其意思表示和行为产生一定的财产法律关系。同居关系下的财产关系可依一般财产关系形成的原则来处理。本案中,周男、张女共同出资建造的争议房屋,基于其出资行为、建造房屋的目的及双方当事人的意思表示,可认定为一般的共有财产关系。共有分按份共有和共同共有,同居所形成的共有也不例外。至于是按份共有还是共同共有,可依《物权法》认定:当事人有约定的,按约定认定;当事人没有约定或约定不明确的,除共有人具有家庭关系等外,视为按份共有。

具体到本案,因其发生在《物权法》实施之前,因此依民法原理,法院认定为共同共有是正确的。

第二节　婚姻法的概念与特征

一、婚姻法的概念和内涵

(一)婚姻法的概念

婚姻法是规范和调整婚姻关系的法律规范的总和。婚姻法有实质意义上的婚姻法与形式意义上的婚姻法之分。所谓实质意义的婚姻法,是指所有规定婚姻关系的法律规范的总和。

除形式意义的婚姻法之外,尚有大量的实质意义的婚姻家庭法规定在其他法律中。例如各种法律法规中以结婚、离婚之构成要件、夫妻双方的权利、义务等为内容的法律规范。

故所谓形式意义上的婚姻法,其实就是指我国现有的《婚姻法》,其概括和抽象了实质意义上的婚姻法律规范的主要内容。

《张女诉市民政局婚姻登记纠纷案》[1]

【案情简介】

张女与王男于1980年登记结婚,1996年双方经协商同意离婚,并签订了离婚协议书。因张女身体不适,委托王男全权办理离婚事宜。市城区民政局婚姻登记管理处根据法律规定,于1996年1月25日派员前往张女住所核实情况,张女当即填写了离婚登记申请书,签字并按了手印。民政局收回双方结婚证予以注销,并发给了离婚证。

1996年7月1日王男发现离婚证丢失,7月3日向发证机关申请补发"解除夫妻关系证明书"。7日后张女之父拿着两份离婚证书到城区民政局,说离婚是王男骗取的,要求重新处理。该局领导批示承办人员注销了离婚证,同年8月31日城区民政局将已注销的结婚证又发给张女一份,并加注了"该结婚证继续有效"字样。另一份结婚证注了同样的字样,于10月17日寄王男所在的市财政局,20日该局局长收到,于30日向王男转交,王拒收。

1996年8月9日王男与现妻赵某登记结婚。11月1日王男就注销的离婚行为向市民政局申请复议。民政局于12月5日作出复议决定,确认王男与张女离婚登记有效,注销的离婚登记无效。张女对此不服,于1996年12月18日向城区法院提出行政诉讼。

【审理判析】

市城区法院经审理认为:原告张女与第三人王男自愿协议离婚,由市城区民政局婚姻登记管理处办理的离婚登记合法有效,当事人从取得离婚证时起夫妻关系即解除。既然张女属于完全民事行为能力人,可以明确表达自己意志,城区民政局向其询问时张女并未提出不同意见,所主张的欺骗离婚证据不足,不予认定。城区民政局注销离婚证的做法违反了《婚姻登记管理条例》,是不当的行政行为,侵犯了公民的婚姻自主权,依法予以撤销。

【法理研究】

并不是所有与婚姻有关的法律规范都要规定在《婚姻法》之中,那些规定在《婚姻法》之外、涉及婚姻的法律规范,即是所谓实质意义上的婚姻法。这些法律规定在规范婚姻关系、处理与婚姻有关的问题时,对当事人和行政机关同样具有约束力。

《婚姻登记管理条例》规定了婚姻登记的程序,对婚姻双方以及行政机关就都有约束力。本案中城区民政局没有遵照《婚姻登记管理条例》的规定,擅自注销离婚证,已

---

[1] 参见 http://www.hrbmzj.gov.cn/mzbk/05/jdal/1079.htm.

经违背了法律。法院的判决无疑是正确的。

(二)婚姻法的内涵

婚姻法主要有以下几层含义:

1. 婚姻法调整的对象是婚姻关系和家庭关系。婚姻法既调整婚姻关系也调整家庭关系。婚姻关系和家庭关系既有区别又有联系。婚姻关系主要包括婚姻的成立、结婚的效力以及离婚的效力等几个方面的内容。而家庭关系不仅包括了婚姻关系还包括了父母与子女的关系,以及其他家庭成员之间的关系。

2. 婚姻法对婚姻家庭关系具有规范和调整的作用。婚姻法既规定了婚姻家庭关系中夫妻以及家庭成员间的权利和义务,也规定了违反这些权利和义务的救济和惩罚机制。

3. 婚姻家庭法是法律规范的总和。我国的婚姻家庭法是由一系列调整婚姻家庭关系的法律规范构成的。《婚姻法》、《收养法》、《婚姻登记管理条例》等法律规范共同构成了我国的婚姻家庭法。

二、婚姻家庭法的特征

(一)婚姻家庭法调整对象具有普遍性

婚姻家庭法的调整对象涉及了社会中每个家庭和每个公民,不论男女老幼,也不论未婚还是已婚,几乎都要受到这部法律规范的调整。

(二)婚姻家庭法具有伦理性

婚姻家庭法的主要内容涉及夫妻、父母子女等关系,所有与此相关的权利和义务都具有鲜明的伦理性特征。婚姻家庭是人类种族生存和延续的重要条件,被历代的道德规范和法律规范所调整。从古至今,道德规范对婚姻家庭关系的调整一直起到了举足轻重的作用。婚姻法中也无一例外的体现了当时占社会支配地位的道德要求以及强烈的伦理特性。

《代男诉龙女返还为其抚养非婚生子女抚育费纠纷案》[1]

【案情简介】

代男与龙女于1982年结婚。1985年7月,龙女生下一男孩,取名代某,由双方共同抚养。1989年7月,代男发现龙女与他人有不正当的男女关系,遂提出离婚。经协商,双方在区民政局办理了离婚协议,约定夫妻共同财产归代男所有,由代男抚养代某;龙女每月给付30元的抚养费,并负责偿还夫妻共同生活期间所欠债务1100元。后

---

〔1〕 最高人民法院中国应用法学研究所编:《人民法院案例选》总第8辑,人民法院出版社1995年版,第61页。

来,双方因看望小孩一事发生纠纷,龙女以代男不是代某的生父为由,向区法院提起诉讼,要求变更代某的抚养关系。在区法院审理变更抚养关系案过程中,代男、龙女双方提出申请,要求对代某作亲子鉴定。

经市中心血站亲子鉴定,排除了代男是代某的生父。之后,龙女将小孩带走并由其抚养,同时向法院申请撤回了变更子女抚养关系之诉。1990 年 2 月,代男以代某不是其亲生子、双方之间无血缘关系以及对代某无抚养义务为由,向区法院提起诉讼,要求龙女返还其抚养代某的 6000 余元抚育费。

被告龙女在答辩书中一方面承认代某不是代男的亲生子,另一方面以离婚前小孩是由双方共同抚养且离婚时夫妻共同财产归代男所有、自己经济困难等为由,拒绝返还抚育费。

【审理判析】

区法院审理认为:在代男、龙女双方夫妻关系存续期间,被告龙女与他人通奸生育子女,并对其丈夫代男隐瞒真情,而代男在受欺骗的情况下抚养了非亲生子女,所以,代男在离婚后至小孩由龙女领回这段时间内所支出的抚育费,应由龙女负责偿还。鉴于双方当事人在协议离婚时夫妻共同财产已由代男一人分得,故代男在夫妻关系存续期间因受欺骗而支出的抚育费,不予返还。据此,判决被告龙女返还代男抚育费 320 元。

【法理研究】

本案的关键是夫妻关系存续期间男方受欺骗抚养了女方与他人所生非婚生子女,离婚后可否向女方追索抚育费?

原告代男在受欺骗的情况下承担了抚育义务,这种抚育行为是无效的,因此,原告有权追索抚育费。被告作为小孩的生母和监护人,应全部返还抚育费。此种意见理由正当,但考虑实际情况,如让被告全部返还抚育费,会给被告及其子女生活带来困难。

因此,本案原、被告双方当事人夫妻关系存续期间,由于龙女隐瞒小孩是与他人通奸所生这一重要事实,致使代男误将小孩当成自己的亲生子女抚育。从法理上讲,代男在不明真相的情况下虽然对小孩进行了抚养,但他既非小孩的生父,也非小孩的养父、继父,故对小孩无法定抚养义务。同时,按照《民法通则》的有关规定,代男受欺骗,在违背自己真实意志的情况下所为的民事行为应属无效。而且,夫妻关系的存续有效,并不意味着夫妻一方必然要承担另一方违法行为所致的后果。因此,代男要求返还抚育费的请求理应支持。但考虑到代男、龙女双方在离婚时,夫妻共同财产已由男方一人分得,以及龙女尚需抚育小孩,收入低等实际情况,法院判决代男在夫妻关系存续期间支出的抚育费不予返还,对双方离婚后至小孩被龙女领回这段时间的抚育费酌情返还。这样处理，既充分保护了代男的实体权利和诉讼权利，又妥善地保护了儿童的合法权益；同时对那些在夫妻关系存续期间与他人通奸的不道德行为，也有警示的作用。

对于此类民事案件中的法律问题，我国现行法律并无明文规定，只能根据《民法通则》及有关民事法律政策、精神予以合理的解决。应该说法院的判决是值得借鉴的。

(三)婚姻家庭法具有习俗性

婚姻家庭法一般都要受各国客观情况的影响，就算是同一国家，不同地域的婚嫁习惯和家庭生活习惯也不甚相同。所以，各国的婚姻家庭法都相应地体现了该国特有的风俗习惯，体现了一定的习俗性。

《高男诉翁女解除婚约返还财物案》〔1〕

【案情简介】

高男、高姨于1994年12月期间从台湾省来到福建省某县探亲。经他人介绍，高男与翁女于同月20日订婚，由高姨(高姨受高男父母委托全权办理高男订婚事宜)代表高男，而翁父代表翁女签订了《婚约合约书》。高男、高姨付给翁女、翁父新台币62 000元(折合人民币2万元)，金项链一条、金手镯一对、金耳环一对、金戒指两枚，金首饰共重七两一钱二分。随后，高男、高姨返回台湾。

1995年7月，高男再次来到福建省某县，向翁女提出了办理结婚登记的要求。因翁女未达法定结婚年龄，未办成结婚登记，双方遂发生纠纷。

1995年8月16日，高男、高姨向县法院提起诉讼，请求依法解除高男与翁女的婚约关系，判令翁女、翁父返还收受的2万元人民币和金首饰等物，并赔偿高男一方从台湾至福建的往返路费机票损失16 218元人民币。

翁女、翁父答辩称：高男并无真意要解除婚约关系，因为他与翁女已同居20多天，高男也就无权要求返还财物。高姨不是讼争财物的所有权人，无权作为原告起诉。请求驳回原告的诉讼请求。

【审理判析】

县法院经审理查明：翁女、翁父收受财物后，支付给介绍人介绍费新台币13 000元(审理中已责令收回)，借给高姨新台币1万元，余款经高男、高姨同意，用于购置结婚

〔1〕 最高人民法院中国应用法学研究所编：《人民法院案例选》总第20辑，人民法院出版社1997年版，第79页。

用具及操办酒席。

县法院认为:高男与翁女订立的婚约不受法律保护。高男一方赠与翁女一方财物,是一种附条件的民事行为。现所附条件(结婚)未成就,赠与行为尚未生效,原告要求被告返还财物于法有据,应酌情返还。但原告要求被告赔偿来大陆办理结婚登记往返的机票损失,于法不合,不予支持,应予驳回。翁女一方的辩解缺乏事实根据,不予采纳。

【法理研究】

本案是一起因解除婚约引起的要求返还彩礼的涉台民事案件。如何正确处理好此类案件,公平保护大陆和台湾当事人的合法权益,对维护两岸人民正常交往,促进祖国统一大业,有着积极的意义。

婚约,指婚姻预约,即男女双方以今后缔结婚姻为目的所作出的一种一致的意思表示。与台湾地区"民法"对婚约关系予以保护不同,《婚姻法》的精神是不承认婚约对订婚双方具有法律约束力的,男女双方结婚,完全以他们在结婚登记时所表示的意愿为依据。当然,男女双方自行订立婚约,法律也不禁止,只是不承认其法律效力罢了。所以,婚约在双方当事人之间不产生权利义务关系。

但对婚约关系不予法律保护,不等于对双方当事人之间所发生的纠纷不予处理。男女双方在订立婚约时及此后,一方给予另一方的财物,在婚约解除时就会产生是否返还的纠纷,此纠纷法院应予以处理。在审判实践中,对婚约期间男女双方互赠的财物,在婚约解除后应否返还,存在较大分歧。一种意见认为,婚约期间男女双方互赠的财物,与民法上一般的赠与关系一样,具有无偿性和实践性,不能要求返还。另一种意见认为,这种赠与是有条件的,是以结婚为目的的赠与,结婚目的未达到,则应予返还。本案判决采纳的就是后一种意见。

婚约期间男女相互赠与一些财物,价值有大有小,有的确实出于内心自愿而主动赠送,有的则是在婚约这一特定社会关系中有条件作出的赠与,不能都返还,也不能都不返还,应根据案件的具体情况酌情处理。就本案而言,原告给予被告金钱和贵重首饰,形式是赠与,但实质是迫于社会习惯,为达结婚目的而作出的有条件的赠与,是一种附条件的民事法律行为。

附条件的民事法律行为在所附条件成就时生效。本案所附条件(结婚)并未成就,因此,赠与行为尚未生效,在解除婚约的同时,应酌情返还财物。本案被告收受的财物,其现金部分,有的经原告同意购置结婚用品和操办酒席用掉,有的又借回给原告,现仅存从介绍人手中追回的介绍费和收受的金首饰,因此,法院判决被告将上述尚存钱款和金首饰返还原告,是合情合理的。而对原告来说办理结婚登记的往返机票费用,这是其往返大陆的必要费用,是纯粹为自己利益支出的费用;结婚登记不成是因翁女未达法定结婚年龄,而非其欺骗,法律上的障碍不能归罪于当事人。所以,原告要求被告赔偿其机票费用损失，没有法律依据，法院驳回其这一诉讼请求是正确的。

（四）婚姻家庭法具有法律规定的强制性

婚姻家庭法中法律规定多是强制性规范。所谓强制性规范是与任意性规范相对应的。任意性规范允许行为人作出与法律规范内容不同的行为；而强制性规范则要求行为人必须作出与该规范内容相一致的行为，否则就要承担不利的法律后果。婚姻法中关于婚姻家庭义务的规范多是强制性规范，例如对夫妻、父母、子女不得抛弃、不能虐待的规定。

《王某不服政府因违反计划生育管理规定对其予以行政处罚决定案》〔1〕

【案情简介】

王某于1994年4月21日当班期间，接待一位28岁女患者胡某。胡某自述："放节育环近一年，时有不规则阴道出血，近几天加重，伴有下腹部疼痛。"王某与同班医生张某为患者胡某作了妇科检查，诊断为"放环流血"或"自然流产"，需要清宫止血。经患者同意，王某为其取出节育环进行清宫治疗，并填写了医疗门诊手册。

后胡某回村要求报销医疗费，被计划生育管理部门发现其宫内节育器被医生王某摘除。经镇计划生育办公室调查核实，认定王某未经批准私自为育龄妇女摘取宫内节育器。镇政府依据《吉林省计划生育条例》第6章第26条的规定，于1994年5月6日作出"计生罚字（1994）3号处罚决定"，对王某处以罚款8000元。王某不服，以与患者素不相识，本人系妇科医生，为胡某摘取节育器是出于治疗的需要，并以按计划将重新为胡某放环为由，申请市计划生育委员会复议。市计划生育委员会复议后认为镇政府作出的处罚决定事实清楚，适用法律正确，处罚金额适度，维持了镇政府的处罚决定。

王某仍不服，向市法院提起诉讼，请求撤销镇政府的处罚决定。

【审理判析】

市法院经审理查明：王某系在得知镇政府于1994年5月6日对其已作出处罚决定后，才到患者胡某家中为其放上节育环。

本案是一起事实清楚、行政机关适用法律正确、处罚金额适度，原告撤回起诉的一起计划生育行政案件。

---

〔1〕 最高人民法院中国应用法学研究所编：《人民法院案例选》总第11辑，人民法院出版社1996年版，第179页。

【法理研究】

计划生育原则是我国《婚姻法》的一项基本原则,也是我国的一项基本国策。在《婚姻法》中,计划生育原则是一个强制性的规范。对于这种规范,相关主体必须遵守,否则就要遭受不利的法律后果。在本案中,王某不具有对患者施术的法定职权,为患者摘取宫内节育器的医生必须具有法定的施术职权,施术医院也必须具备国家有关部门规定的施术条件。私自摘取宫内节育器的行为虽然不是必然违反《婚姻法》中的计划生育原则,但对计划生育原则的实现必然有所妨害,应当避免。但需要注意的是,虽然从《婚姻法》的角度,王某不必然遭受不利的法律后果,但是由于她的行为已经触犯了地方性行政法规,因此需要承担部分不利的行政处罚后果。

(五)婚姻家庭法调整对象的身份性

婚姻家庭法关系的主体具有身份性。这些主体主要是基于婚姻、血缘或收养关系而产生,彼此之间具有一定的身份关系。

第三节 婚姻家庭法律关系

一、婚姻家庭法律关系的概念

婚姻家庭法律关系是指婚姻家庭法所调整的婚姻家庭关系。婚姻家庭法律关系与婚姻家庭关系不同。前者是一种法律关系,而后者仅仅是一种事实关系。把握婚姻家庭法律关系是理解整个婚姻家庭法的基础。在实践中,对婚姻家庭案件的处理和解决都是通过对婚姻家庭法律关系的考察和分析来实现的。

婚姻家庭法律关系由三个部分构成:婚姻家庭法律关系的主体,婚姻家庭法律关系的内容以及婚姻家庭法律关系的客体。

二、婚姻家庭法律关系的主体

婚姻家庭法律关系的主体是指依法享有婚姻法规定的权利和承担相应的义务的人,其中享有权利的一方称为权利主体,承担义务的一方称为义务主体。婚姻家庭法律关系的主体是具有婚姻、血缘或法律拟制血亲关系的自然人,主要包括:夫妻、父母、子女、继子女、养子女等。

《乔男诉王女在离婚后擅将子女送他人收养变更子女抚养关系纠纷案》〔1〕

【案情简介】

乔男与王女原系夫妻，于1991年3月16日经区民政局登记协议离婚，婚生男孩乔某（时年3岁）由王女抚养，乔男每月负担孩子抚养费30元。1992年3月，经朋友介绍，王女背着乔男，将乔某送给王某、杨某夫妇收养，并与收养人签订了送养协议（未经公证）。3个多月后，乔男得知此事，于1992年7月8日，以王女不尽抚养义务，擅自将乔某送给他人抚养为由，向区法院起诉，要求变更子女抚养关系，将乔某判归自己抚养。王女不同意乔男的请求，并表示要将乔某领回自己抚养，但未履行许诺。

【审理判析】

区法院经审理认为：王女未经乔男同意，将孩子送他人收养，违反《收养法》第10条"生父母送养子女，须双方共同送养"的规定，送收养关系无效。考虑到王女未能尽抚养、教育孩子的义务，由其继续抚养，对孩子健康成长无益，故对乔男的请求予以支持。判决：乔男与王女婚生子乔某由乔男抚养（判决生效后10日内由王女将孩子交乔某）。王女每月负担孩子抚养费50元。

判决后，双方均未上诉。判决发生法律效力后，乔男向受诉法院申请执行。因乔某仍在收养人王某、杨某家生活，王女与王某、杨某之间对送收养关系问题未能妥善解决，收养人拒绝交还乔某，致使执行工作未能进行。

1992年12月8日，原审法院依照审判监督程序，对本案提起再审。再审时，将乔某的收养人王某、杨某列为第三人参加诉讼。

再审中，乔男坚持主张变更乔某由自己抚养。王女辩称，将乔某送他人收养，对其成长有利；如解除收养关系，所需费用乔某应负担一半。王某、杨某称：乔某是其母王女自愿送与我们收养的，我们对孩子很好，彼此间已建立起感情，不同意解除收养关系；如解除收养关系，要求补偿孩子抚养费9000元。

原审法院经再审确认：收养关系无效。对此，王女应负主要责任。王某、杨某应将孩子交还，对孩子的抚养费，应给予合理的经济补偿。为有利于孩子的健康成长，乔某由乔男抚养为宜。

【法理研究】

王女与乔男离婚后，未经乔男同意便将归其抚养的婚生男孩乔某送他人收养，因

---

〔1〕 最高人民法院中国应用法学研究所编：《人民法院案例选》总第8辑，人民法院出版社1994年版，第67页。

此，乔男与王女变更子女抚养案的处理结果，必然与收养人有法律上的利害关系。原审审理中，在未将收养人列为第三人的情况下，确认收养关系无效，对收养人无法律效力。所以造成原一审判决难以执行。

原审法院发现问题后，依照审判监督程序，对本案予以再审，并将收养人列为本案的第三人参加诉讼，经过审理，确认收养关系无效，直接判决其承担交付孩子的义务，是正确的。

婚姻家庭法律关系的主体具有平等的法律地位。虽然主体的身份和称谓不同，但法律地位相同，这是由我国平等的家庭关系所决定的。自新中国建立后，婚姻家庭法律关系主体地位的平等原则就牢牢地树立起来了，婚姻家庭法律关系主体之间不因年龄、性别不同而具有不平等的法律地位。

三、婚姻家庭法律关系的内容

婚姻家庭法律关系的内容是指婚姻家庭法律关系的主体所享有的婚姻家庭权利和所承担的婚姻家庭义务。婚姻家庭权利是受婚姻法保护的婚姻家庭法律关系主体的合法利益。婚姻家庭义务是婚姻家庭法律关系主体依照婚姻法所必须为某种行为或不为某种行为的界限。

（一）婚姻家庭权利

其主要分为人身权和财产权两大类。

1.婚姻家庭人身权。婚姻家庭人身权是指与权利主体的人格和身份有关的民事权利。与人格有关的权利主要是婚姻自主权；与身份有关的权利主要有配偶权、亲权、监护权、亲属权等。这些身份权是婚姻家庭领域中最重要的人身权利。

2.婚姻家庭财产权。婚姻家庭财产权是指基于家庭成员关系和共同生活而发生的与财产有关的权利，最典型的婚姻家庭财产权是夫妻就个人以及共有财产所享有的财产支配权。

《胞弟等诉胞兄等单方赠与夫妻共同财产无效返还财产案》〔1〕

【案情简介】

原告杨弟系被告杨兄之胞弟。1992年9月29日，杨兄通过日本国东京都总会从日本某银行汇款1.2亿日元到中国银行大连市分行，收款人系杨弟。杨兄来中国后将该款取出交给杨弟。杨弟将该款兑换成人民币600万元，购买了城区复生巷33号商品房一处，总建筑面积为604.25平方米，房价款为人民币350万余元，并于该房门前花费

〔1〕 最高人民法院中国应用法学研究所编：《人民法院案例选》总第23辑，时事出版社1999年版，第60页。

人民币6万元建临街房一处，建筑面积为52.2平方米。房屋产权证登记产权人为杨弟。

1993年6月12日，杨兄与杨弟签订一份“赠送书”，杨兄将1.2亿日元赠送给杨弟，用于在中国购买房地产和产业费用，其所有权归杨弟所有；用此款所购买的复生巷33号房屋和开办的鲁华致祥康乐酒楼所有权归杨弟所有，不准日本亲属参与经营和拍卖。同日，杨兄又与杨弟签订一份“权利书”，写明杨兄、杨弟有权处理鲁华致祥康乐酒楼，中日亲属无权处理，权利书永远有效，没有杨兄、杨弟的手印一律无效。

数日后，杨兄与杨弟之长子杨某某签订一份“授权书”，授权杨某某全权行使杨氏家族创办的鲁华致祥康乐酒楼的企业支配权和经营代理权，并作为企业的法定代表人办理注册。以上文书均有该两人的签名盖章并加按手印。但杨弟与杨兄的妻子王某均不在场，事后也无签名盖章。1993年11月，经工商行政部门核准，鲁华致祥康乐酒楼成立。

1994年5月，双方为上述财产发生争执。杨兄向市中院提起诉称：其给付被告的1.2亿日元，是委托被告为其代购房产、代办企业的费用，被告杨弟却以自己的名义购买房产、开办企业。1.2亿日元是其在日本的全部财产，不是赠与被告的。“赠送书”是杨弟利用其不识中国字，以欺骗手段制造出来的，故要求被告返还1.2亿日元。

杨弟辩称：1.2亿日元是杨兄赠与其买房、办企业的费用，不同意原告的诉讼请求。

【审理判析】

市中院经审理认为：原告杨兄给付被告杨弟之日币1.2亿元系赠与，是让被告杨弟购买房产、开办企业的费用，有赠送书为凭，可以认定。但该款系原告杨兄与王某夫妻的共同财产，其中一半属于王某所有。杨兄未征得王某的同意，将属于其妻王某的财产赠送给他人，是无效的，属于杨兄所有的这部分财产赠与有效。但根据权利书的内容，杨兄赠与给杨弟的这部分财产，杨兄与杨弟具有同等的份额。现杨兄要求杨弟返还属于自己所有的财产是合法的，本院予以支持。判决被告返还原告人民币450万元。

宣判后，双方当事人均不服，向省高院提起上诉。

省高院认为：杨兄将1.2亿日元交给杨弟，购置房屋和开办企业，签订了权利书和赠送书、委托书，情况属实。但我国《婚姻法》已明确规定，夫妻关系存续期间的财产为夫妻双方共同所有，因此，杨某在未征得财产共有人王某明确授权同意的情况下，自行处分共有财产，违反我国《婚姻法》的规定。杨兄与杨弟签订的赠送书、权利书、委托书等是对夫妻共有财产的擅自处理行为，应属无效。杨弟应将该款返还给杨兄。但考虑到杨弟在办企业中付出了一定的劳动，对方应该给予适当补偿。

【法理研究】

杨兄的赠与行为之所以无效,杨弟应将1.2亿日元全部返还给二原告。二审法院采纳了这种意见的主要理由和根据是:

首先,我国《婚姻法》第17条规定,夫妻在婚姻关系存续期间所得的财产归夫妻共同所有。这一规定意味着夫妻作为共同财产的共有人,对共有的财产享有平等的处分权。从其共有性质来讲,这种共有属于共同所有。根据民法原理及最高人民法院《关于贯彻执行〈中华人民共和国民法通则〉若干问题的意见(试行)》第89条的规定,在共同共有关系存续期间,部分共有人擅自处分共有财产的,一般应认定无效。其他共有人明知而未提出异议的,可以认定为有效。据此,夫妻中一方有权处分其夫妻共同财产的前提条件是征得对方的同意,或取得对方的默认,否则,处分行为应认定为无效。这与《婚姻法》赋予夫妻双方平等处分共有财产的权利内涵是一致的。

其次,在本案中,杨兄是在未征得其妻王某明确授权同意的情况下,以个人名义将夫妻共有财产1.2亿日元赠与被告,且在其与被告签订"赠送书"等协议时,王某均不在场。从本案现有的证据看,又无法确认王某应知或明知杨某的赠与行为,故对于杨兄擅自处分夫妻共有财产的行为应认定为无效。"赠送书"无效,"权利书"、"授权书"也同样不具有法律效力。从公平原则出发,对于二被告在购买房产、开办企业过程中所付出的劳动,二原告应当给予一定的劳动报酬。

正确认识和确认夫妻一方对共有财产赠与行为的合法有效性,是审理此类案件的关键。审判实践中,这类案件往往情况较为复杂。由于夫妻一方对共有财产赠与情况的多样性和赠与财产在征求对方意见时不同的表现形式,决定了在处理具体案件时,既要严格依照《民法通则》和《婚姻法》的有关规定,又要坚持具体问题具体分析的原则,使之与赠与行为发生时夫妻双方的婚姻状况、赠与财产的目的、赠与财产的属性等情况联系起来,综合分析认定。

一般的说,对于有约定的夫妻财产,原则上应按双方的约定处理,夫妻任何一方都有权将约定属于自己的那部分财产赠与他人,而无需征得对方的同意,夫妻财产约定制下的财产不具有共同共有的属性。对于没有约定的夫妻财产即夫妻共同共有的财产,一方在赠与共同财产时虽未征得对方同意,但对方在赠与当时明知或在事后知道而在一定时间内并未提出异议的,应视为同意赠与。值得注意的是,在处理这种情况时,应当明确对方是否明知或应知赠与共有财产的行为以及对赠与行为所做出的反应,这是认定赠与行为是否有效的关键所在。

对于共同共有财产共有人权利的理解,其权利是及于全部共同共有财产的,而不仅仅是对自己在其中应占份额的那一部分财产。因此,共同共有人之一或一部分在未征得其他共同共有人同意的情况下,是无权单方处理共同共有财产的,也无权单方处分属于自己应占份额的那一部分财产。我国《婚姻法》第17条所规定的"夫妻对共同所有的财产,有平等的处理权",其意并不在于否定共同共有财产共有人一方的权利,而在于否定夫妻一方无处理权、尤其是女方无处理权的不平等状态。所以,夫妻一方未经对方同意而单方处分夫妻共有财产,不能援用“平等处理权”的规定作为自己的合法依据,而应适用民法关于共同共有财产的处分原则。

(二)婚姻家庭义务

婚姻家庭义务分为作为的积极义务与不作为的消极义务。

1. 作为的积极义务。作为的积极义务是指义务人必须积极为一定行为以实现权利人的利益。如夫妻之间相互承担的扶养义务、父母对子女的抚养义务等。

此种积极的义务对于家庭的正常运转以及特定人的生存需要有重要的意义,义务人不得抛弃,义务人如果不履行这些积极的义务就要承担不利的法律后果。

《赵男、何女将女婴遗弃在医院案》〔1〕

【案情简介】

赵男、何女于1993年3月15日由广州乘火车于17日到达诸暨市,何女生下一对孪生早产女婴,住进诸暨市人民医院妇产科。根据医嘱,赵男随即乘车将孪生女婴送往杭州浙江医科大学附属儿童医院进行治疗。入院时,这对女婴生命力极其微弱。当时医生告知,女婴住院过程中可能的后果有好转、恶化或死亡。赵男在预交了4000元医疗费后即离去。而后,经过医务人员一个多月的精心治疗和护理,婴儿病情好转可以出院。医院即按赵男提供的住址,先后多次发电报、去信通知赵男夫妇来医院办理女婴出院手续,均没有回音。在此期间,何女因产后体质虚弱,又患肝炎,于同年3月17日至6月3日在诸暨医院治疗。同年7月1日,赵男从深圳给儿童医院发电报称:因经济官司暂无法脱身,双胎女婴务请再保育一些日子,待事办妥后即带款接女出院。此后,赵男仍迟迟不到医院接女婴。同年11月30日,儿童医院派人到诸暨市找两被告人未着,于是请其亲戚徐某代为通知赵男、何女到医院办理女婴出院手续。赵男于同年12月上旬到医院,当面答应回去筹款,接女儿回家,但回去后又无音讯。嗣后,新闻单位纷纷报道了孪生女婴被遗弃在医院的情况,两被告人才先后于1994年2月5日和7日到医院看望女儿,但仍无接回的行动,使女婴在医院置留长达10个月之久。

1994年2月24日,儿童医院向区法院控告赵男、何女犯遗弃罪,要求法院追究他们的刑事责任,并要求两被告人偿付孪生女婴的医药费、抚养费等费用共计455 94.92元。

---

〔1〕 最高人民法院中国应用法学研究所编:《人民法院案例选》总第12辑,人民法院出版社1996年版,第55页。

【审理判析】

区法院经公开审理认为，被告人赵男身为婴儿的亲生父亲，将其病危的孪生女婴送到医院后，便置之不顾，长时间不去探望，使女婴得不到亲人的抚养，长期置留在医院，情节恶劣，其行为已构成遗弃罪。鉴于其家庭实际困难及其认罪、悔罪的表现，可酌情予以从轻处罚。被告人何女产后体质虚弱，并患肝炎，其当时的体能难以承担抚养双胞胎女婴的义务，当她到医院探望时，双胞胎女婴的医疗费已累计巨大，一时难以付清，其不愿接回女婴有一定的客观原因。何女的遗弃行为情节显著轻微危害不大，可不认为是犯罪。

据此，为严肃国家法律，维护社会稳定，保护儿童的合法权益不受侵犯，从有利于民事部分调解协议的履行和对孪生女婴的抚养出发，判决被告人赵某遗弃罪成立，判处有期徒刑1年，缓刑1年。宣告何女无罪。

【法理研究】

本案是一起父母将亲生双胞胎女婴长期置留在医院，不予领回，并拖欠巨额医疗费、抚养费，而由医院提起刑事附带民事诉讼的遗弃案件。

赵男开始时虽然积极将女婴送往医院抢救，预交了治疗费，但他将女婴送进医院后就一走了事。在从3月到12月长达9个月的时间里，他只向医院发了一份电报，从未到医院探视，对女儿的情况不闻不问，置之不理，长期没有领回女婴的实际行动。在医院多次催促和新闻单位对其弃婴行为进行曝光后，赵男仍没有作出应有的努力，其不作为的行为表现得相当明显。这种行为不仅危害了孪生女婴的合法权益，同时也侵害了医院的权益，造成医院人力、物力的损失，影响了医院的正常工作，社会反响较大，其情节已经达到恶劣的程度，因此应当认定赵某的行为构成遗弃罪。

2. 不作为的消极义务。不作为的消极义务是指义务人不得积极实施一定行为的义务，其与作为的义务相对。例如不得对家庭成员实施虐待、抛弃；不得干涉他人婚姻自由等。

《孙某被控妨害婚姻家庭案》[1]

【案情简介】

被告人孙某自1990年起与本厂雇工有夫之妇赖女长期通奸。1993年5月4日晚

---

〔1〕 最高人民法院中国应用法学研究所编：《人民法院案例选》总第15辑，人民法院出版社1996年版，第51页。

7时许，孙某见车间内只有赖女一人上班，即上前与赖调情，被孙某的妻子张某发现。张某上前责骂赖女并抓破赖的脸部，扬言要将此事告诉赖的丈夫。赖女因其与孙某的不正当关系败露，自感羞愧，于次日凌晨1时许在孙某厂内堆料间服甲胺磷农药自杀，经送卫生院抢救无效死亡。

同月7日，经乡政府调解，孙某赔偿死者赖女的家属人民币25 000元。

赖女死亡后，其家属以赖女是被孙某谋杀为由，聚众到孙家闹事，公安机关遂以强奸嫌疑将孙某收审，后因查无实据而解除收审，转为取保候审。死者家属得知孙某被解除收审，误以为公安机关袒护孙某，又聚众到孙家闹事，对孙妻及妻妹进行侮辱，还殴打了前去平息事态的多名公安干警，在当地影响很大。

【审理判析】

县检察院以被告人孙某犯妨害婚姻家庭罪，向县法院提起公诉。辩护人辩称，被告人与赖女通奸行为与赖自杀无直接因果关系，被告人不应负刑事责任。

县法院经过不公开开庭审理后认为，被告人孙某自己有配偶而长期与有夫之妇通奸，造成女方服毒自杀死亡的严重后果，严重地破坏了他人的婚姻家庭，影响极坏，其行为已构成犯罪，依《刑法》关于类推的规定，以妨害婚姻家庭罪予以惩处。案发后，被告人认罪态度好，且赔偿积极，依法可以从轻处罚。本院最终判决被告人孙某犯妨害婚姻家庭罪，判处有期徒刑2年。

宣判后，被告人孙某没有提出上诉。县法院依法报送市中院审核。

市中院经过审核认为，被告人与赖女通奸，造成赖女自杀死亡的严重后果，事实清楚，证据确实、充分。孙某的行为已构成犯罪，县法院适用法律类推对孙某定罪判刑正确。遂裁定：同意县法院对本案的刑事判决，以妨害婚姻家庭罪判处被告人孙某有期徒刑2年。并依法报请省高院审核。

省高院经过审核，同意县法院对本案的刑事判决，并依法于1994年2月26日报请最高人民法院核准。

最高人民法院经过审核后认为，被告人孙某与赖女通奸，赖女在奸情败露的情况下自杀身亡，孙某对赖女的死亡后果不负刑事责任。原审法院对孙某适用类推定罪、量刑均不当。故宣告被告人孙某无罪。

【法理研究】

本案在审理过程中，对孙某的行为是否构成犯罪，能否以妨害婚姻家庭罪类推定罪处刑，有不同意见。

赖女自杀死亡的直接原因是奸情败露，受到孙某之妻的责骂、羞辱，自感无脸见人而造成的。除此之外，赖女的死亡还与其本人的过错、心理状态、生活环境以及自身素质等多种因素有关。从主观方面看,孙某对此后果的发生既无故意,也无过失;从客观方面看,孙某的行为与赖女的死亡之间没有刑法上的直接、必然的因果关系。故本案经最高人民法院审核后认为,孙某与赖女通奸,赖女在奸情败露的情况下自杀身亡,孙某对赖女的死亡后果不负刑事责任,判决宣告孙某无罪。这种认识是正确的。

四、婚姻家庭法律关系的客体

婚姻家庭法律关系的客体是指婚姻家庭权利与义务所指向的对象。由于婚姻家庭权利既有人身权又有财产权,且以人身权为主,所以,婚姻家庭权利的客体表现为利益、行为、物。

婚姻家庭人身权的客体集中表现为与主体人格和身份有密切联系的利益,如婚姻自主权、配偶权和亲权中的人格利益和身份利益。其既可具体体现为实现主体利益、满足权利人需要的行为,如抚养、监护等,亦可具体体现为诸如婚姻家庭财产权中的有体物或无体物。而由家庭成员的共同生活和财产的共同共有关系性质决定,家庭财产权的客体通常表现为夫妻共同财产和家庭共同财产,另外还有家庭成员个人财产等。

第四节　婚姻家庭法的渊源和效力

一、婚姻家庭法的渊源

通常来说,法律的渊源是指法的具体表现形式,因此婚姻家庭法的渊源是指婚姻家庭法的具体表现形式,主要有以下几种:

(一)宪法和法律

宪法在整个国家的法律体系中处于最高的地位,对其他的部门法具有统率和领导的作用,所有其他部门法的指导思想和立法原则都直接或间接的来自于宪法。宪法几乎是所有部门法的法律渊源,婚姻家庭法也不例外。

此处的法律是指由全国人民代表大会以及全国人民代表大会常务委员会制定的规范性法律文件。其中成为婚姻法主要渊源的法律文件是《婚姻法》和《民法通则》,除此之外,《收养法》、《老年人权益保障法》、《未成年人保护法》、《妇女权益保护法》等也是婚姻家庭法的渊源。

(二)国务院及其所属部门制定的行政法规

国务院是我国的最高行政机关,有权制定行政法规。行政法规中有关婚姻家庭内容的规定可以构成婚姻家庭法的渊源。国务院的所属部门可以在行政权限内制定行政规章,人民法院在审理案件时只是“参照”行政规章,而不是按照行政规章处理案件。但实践中,规章往往起到很大的作用。

(三)地方性法规和民族自治地方的有关规定

地方的人民代表大会以及人民代表大会常务委员会可以根据本行政区域的特点,

制定具有一般效力的地方性法规。这些法规中有关婚姻家庭内容的规定，构成了婚姻家庭法的法律渊源。

由于我国地域辽阔，部分地区聚居了大量的少数民族。少数民族的婚嫁习俗与汉族的婚嫁习俗以及各个少数民族之间的婚嫁习俗都有很大的不同。因此，根据宪法和婚姻法，民族自治地方的人民代表大会及其常务委员会可以根据本地区少数民族婚姻习俗的特点，制定相应的地方性法规。这些由地方人民代表大会制定的地方性法规也是婚姻家庭法的法律渊源。

《阿女诉努男离婚彩礼返还案》〔1〕

【案情简介】

原告阿女与被告努男是哈萨克族。双方当事人于1995年开始谈恋爱，于1997年结婚。但阿女结婚前因与别人发生两性关系而怀孕，婚后生下一女，随原、被告共同生活。婚后双方经常为一点小事就争吵。1998年，被告曾向法院起诉要求与原告离婚，但法院依法判决不准离婚。之后，原、被告双方仍然不合，感情彻底破裂，于是原告向县法院起诉，要求与被告离婚。同时要求被告返还彩礼。

【审理判析】

县法院经审理认为：原、被告双方系自由恋爱结婚，婚后理应建立起真正的夫妻感情。但原、被告双方在家庭生活中互不相让，常为家庭琐事争吵，致使双方感情破裂。原、被告双方现均同意离婚，本院准许。对于子女抚养问题，因所生之女系原告与他人发生不正当性关系所生，故该女应由原告抚养。对于原告索要的彩礼，因原、被告结婚时间不长，故应酌情返还。原告阿女向努男索要的彩礼共计5匹公马、4匹母马、2峰骆驼、4头犍牛、1匹1岁马、1头奶牛、1头1岁牛、9只绵羊、2只山羊、1辆摩托车（3600元）、现金10 800元。被告分三次还清。

【法理研究】

少数民族地区的历史、文化和习俗，对少数民族的婚姻制度、婚姻关系产生着深远的影响。正因为如此，我国先后实施的三个婚姻法都明确规定了"民族自治地方的人民代表大会有权结合当地民族婚姻家庭的具体情况，制定变通规定。"因此，民族自治地方的人民法院在审理当地民族的离婚案件时，对于其中带有该民族特色的一些婚姻

〔1〕 最高人民法院中国应用法学研究所编：《人民法院案例选》总第38辑，人民法院出版社2002年版，第86页。

问题，应当以其变通规定作为处理依据，而不应当以法律的普遍规定为处理依据。

本案涉及的彩礼问题，是哈萨克族婚姻家庭中的一个普遍性传统，不能等同于婚姻法中规定的“借婚姻关系索取财物”，其在离婚案件中如何处理，既应当符合哈萨克族的传统，也应当符合由该民族自治地方自治机关作出的变通规定。本案对彩礼问题的处理，欠缺当地的变通规定作为依据，是为不足。由此可见从法律渊源看，“有法依法，没有法律依习惯，没有习惯依法理”，对婚姻法也是如此。

（四）最高人民法院的司法解释

最高人民法院根据婚姻家庭立法的精神，在总结审判实践的基础上作出的有关适用法律的解释，特别是《司法解释备案审查工作程序（草案）》，已于2005年12月16日经十届全国人大常委会第四十次委员长会议通过，这无疑意味着将司法解释纳入实质意义上的民法之中，而且是作为一种成文法的具体表现形式，在我国已有了法律上的依据。因此，最高人民法院的司法解释也是婚姻家庭法的重要法律渊源之一。

如最高人民法院作出的《关于适用〈中华人民共和国婚姻法〉若干问题的解释（一）》（2001年12月27日实施，以下简称《婚姻法解释（一）》）、《关于适用〈中华人民共和国婚姻法〉若干问题的解释（二）》（2004年4月1日实施，以下简称《婚姻法解释（二）》）等，在审理领域起到了至关重要的作用，是婚姻家庭法法律渊源的一种。

《王甲诉朱乙等子女及孙女朱女赡养纠纷案》[1]

【案情简介】

原告王甲与被告朱乙、朱丙、朱丁、朱戊、朱己、朱庚、朱辛系母子女关系，与朱女系祖母孙女关系，朱女系朱丙之长女。朱女一周岁时，母亲病故，由祖母王甲抚养成人。长女朱乙工作，丈夫因公死亡，靠其单位发给的每月33元生活抚助费维持生活，并和原告生活在一起。原告王甲因病于1991年10月、11月两次住院，由朱丁、朱戊、朱己、朱庚、朱辛预付了住院费1 349.44元。原告出院后在朱辛家居住。因朱丙不付赡养费，其他子女付赡养费不及时，王甲于1992年11月诉至区法院，并将孙女朱女列为被告，要求上列被告给付赡养费。

被告朱女辩称，原告共有7名子女，现均健在，并且都有赡养能力，根据婚姻法第22条第2款的规定，本人只有在原告人的子女死亡后，才应依法履行赡养义务，原告错列了被告。

---

〔1〕 最高人民法院中国应用法学研究所编：《人民法院案例选》总第12辑，人民法院出版社1996年版，第84页。

【审理判析】

区法院审理认为：赡养老人是中华民族之美德，本案8名被告人享受了老人对其抚养的权利，均应尽赡养的义务，但少数被告人不尽赡养义务，应受法律的制裁和道德谴责。据此，于1992年12月13日依据《婚姻法》第15条、《民事诉讼法》第13条之规定判决如下：

朱乙（长女）每月付原告赡养费5元，其他被告每月付赡养费25元；从1992年11月份开始，原告1991年两次住院费用，由八名被告每人平均交169元，原告今后住院的医疗费用由8名被告均摊。

被告朱女（原告孙女）不服一审判决，以原答辩理由上诉至市中院。二审判决：驳回上诉，维持原判。

判决发生法律效力，被告朱女仍不服，向市中院申请再审。市中院经审查，认为原一审、二审判决确有错误，决定按审判监督程序予以再审。

市中院再审认为：朱女从小丧母，与原审原告人生活在一起，由朱丙每月供给生活费。朱女九岁时，父亲再婚，仍保障朱女每月20元的生活费。原审依据《婚姻法》第21条之规定判令朱女对原审原告人承担赡养义务是不对的。《婚姻法》第21条第1款规定："父母对子女有抚养教育的义务；子女对父母有赡养扶助的义务。"这一条是指父母与子女的抚养、赡养义务，而不是指祖父母与孙子女相互抚养、赡养的义务关系。最高人民法院1984年9月8日《关于贯彻执行民事政策法律若干问题的意见》第25条规定："有负担能力的孙子女、外孙子女，对子女已经死亡或子女确无力赡养的祖父母、外祖父母，有赡养的义务"。而本案原告的7名子女，包括朱女的父亲均健在，而且有负担能力，就不能判令原审被告朱女（孙女）承担赡养义务。市中院再审改判：朱女无法定的赡养义务，撤销一审、二审对朱女的判决，原判令朱女承担的住院医药费及赡养费由原审被告人7名子女共同承担。

【法理研究】

根据《民法通则》第16条以及《婚姻法》第28条的规定：对于父母死亡或者父母没有抚养能力的，祖父母和外祖父母对自己的孙子女有抚养义务。因此，在朱女的父母一方死亡，而另一方又没有抚养能力的情况下，王甲作为祖母是有抚养朱女的义务的。但是，是否仅仅根据朱女是由王甲抚养长大这个事实，就可以要求朱女对王甲承担赡养义务呢？

根据《婚姻法》第28条，有负担能力的孙子女和外孙子女对于子女已经死亡或者子女无力赡养的祖父母、外祖父母有赡养的义务。在本案中，王甲有子女7人，除了长女比较困难外，其他几个子女并没丧失赡养父母的能力，因此，朱女便被排除在法定赡养人之外，无需对王甲承担赡养义务。因此，法院一审、二审中的认识都是错误的，再审之后的判决才是符合法律规定的。

（五）我国缔结和参加的国际条约

根据《民法通则》第142条规定，处理涉外婚姻家庭关系可以适用我国缔结或参加的国际条约。如果我国缔结或者参加的国际条约与我国法律的规定不一致时，适用国际条约的规定，但是我国声明保留的除外。

《王男申请承认美国法院离婚判决案》[1]

【案情简介】

申请人王男与彭女于1986年4月16日在中国广州登记结婚。婚后没有生育子女，没有购置财产，亦没有共同的债权债务。1986年5月，彭女自费到美国留学。1989年2月6日，彭女向美国纽约州最高法院提起诉讼，要求与王男离婚。彭女将起诉书副本和该法院的出庭传票寄给其弟转交给王男。王男收到后，没有向美国法院应诉，但写信向彭女表示同意离婚。1989年2月28日，美国纽约州最高法院依据彭女的请求，缺席判决解除彭女与王男的婚姻关系。判决书复印件经彭女的弟弟转交王男收。1991年1月21日，王男持美国法院离婚判决书复印件，向广东省广州市中院申请承认该判决。

【审理判析】

广州市中院受理该申请后，审查认为：申请人申请承认外国法院离婚判决的，应当提交外国法院离婚判决书正本。本案申请人王男提交的美国法院离婚判决书虽然是复印件，但该复印件经美国纽约州最高法院的秘书签章证明与原件相同无异，该判决书的真实性可予认定。该判决与中华人民共和国法律无抵触。根据《民事诉讼法（试行）》第122条的规定，广州市中级人民法院于1991年4月5日以（1991）穗法民裁字第4号民事裁定书裁定：承认美国纽约州最高法院判决解除彭女与王男婚姻关系判决的拘束力，该判决的拘束力从申请人接到本裁定书之日起算。

【法理研究】

本案是在《民事诉讼法（试行）》施行期间审理的。该法没有规定可以由当事人直接向中华人民共和国法院申请承认外国法院判决的问题。为了在国家主权原则下充

---

〔1〕 最高人民法院中国应用法学研究所编：《人民法院案例选》总第1辑，人民法院出版社1992年版，第88页。

分发挥人民法院的司法审查的职能，更好地保护中国公民的合法权益，最高人民法院于1990年8月28日就广东省高级人民法院《关于当事人申请承认外国法院离婚判决效力有关问题的请示》作了批复，指出："中国当事人一方持外国法院作出的离婚判决书，向人民法院申请承认其效力的，应由中级人民法院受理。经审查，如该外国法院判决不违反我国法律的基本准则和我国的国家、社会利益，裁定承认其效力；否则，裁定驳回申请。裁定后不得上诉。"

这个批复，首次确立了我国民事诉讼程序制度中一项新的程序制度——当事人申请承认外国法院判决的程序制度，并且明确规定了该程序制度的管辖法院、承认条件、承认形式和裁定一审终局效力这样一些基本内容。这使得人民法院受理这类案件有了依据。

为了使中国公民申请承认外国法院离婚判决程序问题具体化、规范化，1991年7月5日，最高人民法院审判委员会第503次会议讨论通过了《关于中国公民申请承认外国法院离婚判决程序问题的规定》。这个规定，符合1991年4月9日第七届全国人民代表大会第四次会议通过的《中华人民共和国民事诉讼法》第267条规定的原则，对当事人提出申请的程序、人民法院受理申请的程序、受理申请后的审查程序、外国法院离婚判决和传唤当事人的证明要求、承认外国法院离婚判决的条件、承认的形式、裁定书的内容和生效条件以及申请受理费等具体问题，都作了较为详细的规定。这是最高人民法院作出的一个重要的司法解释，也是各地中级人民法院受理和审理这类案件的依据。

二、婚姻家庭法的效力

婚姻家庭法的效力是指婚姻家庭法发生效力的范围，包括时间效力、空间效力和对人效力三个方面。

（一）婚姻家庭法的时间效力

婚姻家庭法的时间效力是指婚姻家庭法的生效时间、失效时间以及对婚姻家庭法公布实施之前所发生的行为是否具有溯及力的问题。

婚姻法的生效时间一般有两种：一种是法律公布之日起即发生法律效力。如1999年《中国公民收养子女登记办法》第15条规定：本法自发布之日起施行；一种是法律本身或者立法机关另行规定生效时间，如1980年9月颁布的《婚姻法》第37条规定：本法自1981年1月1日起施行。

婚姻家庭法的终止生效时间，一般由新法明确规定，如1980年《婚姻法》第37条规定：1950年5月1日颁布的《中华人民共和国婚姻法》，自本法施行之日起废止。有的新法没有明确规定旧法的失效日期，但由于新法的施行，旧法自然失去效力。

法的溯及力是指，新法生效后对其生效之前的行为是否有效。对其生效之前的行为有效力的称为法有溯及力，对其生效之前的行为没有效力的称为法无溯及力。我国现行的婚姻家庭法没有溯及既往的效力。

(二)婚姻家庭法的空间效力

婚姻家庭法的空间效力是指婚姻家庭法发生效力的地域范围,其一般由法律的性质和立法机关的权限决定。一般有两种情况:一种是全国性的婚姻家庭立法适用于国家主权领域的一切地区,如现行《婚姻法》和《收养法》等都是具有普遍效力的全国性立法。另一种是地方各级权力机关根据各自的权限颁布的婚姻家庭法规,只在各自的管辖范围内有效力。如各省、自治区颁布的一些与婚姻家庭法有关的立法。

(三)婚姻家庭法的对人效力

婚姻家庭法的对人效力是指婚姻家庭法律规范对哪些人适用。我国婚姻家庭法律是适用于一切公民的普通法,凡是在中华人民共和国境内的中国公民之间的结婚、离婚、收养等婚姻家庭事宜,都适用我国的婚姻家庭法律。外国人、无国籍人以及华侨在中国境内进行的有关婚姻家庭的事宜,适用我国的婚姻法。

第二章　婚姻家庭法的原则

第一节　婚姻自由原则

一、婚姻自由的含义

婚姻自由是指婚姻的当事人在法律规定的范围内，可以按照自己的意志决定其婚姻的权利。婚姻自由任何人不得干涉。婚姻自由原则既是宪法上的权利，也是婚姻法中重要的原则。《宪法》第 49 条规定：“禁止破坏婚姻自由。”《民法通则》第 103 条规定：“公民享有婚姻自主权。”婚姻自由原则有三个主要的特征：

1. 婚姻自由是法律赋予公民的权利。我国《宪法》、《民法通则》、《婚姻法》都反复重申了公民享有婚姻自由的权利，任何个人、单位以及其他组织都不得强制、干涉他人的婚姻自由。否则，就是对他人婚姻自由的破坏，情节严重的甚至会构成暴力干涉婚姻自由罪。应当说，我国法律对公民的婚姻自由提供了比较充分的保障。

《贾男拐卖妇女案》[1]

【案情简介】

被告人贾男自 1987 年 6 月至 1992 年 3 月，单独或结伙在石家庄、保定、邢台、北京等地，以欺骗、暴力劫持等手段，拐卖已婚、未婚和痴呆妇女共 20 人。其中在全国人大常委会《关于严惩拐卖、绑架妇女、儿童的犯罪分子的决定》（简称《决定》）施行之前拐卖妇女 5 人，在《决定》施行之后拐卖妇女 15 人，对被拐卖的妇女 5 人多次进行奸淫（均系《决定》施行之后所为），并殴打、凌辱被拐卖的妇女，非法营利达 2.8 万余元，得赃款 5600 元。

---

〔1〕 最高人民法院中国应用法学研究所编：《人民法院案例选》总第 11 辑，人民法院出版社 1995 年版，第 21 页。

【审理判析】

当地市中院经公开审理认为，被告人贾男以营利为目的，不择手段地拐卖妇女，在全国人大常委会《关于严惩拐卖、绑架妇女、儿童的犯罪分子的决定》公布施行后，仍继续拐卖妇女，其行为已构成拐卖妇女罪。贾男拐卖妇女人数多，还拐卖痴呆妇女，并且奸淫被拐卖妇女多人多次，殴打、凌辱被拐卖妇女，犯罪情节特别严重，应依法严惩。判处死刑，剥夺政治权利终身，并处没收个人财产。

宣判后，被告人贾男不服，以归案后能够揭发他人犯罪为理由，提出上诉，要求从轻判处。省高院经过二审审理认为，上诉人贾男单独或结伙拐卖妇女20人，犯罪情节特别严重，社会危害极大，应依法严惩。根据最高人民法院依法授权高级人民法院核准部分死刑案件的规定，省高级人民法院裁定，核准拐卖妇女犯贾男死刑，剥夺政治权利终身。

【法理研究】

婚姻自由是以人身自由为前提的，如果一个人连最起码的人身活动自由都没有，那么便谈不上其他权利。在考察一个人的人身自由是否受到限制时，主要看该人能否按照自己的意志来决定自己的活动范围。一个自由的人除了受到法律约束而不能到特殊的场所活动外(例如，涉及国家机密的场所)，其应该能够按照自己的意愿决定在什么时间在什么地点活动。在本案中，贾男拐卖妇女是对被拐卖妇女人身自由最大程度的侵犯，在这种情况下，被拐卖妇女连基本的人身自由都实现不了，当然不能实现其婚姻自由。贾男拐卖妇女人数众多，情节恶劣，法院作出的判决是正确的。

2. 婚姻自由是一种人身性质的权利。所谓人身权，就是指专属于自然人人身的权利，其包括人格权和身份权。一般认为，婚姻权是身份权的一种。人身权具有强烈的人身依附特点，对于一个完全民事行为能力人来说，人身权只能由其自身来行使，并由其自身来决定行使的范围和方式。其他任何人不得侵犯这种权利，也不会有在未经权利人授权的情况下，由其他人代替其行使的可能。因此，婚姻自由决定了婚姻问题只能由婚姻当事人自由决定，其他人不得买办、包办或借婚姻索取他人财物。

《陈母以法定代理人身份代理无行为能力人儿子诉儿媳离婚纠纷案》[1]

【案情简介】

田某与梁某于1990年11月登记结婚,婚后生一女(2岁),婚后夫妻感情较好。1993年因交通事故,田某被汽车撞伤,经法医鉴定为头部伤残一级(植物人,无行为能力)。1994年,田某之母陈某以田某夫妻感情不好,特别是田某因交通事故致伤后,发现梁某有外遇,夫妻感情破裂为理由,以田某法定代理人的身份,向法院提起离婚诉讼,要求与梁某离婚。梁某不同意离婚。

【审理判析】

一审法院认为:原、被告虽系自主婚姻,但婚后一直未建立起真挚的夫妻感情,加之原告在事故发生后,住院期间为生活琐事及原告对被告不信任等问题发生纠纷,造成夫妻感情破裂。现原告要求离婚,理由正当,应准予离婚。

宣判后,梁某不服,以夫妻感情未破裂,不同意离婚为理由,提起上诉。

二审法院审理认为:田某与梁某系自主婚姻,并生有一女,婚后夫妻感情较好。田某虽因交通事故伤势严重,但其住院期间梁某曾去护理,并多次表示愿意照顾其今后生活,故原审法院判决双方离婚欠妥。判决撤销一审民事判决,驳回田某的离婚请求。

【法理研究】

本案是一起由无行为能力人的母亲代理提起离婚的案件。该案经过两审才结案。

人身权是民事主体依法享有的,以在人格关系和身份关系上所体现的与其自身不可分离的利益为内容的民事权利。人身权为专属权,民事主体以自己的意思对自身的权利客体进行控制的权利。离婚是涉及人的身份关系的法律行为,必须由本人亲自决定,因无行为能力作出这种意思表示,无行为能力人也就不能作为离婚诉讼的原告。本案中,田某母亲既然不是依法设定的监护人,也就不是法定代理人,其以无行为能力人的名义提出离婚诉讼,不具备合法的实体和诉讼主体资格,故其代理无行为能力人提出离婚请求的行为,属无效民事行为。

从这个案例中我们可以清楚地看出,基于人身权的专属性,事实上对无民事行为能力人的离婚还是设定了比较严格的法定限制,其目的无疑是为了保护当事人的合法

---

〔1〕 最高人民法院中国应用法学研究所编:《人民法院案例选》总第12辑,人民法院出版社1995年版,第62页。

民事权益。

3. 婚姻自由的行使必须符合法律的规定。婚姻自由是自由的重要内容，但其是一种相对的自由，而不是一种绝对的自由。行使婚姻自由权，必须在法律规定的范围内行使。具体来讲，此处包括两个方面的内容：其一，结婚自由受到一夫一妻原则的限制。一夫一妻是目前世界各国普遍承认的原则，其要求任何人只能有一个妻子或者一个丈夫。在行使婚姻自由的时候，必须要遵守一夫一妻原则，即在有配偶的情况下，不能再行使结婚自由，再次缔结婚姻。其二，婚姻自由受到法律程序的限制。任何国家在规定结婚和离婚时，都有一套严格的程序，只有遵从了这些程序才能实现预期的法律后果。例如，我国《婚姻法》第二章就结婚规定了不同的要件，只有符合并履行了这些要件才能缔结一个合法有效的婚姻。

二、婚姻自由原则的由来

婚姻自由并不是从来就有的，它是社会发展到一定阶段的产物。从整个人类历史发展的过程来看，婚姻自由确立的时间并不长。

最初的婚姻自由原则是新兴资产阶级在反对封建斗争过程中提出来的。在17世纪以后的启蒙年代，自由、民主、平等作为一种自然权利被提出来，而婚姻自由作为自由的一种，也被认为是一种“天赋人权”。随着资产阶级革命的胜利，婚姻自由原则作为一项宪政性的权利在宪法中被体现。例如，1791年《法国宪法》规定：法律视婚姻为一种民事契约。而1804年《法国民法典》规定：未经合意不能成立婚姻。

契约自由、所有权神圣以及过错责任被认为是现代民法的三大支柱。法国法律将婚姻视为“民事契约”和“合意”的做法无疑使婚姻自由在民事法律制度中得到了充分的保障。

三、婚姻自由的内容

婚姻自由是私法上“意思自治原则”在婚姻关系中的体现，是个人对自己的事务自负责任的体现。具体而言，婚姻自由包括两个方面的内容：结婚自由和离婚自由。

（一）结婚自由

结婚自由是指婚姻当事人有依法缔结婚姻的自由。其主要包括三个方面的内容：其一，婚姻当事人有权决定结婚与否的自由，任何人不得干涉。婚姻自由是个人对自己事务自负责任的体现，无论是结婚还是不结婚，都由个人自己承担相应的法律后果，别人自没有干涉的必要。其二，婚姻当事人有权决定同谁结婚的自由。婚姻是婚姻主体自己的私人事件，只要其结婚的意思表示不存在瑕疵，其结婚的对象是谁，属于该婚姻主体的自决范围，任何人不得干涉。其三，婚姻当事人有权决定同结婚有关的事务的权利。婚姻主体可以自主决定婚礼举行的时间、地点和所邀请的宾客，婚姻主体也可以自主决定是否公开举行婚礼仪式以及婚礼仪式举行的方式。任何人以及其他团体对此不得加以干涉，更不能以封建迷信和宗教信仰等原因强迫婚姻主体就与婚姻有关的事件作出与其意愿不符合的安排和决定。

《黄某诉罗某、张某重婚案》〔1〕

【案情简介】

自诉人黄某与被告人罗某于1992年在重庆市民政学校学习时相识,开始自由恋爱。1994年毕业后,黄某分配在一殡仪馆工作,罗某分配在某镇人民政府工作。1995年12月,黄某所在单位分住房,要罗某回宜宾办理结婚证,罗某同意。同月14日,黄某所在单位根据其申请,出具了结婚登记的有关证明材料,连同黄某的居民身份证和相片一并交给罗某。罗某即利用其担任民政干事的职务之便私自为他和黄某办理了结婚证,于1996年4月16日将结婚证给黄某一份。黄某所在单位根据这份结婚证,分给黄某住房一套和计划生育指标。直至1997年8月,被告人罗某仍与黄某保持着夫妻关系。

1996年5月,被告人罗某开始与镇政府工作员张某交朋友,同年7月,罗某在帮张某办理准考证时,拿了张的相片一张,并记下张的身份证号码,利用自己办理结婚登记的职务之便,单方面擅自填写了与张某的结婚证一份。事后,罗某将擅自办理与张的结婚证一事告知了张某,张某知道后,明确告诉罗某,我们两人恋爱尚未成熟,仅是朋友关系,要罗将结婚证销毁,罗某并未烧毁。1997年4月,罗某搬迁办公室时,此份结婚证掉出,被同事曾某拾到交领导处理,镇政府为此给罗某以行政警告处分,并收回结婚证。自诉人黄某知情后,即提起诉讼,控告被告人罗某、张某犯重婚罪。

【审理判析】

市中院二审审理认为,被告人罗某利用办理结婚登记的职务之便,单方擅自填写其与张某的结婚证,既不符合婚姻登记的必备条件,也不符合婚姻登记的程序条件,因而,其与张某的结婚证无效。被告人罗某不构成重婚罪;被告人张某事前不知罗某私自为其办理结婚证,没有与罗某结婚的意思表示,亦不构成重婚罪。

【法理研究】

本案中涉及了三个问题:第一,罗某与黄某的婚姻是否有效?第二,罗某与张某的婚姻是否有效?第三,罗某是否构成了重婚罪?这需要详细的分析。

首先,被告人罗某与黄某的婚姻应认定无效。罗某与黄某的结婚证是罗单方面办理的,虽然结婚这件事本身是由黄某自己提出的,并且黄某始终认可这段婚姻。但是,

---

〔1〕 参见 http://www.hrbmzj.gov.cn/mzbk/05/jdal/1047.htm.

罗某单方面办理结婚证不符合我国的法律规定。根据我国法律,办理婚姻登记必须双方亲自到婚姻登记管理机关办理,任何人不得代理。而本案中,黄某没有到婚姻登记机关,相关的结婚登记事项全部由罗某一人全权处理。这种做法不符合法律规定。因此,罗某与黄某之间的婚姻不具有法律上的意义。黄某和罗某必须重新到婚姻登记机关办理婚姻登记,弥补婚姻缔结形式要件上的瑕疵。

其次,被告人罗某与张某的结婚证不具有法律上的效力。婚姻必须是双方自愿的,任何单位、个人以及其他组织都不得干涉,否则就会侵犯婚姻当事人的婚姻自由。本案中,罗某利用自己是婚姻登记机关工作人员的职务之便,私自办理了与张某的结婚证。事后,被告人罗某将已办结婚证一事告知张某时,张某明确表示:我俩的恋爱尚未成熟,仅是朋友关系,并要求罗某将结婚证毁掉。这表明张某根本就没有同罗某缔结婚姻的意思表示,张某不需要负任何法律上的责任。因此,罗某与张某的结婚证不具有任何法律意义。

最后,由于张某与罗某之间的结婚证无效,被告人罗某即不具备刑法所规定的重婚罪的法定构成要件,也就不构成重婚罪,这是判定该案被告人是否构成犯罪的关键所在。被告人张某事前不知罗某私自为其办理结婚证,也没有与罗某结婚的意思表示,也不构成重婚罪。

本案中,虽然罗某与张某之间的结婚证没有法律效力,罗某也没有构成重婚罪,但他的行为已经侵犯了张某的婚姻自由。准确地说,在本案中,罗某侵犯了张某的结婚自由。作为一个完全民事行为能力人,结婚自由使得张某有权决定是否结婚以及同谁结婚。罗某在利用自己的职务便利私自办理其同张某的结婚证后,张某明确的表示其同罗某尚处于男女朋友阶段,没有达到谈婚论嫁的地步,这已经表明,张某并没有同罗某缔结婚姻的意思表示。但罗某仍然保存其同张某之间的结婚证而不予销毁,已经构成了对张某婚姻自由权利的侵犯,虽然张某实际上并没有有效地结婚,但其婚姻自由的权利却实实在在地被罗某侵犯了。

相反,罗某和黄某之间却存在着有效的缔结婚姻的意思表示,本案中,黄某从始至终都没有否认其同罗某缔结婚姻意思表示的效力,并且,委托罗某单方面办理婚姻登记也得到了黄某的认可。所以,黄某和罗某之间存在着合法有效的关于缔结婚姻的意思表示。虽然,黄某和罗某之间因为登记瑕疵问题,尚不存在一个合法有效的婚姻,但罗某并没有侵犯黄某的婚姻自由权。

婚姻自由原则强调的是婚姻当事人的意思表示,其同婚姻当事人是否结婚这样一个事实是没有必然的联系的。换言之,已经结婚的婚姻当事人,其婚姻自由不见得就没有被侵犯,而没有结婚的人,其婚姻自由也可能被别人侵犯。一个已经结婚的人,在缔结婚姻时可能并没有意识到自己的婚姻自由受到了别人的侵犯,这种情况在我国的广大农村地区屡见不鲜。因此,在理解婚姻自由原则时,我们强调的是婚姻当事人真实意愿的外在体现以及决策自由。即使是曾经作出结婚的意思表示，在最终完成婚姻登记之前其仍能撤回这种意思表示。

(二)离婚自由

离婚自由是指夫妻有依法解除婚姻关系的自由。离婚自由是对婚姻自由原则在反方面的重申，是婚姻自由原则的最重要组成部分。没有离婚自由，婚姻自由是不充分的、不健全的。在历史发展的过程中，离婚自由出现的最晚。但直到离婚自由出现并在法律中明确予以确认后，婚姻自由原则才算真正确立。实际上，离婚自由仍然是婚姻主体就自己事务自行负责的处理，当一段婚姻对婚姻主体来说并没有带来所预期的幸福感，相反是苦涩的、痛苦的并最终阻碍其追求幸福生活时，其就有权利选择从既存的婚姻中退出，当然其要承担由此而带来的后果。

在理解离婚自由时，应当注意两个问题。其一，离婚自由不能违背善良风俗原则。善良风俗原则是民法上的基本原则，对婚姻法具有指导作用。那么，怎样理解善良风俗呢？通常认为，善良风俗就是一切善良和美好的感觉；其二，离婚自由应当注意对未成年子女利益的保护。对于感情确实已经破裂而不能继续一起生活的夫妻，允许他们离婚，是当今婚姻法的基本共识。但是，无论在何种情况下，都不能因为离婚而对未成年子女的利益造成损害。世界各国婚姻法莫不对未成年子女利益的维护作出了详细、周全的规定。一般而言，离婚双方在没有对子女的监护、抚养、教育、富有前途的发展等问题作出被法院所认可的安排之前，法院有权拒绝作出离婚判决。我国的法律也是如此。

《朱某被指定代理无行为能力人范某诉梅某离婚案》[1]

【案情简介】

1972年5月，范某、梅某双方经人介绍登记结婚(双方均系再婚)。婚后，夫妻感情较好，在共同生活期间没有发生较大的矛盾。近年来，双方因年事已高，均基本丧失生活自理能力，需要他人照顾。范某因病需要人照顾时，梅某多次找范某儿女，要他们照顾范某，范某儿女因此对梅某表示不满，彼此矛盾加深。

1996年，范某之子朱某持一份摁有手印的、署名为范某的、内容为“我年岁高，委托亲子朱某代理诉讼，追究梅某虐待我的刑事责任，请求离婚”的委托代理书，到人民法院提起诉讼，要求与梅某离婚，并要求房屋居住权，由梅某给付范某扶养费和今后治病的医疗费。

被告梅某答辩称：我们双方在婚后的夫妻感情一直很好，共同生活的20多年中没

---

〔1〕 最高人民法院中国应用法学研究所编：《人民法院案例选》总第20辑，人民法院出版社1997年版，第74页。

有打过架。提出离婚不是我俩人的主张。现我俩年龄都大了,生活不能自理,需要儿女照顾。原告到他儿子家生活我同意。但离婚让人笑话,我不同意。他们如要坚持离婚,我也没有办法。但房子是我单位的,不同意原告住。原告有劳保,我不付扶养费。原告的医药费在原告的单位能报销。

【审理判析】

一审法院审理查明:范某现在其子朱某家中,但神志不清,不能做出是否离婚的意思表示。朱某所持原告的委托代理书,其落款日期"九六年三月四日"中的"九六"两字是涂改的,无须认真辨认就可以看出是由"七五"两字改成的。因此,此经过涂改的委托书不能证明委托关系的成立。但因已经受理案件,案件应当审理下去,故指定朱某为原告范某的诉讼代理人,代为进行离婚诉讼。

一审法院审理认为:原、被告系自主婚姻,婚后夫妻感情一直很好,在20多年的共同生活中能和睦相处。近年来,双方年事已高,逐渐丧失生活自理能力。而双方子女在赡养二老问题上意见不一,因此产生矛盾。本院受理此案后,原告已不能表达自己的真实意见,而被告表示不同意离婚。因原、被告夫妻感情没有破裂,故对原告及代理人的请求不予支持。

【法理研究】

这是一起由儿子先以委托代理人的身份代理其无行为能力的母亲提起离婚诉讼,后因委托代理关系不成立,又被受案法院指定为代理人的离婚案件。这里面的一个关键问题是,儿子是否有权代理母亲提起离婚诉讼?

《民法通则》第63条第3款规定:"依照法律规定或者按照双方当事人约定,应当由本人实施的民事法律行为,不得代理。"《婚姻法》第32条规定,男女一方要求离婚的,可直接向人民法院提出离婚诉讼。据此,提出离婚诉讼,必须是婚姻关系的一方当事人,且必须是其本人的明确意思表示,任何他人不得代替婚姻关系的一方当事人提出离婚诉讼。也就是说,离婚必须是婚姻关系一方当事人本人的意志和行为,任何人不得代理。

而一审法院在确认朱某无权代理其母提出离婚诉讼的同时,却又指定朱某为其母的代理人,这种做法是错误的。法院和朱某的做法已经侵犯了范某和梅某的离婚自由。从本案的案情可以看出,朱某不满意范某和梅某的老年婚姻,自行出具篡改的委托书向法院提出离婚之诉,进而想要拆散范某和梅某的婚姻关系,是对婚姻自由原则的严重侵犯,而一审法院指定朱某为代理人的做法于法无据。

（三）结婚自由和离婚自由之间的关系

结婚自由和离婚自由共同构成婚姻自由的完整内涵，二者之间的关系是相辅相成、互为补充的。没有结婚自由，就不存在所谓的离婚自由。离开了离婚自由的保证，结婚自由仅仅为婚姻当事人提供了无法退出的枷锁，将会是真正见证爱情的坟墓。保障结婚自由，是为了使当事人能够完全按照自己的意愿选择共同的生活伴侣；保证离婚自由，则是为了使感情确实已经破裂，无法共同生活的夫妻能够通过法律的途径解除婚姻关系。结婚自由和离婚自由是婚姻自由原则在正反两个方面的体现，为婚姻当事人进入和退出婚姻提供了完整的制度基础。

《朱某与陈某兄弟干涉婚姻自主权纠纷案》〔1〕

【案情简介】

2003年9月，朱某在被告陈甲的热作商行打工期间，经陈甲介绍，原告认识了陈甲的弟弟陈乙。2003年10月初，朱某在被告兄弟俩的建议下，与陈甲、陈乙一起到深圳打工。2004年1月30日，朱某与被告陈乙在广东省某镇登记结婚。2004年4月，原告返回原地生活至今。2004年5月，原告向法院提出离婚诉讼，诉称陈甲侵犯其婚姻自主权，要求二被告连带赔偿其精神抚慰金2万元。

【审理判析】

一审法院受理案件后，认为：原告与被告陈乙是经被告陈甲介绍认识，并自愿登记结婚的，双方之间已形成了合法的夫妻关系。既然是合法的夫妻关系，就不存在侵犯婚姻自主权、干涉婚姻自由的问题。被告陈甲在原告与被告陈乙的婚姻关系中，只起介绍的作用，没有强迫原告嫁给陈乙的行为。原告诉称二被告侵犯其婚姻自主权、干涉其婚姻自由，无事实依据。对原告要求二被告连带赔偿其精神抚慰金2万元的诉讼主张，不予以支持。

一审法院判决宣判后，原告朱某不服，提起上诉。二审经审理查明，一审法院关于上诉人朱某和被上诉人陈乙登记结婚和起诉离婚的情况的认定事实清楚。当事人对自己提出的诉讼请求所依据的事实或者反驳对方诉讼请求所依据的事实有责任提供证据加以证明。没有证据或者证据不足以证明当事人的主张的，由负有举证责任的当事人承担不利后果。上诉人朱某与被上诉人陈乙的婚姻纠纷，已经一审法院2005年10月24日判决准予双方离婚。上诉人朱某上诉主张被上诉人陈甲和陈乙共同侵犯其婚姻自主权，未能提供有效证据，其上诉主张不予支持。

---

〔1〕 参见 http://edu.lawyee.net/Case/Case_Display.asp? RID = 104653&KeyWord = .

【法理研究】

本案涉及了婚姻自主权。婚姻自由权是我国宪法上明确规定的权利,婚姻自由包括结婚自由和离婚自由两个方面。在结婚自由方面,任何公民只要符合《婚姻法》上所规定的条件,与谁结婚,在什么时间,什么地点结婚以及以什么样的民俗方法举行公开婚礼仪式,都是婚姻当事人的自由,任何他人不得干涉。在离婚自由方面,我们反对草率的离婚,但是对于夫妻之间感情确实破裂的,法院应当判决离婚。在本案中,原告与陈乙是在陈甲的介绍下相识的,并在陈甲和陈乙的劝说下到深圳打工。从这个事实看,陈甲和陈乙并没有违背原告的意志强行的要求其做出任何与婚姻有关的承诺或行为。并且,从整个案件看,原告与被告陈乙在广东省结婚时,并没有任何迹象或事实表明原告是在不情愿或是情非得已的情况下作出结婚的意思表示的。因此,原告声称被告侵犯其婚姻自主权,进而侵犯了其婚姻自由是不能在法律上成立的。

长时间以来,婚姻介绍人在未婚男女之间进行介绍,从而撮合婚姻是我国的一个普遍现象。婚姻介绍人的作用仅在于为未婚男女创造见面的机会,而不能强迫别人做出违背自己意思的婚姻表示,但是婚姻介绍人对于未婚男女的劝说,则不能认为是对他们婚姻自由的侵犯和干涉。本案中,被告陈甲仅仅起到了介绍人的作用,谈不上对原告婚姻自主权的侵犯和干涉。

第二节 一夫一妻原则

一、一夫一妻原则的含义和意义

我国《婚姻法》第2条规定了一夫一妻原则。一夫一妻制是指,不论男方还是女方,不论其地位高低、财产多寡都不得同时有两个或者两个以上的配偶。对于已婚的,在配偶死亡或者离婚之前,不得另行结婚。未婚者不得同时与两个或者两个以上的人结婚。

一夫一妻是人类社会进步的结果,也是男女平等和妇女解放思潮的结果。目前,世界上大多数国家都已经确立了一夫一妻制度,这反映了对妇女地位的尊重,也有利于维护家庭以及对未成年子女权益的保护。

一夫一妻原则的反面就是重婚。所谓重婚,是指有配偶者又与他人结婚的行为。重婚严重的违背了一夫一妻原则,在法律上是被严格禁止的,我国《刑法》第258条规定:“有配偶而重婚的,或者明知他人有配偶而与之结婚的,处2年以下有期徒刑或者拘役。”另一个对一夫一妻进行事实上破坏的现象是有配偶者与他人同居。这种现象在一些经济发达地区比较普遍,甚至在有些地区成为了一种常态现象。这种行为同我国《婚姻法》的原则相违背,严重地违反了一夫一妻原则,损害了家庭的稳定性,并产生了一系列的社会问题,如非婚生子女的问题等,应当受到社会道德和舆论的谴责。

《田女诉程男重婚纠纷案》〔1〕

【案情简介】

自诉人田女与被告人程男于1987年相识并开始来往。当时,田女的丈夫在乌鲁木齐市,程男知晓;程男的妻子在原籍长垣县,田女也知晓。1991年11月,田女通过诉讼与丈夫罗某离了婚。1992年12月,程男向田女谎称自己已经与妻子王某离了婚,同时向邻居和同事等多人宣传自己离婚之事。田女误以为程男确实已与配偶离婚,即从1992年年底起在未办理结婚登记的情况下开始与程男以夫妻名义同居生活。在此期间,田、程二人还以夫妻名义在家宴请新疆水泥厂的有关领导。

1995年3月15日,程男的妻子王某从原籍写信给田女的女儿,述说她与程男并未离婚。随后,程男的所在单位通过调查,也证实程男与其妻王某并未离婚。同年6月,田女发现程男没有离婚的事实后,即与程男发生纠纷,并与其分居。

田女向区法院提起自诉,指控被告人程男犯重婚罪,要求追究其刑事责任。被告人程男辩称自己从未与田女以夫妻名义同居生活,不构成重婚罪;其辩护人提出,程男与田女未办理结婚登记,也不是事实婚姻,故程男无罪。

【审理判析】

区法院经公开审理后认为,被告人程男有配偶而与他人以夫妻名义同居生活,形成事实婚姻,其行为已构成重婚罪,自诉人的指控成立,予以支持。被告人及其辩护人的辩解理由不能成立,不予采纳。

宣判后,被告人程男提出上诉,其上诉理由及辩护人的辩护意见与一审时相同。二审法院审理认为,上诉人程男有配偶而与他人以夫妻名义同居生活,虽然没有进行登记结婚,但公开以夫妻关系共同生活在一起,形成事实上的婚姻关系,其行为已构成重婚罪,应予惩处。上诉人及其辩护人提出的上诉理由和辩护意见,与事实和法律不符,不予采纳。原审法院认定事实清楚,证据确实、充分,定罪准确,量刑适当,应予维持。

【法理研究】

本案中,被告在未同其妻子离婚的情况下,谎称已经离婚并与自诉人以夫妻的名义一起生活,已经违反了《婚姻法》的一夫一妻原则。但应当注意的是,本案中,法院依据的是事实婚姻对被告进行处罚。一般来讲,所谓的事实婚姻是指没有配偶的男女,

〔1〕 参见 http://www.fl5.org.cn/panli/minshang/200603/3443_2.html.

未经登记结婚,便以夫妻名义同居生活,群众也认为他们是夫妻的两性结合。1989年最高人民法院《关于审理未办结婚登记而以夫妻名义同居生活案件的若干意见》对事实婚进行了规定。但2001年《婚姻法解释(一)》中规定,没有配偶的男女,未经办理结婚登记而以夫妻名义同居生活的,在1994年2月1日以前,同居男女双方已经符合结婚实质要件的,按事实婚姻处理。1994年2月1日以后,男女双方符合事实婚姻的,法院应当告知双方在离婚前补办结婚登记。补办结婚登记的,婚姻效力从双方均符合婚姻要件时起算。2003年最高人民法院《婚姻法解释(二)》规定,当事人起诉解除同居关系的,人民法院不予受理。但当事人请求解除同居关系,属于"有配偶而与他人同居"的,法院依法受理并予以解除。因此,目前本案中的情况,被告的行为不能再算是重婚,而只能算是"有配偶而与他人同居"。不过即便如此,当然其毫无疑义也是对一夫一妻原则的一种侵犯。

二、一夫一妻制度的发展和确立

一夫一妻制度又称为个体婚制度。根据通常的观点,一夫一妻原则是在原始社会崩溃、阶级社会形成的过程中逐步确立的。建立在私有制的经济基础和阶级剥削制度之上的一夫一妻婚姻,从萌芽到最后的形成过程,即是人类从无阶级社会进入阶级社会的过程。因而,它的最后胜利是文明时代开始的标志之一。

第二节　男女平等原则

一、男女平等原则的内涵和意义

男女平等原则是指男女双方在婚姻家庭关系中,享有平等的权利,承担同等的义务。我国《宪法》第48条第1款规定:"中华人民共和国妇女在政治的、经济的、文化的、社会的和家庭的生活等各方面享有同男子平等的权利。"《婚姻法》第2条第1款规定:"实行婚姻自由、一夫一妻、男女平等的婚姻制度。"

男女平等原则是近代文明发展以及妇女解放运动的产物。破除封建的人身依附关系以及男尊女卑制度是男女平等原则的直接指向。男女平等原则的确立和发展直接影响到了家庭的结构,甚至引发了一系列的家庭革命的产生,进而广泛地影响了各国的婚姻家庭法内容。

男女平等原则与民法中的平等原则既有联系又有区别。

首先,民法中的平等原则强调的是所有的民事主体享有平等的权利、承担相同的义务,而婚姻家庭法的男女平等原则强调的是婚姻关系中男女平等。

其次,从历史上看,十七八世纪资产阶级革命后,民法中的平等原则就已经建立起来了,而在当时,各国尚广泛地不承认婚姻家庭法中的男女平等原则。

最后,民法中的平等原则强调的是市民社会中的主体平等问题,而男女平等更强调家庭内部主体平等的问题，后者更有伦理色彩。

二、男女平等原则的内容

《婚姻法》中有关男女平等原则的规定贯穿于整部《婚姻法》的各个章节中。具体可以概括地体现为两个方面的内容：

(一)在婚姻家庭关系中的权利义务平等

男女有平等缔结婚姻的权利。结婚条件的规定对男女双方都是平等的；结婚后，夫妻双方有平等的义务。离婚时，双方享有平等的分割夫妻共同财产的权利，对共同债务承担平等的清偿义务。

(二)在家庭关系上，不同性别的家庭成员权利和义务平等

男女双方在缔结婚姻后，男女双方不因婚姻家庭的成立而丧失自己的独立人格，男女双方仍然有独立的姓名权、工作权、继承权以及对夫妻共有财产的所有权。无论男女双方，在建立婚姻家庭后都不得要求对方放弃部分或全部权利从而使对方成为自己的附属。

男女平等原则还要求父母应当平等的对待不同性别的子女，父母应当保证不同性别的子女享有平等的受教育权以及其他发展机会。另外，不同性别的子女应当承担平等的赡养义务、享有平等的继承权。

《张男诉原配偶丁女恢复子女姓氏及探视子女纠纷案》[1]

【案情简介】

原告张男与被告丁女于1989年4月15日经市法院调解离婚，婚生子张某(生于1983年2月27日)随母亲丁女生活，张男一次性给付张某的生活费、教育费3000元。张男与丁女离婚后从事个体工商经营活动，为生计经常东奔西走，且未再婚。张某在父母离婚后，随母亲丁女和继父黄男生活多年，相处融洽，丁女处的抚养条件和学习环境比张男处好。1990年6月，被告丁女将张某的姓氏改为其再婚丈夫黄男的姓氏，取名黄某。

自从原、被告离婚后，丁女对张某的活动控制很严，外出(包括上学和放学)进行护送护接，严禁张男接近张某。由于原告张男看望张某受到丁女的阻止，为此，双方多次发生纠纷。1994年2月28日，张男书面向丁女提出探望计划。对张男的书面要求，丁女不予理睬，继续阻止张男探望张某，更不让张某与张男共同生活。张男遂向法院起诉。

---

〔1〕 最高人民法院中国应用法学研究所编：《人民法院案例选》总第15辑，人民法院出版社1996年版，第55页。

【审理判析】

市法院审理认为:从有利于张某健康成长的角度考虑,不宜改变原来的抚养关系,张某仍随丁女生活更有利于其健康成长。《婚姻法》第22条规定:"子女可以随父姓,可以随母姓。"在现实生活中,子女随父姓或者随母姓由夫妻双方协商,子女有表达能力的应尊重子女的意见。被告丁女将张某的姓名改为黄某,既无法律依据,又与社会习惯相悖,因此应予纠正。《婚姻法》第36条第1、2款规定:"父母与子女间的关系,不因父母离婚而消除。离婚后,子女无论由父或母直接抚养,仍是父母双方的子女。离婚后,父母对于子女仍有抚养和教育的权利和义务。"由此可见,我国法律是承认离婚父母对由一方抚养的子女享有探望权的。因此,原告张男探望亲生子的诉讼请求,是合法的,应予支持。

【法理研究】

本案是一个有关探望权的案例。目前我国法律没有明确规定探望权。但从民法理论上讲,父母对子女的探望权,是亲权的一种。所谓父母对子女的探望权,是指父母离婚后,与子女分居的一方(父或母)享有的探望性和逗留性探望其子女的权利。探望权是因父母离婚,对子女监护的变化而发生的。我国《婚姻法》第2条规定了男女平等原则,确立了男女双方在婚姻关系和家庭生活的各个方面都享有平等的权利和承担平等的义务。《婚姻法》第23条规定:"父母有保护和教育未成年子女的权利和义务。"第36条第1、2款规定:"父母与子女间的关系,不因父母离婚而消除。离婚后,子女无论由父或母直接抚养,仍是父母双方的子女。离婚后,父母对于子女仍有抚养和教育的权利和义务。"这些法律规定都明确了父母子女关系不因父母离婚而消除,父母离婚后,仍然有抚养和教育子女的权利和义务。这样,离婚后与子女分居的一方(父或母)如要履行法定的抚养、教育子女的义务,除承担抚养费以外,探望子女就成为基本的、必经的途径。若离婚后与子女分居的父或母不享有探望子女这一基本的权利,就难以全面履行抚养、教育子女的法定义务。

第四节 保护妇女、儿童和老人合法权益原则

一般来讲,妇女、儿童和老人是社会中的弱势群体,合法权益容易受到侵害,因此各个国家都重视对妇女、儿童和老人权益的保护。我国《婚姻法》第2条第2款规定:"保护妇女、儿童和老人的合法权益。"确定了保护妇女、儿童和老人合法权益的原则。

一、保护妇女的合法权益

（一）保护妇女合法权益的意义

保护妇女合法权益对于促进社会进步、保证社会的和谐发展有重大的意义。

首先，在历史上，妇女的地位一直从属于男性，地位不高，经常成为被迫害的对象。例如在中国历史上臭名昭著的“缠足”制度，就是对妇女身心最残酷的破坏。因此，保护妇女的合法权益和地位乃是社会进步、文明彰显的标志之一。

其次，由于妇女生理上的原因，妇女容易成为被侵害的对象。目前，无论是比较严重的性犯罪还是在程度上较轻的“性骚扰”，针对的对象大都是妇女。加强对妇女合法权益的保护，有利于妇女的自身发展。

最后，妇女现在已经是现代社会中从业人员的一部分，在很多职业领域中，妇女的从业人数已经远远超出男性。妇女也在越来越多的领域中发挥越来越重要的作用。因此，保护妇女的合法权益，保证她们在工作领域内创造出更多的价值，更加符合现代社会和谐进步的主题。

我国自建国以来一直重视对妇女合法权益的保护，如我国《宪法》第48条就明确规定，国家保护妇女的权利和权益，实现男女同工同酬，培养和选拔妇女干部。为了更好的保护妇女的合法权益，在1992年颁布了《妇女权益保障法》。应当说，在整个世界范围内，我国对妇女合法权益的保护是走在前列的。

《薛某殴打其妻引起其妻服毒后不予抢救故意杀人案》〔1〕

【案情简介】

2000年8月24日16时许，被告人薛某酒后在自己家中为琐事殴打其妻聂某。聂某不堪忍受，离家跑到周某家躲避。被告人追至周家，对聂某继续殴打，并强行要聂某跟其回家。聂某回到家后，被告人再次对其进行殴打。聂某的肉体和精神均受到极大伤害，再也无法忍受，便产生了“不想活”的念头，于当日下午18时许在自家院内服了农药“敌敌畏”。当时被告人薛某在家里，别人告知其妻聂某服了农药，要他赶快送聂某去医院抢救，薛某竟说“我不管”；当他人送聂某去医院时，薛某仍无动于衷。聂某服毒后因抢救不及时而死亡。

【审理判析】

区检察院以被告人薛某犯故意杀人罪向区法院提起公诉。被告人薛某对检察机

〔1〕 最高人民法院中国应用法学研究所编：《人民法院案例选》总第42辑，人民法院出版社2003年版，第13页。

关的指控予以供认,无辩解。其辩护人辩称,被告人的行为不构成故意杀人罪,因为被告人没有杀人的故意,也没有实施杀人的行为。

区法院经公开审理认为:被告人薛某无视国家法律,酒后连续殴打其妻聂某,致聂某不堪忍受而服毒自尽。聂某服毒后,生命处于危急状态,被告人薛某作为聂某的丈夫,有义务立即将聂某送往医院抢救,但薛某却见死不救,以致延误了抢救时间,造成聂某中毒身亡。被告人的行为构成了故意杀人罪,应依法惩处。公诉机关指控的罪名成立,本院予以支持。

薛某不服一审判决,提起上述。请求二审法院撤销原审判决。

市中院经二审审理认为:上诉人薛某酒后殴打其妻聂某,致使聂某无法忍受而服毒。上诉人薛某明知其妻服毒,却不采取救助措施,致聂某死亡,其行为构成了故意杀人罪。原审认定事实清楚,证据确实充分,定性和适用法律正确,量刑适当,审判程序合法,应予维持。

【法理研究】

本案中,被告面对妻子服毒自杀,无动于衷,而且还冷言冷语,触犯了刑法,这是没有疑问的。而本案中,另一个比较关键的问题就是对妇女合法权益的保护。妇女因为生理和心理的原因,总的来说与男性相比处于弱势地位,容易成为家庭暴力以及其他犯罪行为的侵犯对象。本案就是一个非常典型的由家庭暴力而引发的悲剧,为所有人都敲响了警钟。

保护妇女合法权益是我国《宪法》中明确的一条原则。在具体的部门法中,对妇女合法权益的保护主要体现在《婚姻法》和《妇女儿童权益保护法》中。但是,仅仅从这两部法律来理解保护妇女合法权益原则仍然是不够的。在我国的刑法、民事诉讼法等重要法律中,都有与保护妇女合法权益有关的内容。在侵犯妇女合法权益的场合,情节严重的完全可能触犯刑事法律,从而承担刑事责任。此点,在本案中表现的比较明显。本案中,从被告上诉时所提出的主张看,其完全没有尊重妇女、保护妇女的意识。对于自己没有提供夫妻之间的扶助义务,从而间接的致人死亡的事实也没有明确、充分的认识。这不能不说是比较可悲的。

(二)保护妇女合法权益的内容

我国《婚姻法》从始至终贯彻了保护妇女权益原则。

1. 在离婚程序方面的保护。法律明文规定,女方在怀孕期间,中止妊娠后6个月内以及分娩后1年内,男方不得提出离婚。这是为了保护妇女和儿童的身心健康而作出的规定。

这条规定的例外是,此期间女方提出离婚或者法院认为确有必要受理男方的请求的,法院应当受理。这样做也是为了维护妇女的合法权益,在上述时间内,如果女方认为同男方继续生活将难以容忍时，当然可以基于自身和婴儿利益的考虑，向法院提出离婚请求，结束婚姻生活。

《刘男诉王女分娩后一年内离婚纠纷案》[1]

【案情简介】

王女和刘男于1987年1月结婚，婚后生一女孩刘某，现年5岁。双方因性格各异，自1988年以来，常为生活琐事发生矛盾，吵闹打架，王女与公婆关系也不睦，致使夫妻关系紧张。

1989年4月，刘男以双方无共同语言，王女对其不信任，无法继续共同生活为理由，诉至县法院，要求与王女离婚。经该法院调解，刘男撤回离婚诉讼。但此后，夫妻关系仍未好转。1991年12月，王女计划外生一女孩，经双方同意送他人收养。1992年1月，刘男又以前诉理由诉至县法院，坚决要求与王女离婚。

王女辩称：夫妻间有矛盾是事实，但系刘男与他人关系密切所造成。夫妻感情尚未破裂，坚决不同意离婚。

【审理判析】

一审法院认为：双方性格各异，常为生活琐事吵闹打架，刘男撤回离婚诉讼后，双方关系仍不能好转，夫妻感情确已破裂。刘男要求离婚，依法予以准许。

宣判后，王女不服，以双方夫妻感情尚未完全破裂，不同意离婚，提起了上诉。

二审法院认为：王女与刘男虽系自愿结婚，但因双方性格各异，加之王女不能正确处理夫妻及其公婆之间关系，常因生活琐事吵嘴打架，夫妻感情确已破裂。刘男要求离婚，依法应予准许。

宣判后，王女以其分娩不足1年，判决离婚违反法律规定为理由，向二审法院申请再审。

二审法院经审查，认为王女的再审申请符合法律规定的再审条件，遂裁定中止原一、二审判决的执行，对本案予以再审，并通知双方当事人于再审期间不得再婚。经再审后，二审法院认为：刘男在王女分娩后1年内不得提出离婚，原一、二审判决离婚明显违反法律规定，应予撤销。

---

〔1〕 最高人民法院中国应用法研究所编：《人民法院案例选》总第7辑，人民法院出版社1994年版，第65页。

【法理研究】

《婚姻法》第34条规定:“女方在怀孕期间和分娩后1年内,男方不得提出离婚。”《民事诉讼法》第111条第6项规定:“依照法律规定,在一定期限内不得起诉的案件,在不得起诉的期限内起诉的,不予受理。”依据上述规定,男方在女方怀孕期间和分娩后1年内这段时间内,其离婚起诉权是受法律限制的;男方如果在这段法定时间内起诉与女方离婚的,因违反了法律的强制性规定,其法律后果就是法院不受理其起诉,使其诉讼请求不能得到司法支持。

本案中,王女于1991年12月分娩,刘男于次年1月即提出离婚诉讼,距王女分娩仅2个月,仍在法律禁止起诉的“分娩后1年内”的期限里,故一审法院本不应受理此案,二审法院在上诉审时,也应以刘男的起诉不符合法律规定的受理条件而撤销一审判决,驳回其起诉。但一、二审不但予以受理,而且还判决离婚,显然是违反法律规定的。再审以一、二审判决违反法律规定为理由,裁定撤销了一、二审判决,其处理是正确的。充分体现了保护妇女合法权益的原则。

2. 在离婚财产分割方面对女性的特殊保护。法律规定,夫妻共同财产的分割,先由双方协议分割,协议不成的由法院判决。法院判决应当“照顾女方和子女权益”。在同等条件下,可以适当的多分给女方一些财产。离婚时,如果女方生活困难,男方应当在房产或其他财产中给予女方一定的经济帮助。在实行分别财产制时,从事家务劳动或协助对方工作较多的女方,在离婚时可以要求男方对其予以经济补偿。

实际上,保护妇女的合法权益和男女平等原则的精神是一致的,男女平等原则是基础,保护妇女合法权益是补充。这两个原则相互补充、配合能够更有利地实现男女平等。

《苏男诉李女离婚及分割财产纠纷案》〔1〕

【案情简介】

苏男于1993年1月从台湾省回广西探亲,3月中旬在南宁经人介绍认识李女,双方于3月31日登记结婚(双方均系再婚)。苏男于登记结婚当天,给了李女1万美元用于购置房屋,4月4日又给了李女1000美元,补足购房款。李女于4月8日以其名义办理购房手续,购得“某花园”内楼宇第四栋一单元三层B座二室一厅房屋一套(尚未交付使用),价值人民币98 098元。另外,苏男于3月31日送给被告其他财物若干。

〔1〕 最高人民法院中国应用法学研究所编:《人民法院案例选》总第12辑,人民法院出版社1996年版,第66页。

婚后夫妻感情尚好,没有生育子女。在苏男生病期间,李女陪原告上医院看病,照料苏男。苏男于同年5月底返回台湾。

8月中旬,苏男从台湾来南宁后,发现李女由于做生意,常早出晚归,对其冷淡,关心不够,遂于1993年9月提出离婚。李女辩称,双方结婚是经过考虑的,婚后夫妻感情是好的。苏男生病期间,我尽了妻子的责任。原告提出离婚没有理由,不同意离婚。

【审理判析】

区法院经审理,查明了上述事实。认为:由于苏男、李女双方婚前了解不够,没有牢固的感情基础,婚姻基础脆弱;婚后也没有真正地培养起夫妻感情。苏男离婚态度坚决,夫妻感情确已破裂,再维持夫妻关系已无实际意义。商品房一套系原告一人出资购买,应归原告所有。苏男提出婚后还再次给过被告6000美元以及被告提出婚后向其哥借有2万元未还,均因双方不能提供足够证据,不予认定。苏男称婚后给了李女金项链两条、金戒指四枚、金耳环两副,但提供不出证据证实其所讲的金器数目,只能按李女承认的数目来认定分割。

一审宣判后,李女不服,上诉于市中院称:商品房一套是苏男赠送给我的纪念品,应归我所有,一审将此商品房判归男方所有,没有保护妇女合法权益。金项链一条、金耳环一副、金戒指一枚是苏男婚前送给我的见面礼,不应作共同财产进行分割。苏男劝我辞掉工作后,我没有住房,没有生活来源,要求苏男给予经济补偿。

中院认为:苏男与李女结婚草率,婚后未能建立起夫妻感情,双方在年龄、性格等方面差别较大,难以继续共同生活,原审判决准予离婚是正确的。商品房一套系双方在婚后购置的,属夫妻共同财产。女方称该房为男方所赠,缺乏依据,不予认定。考虑到该房是男方出资,女方办手续,婚姻关系存续时间较短,以及女方住房困难等情况,分割时产权可以判归男方所有,但应由男方给女方适当补偿。

【法理研究】

本案是涉及台胞的离婚案件。根据本案中的事实,双方当事人婚前缺乏必要了解,感情基础不牢,婚后未建立起夫妻感情,双方又经常分居两地,一方对另一方的行为不能正确对待,双方难以继续共同生活。一、二审法院认定双方感情确已破裂,维持夫妻关系已无实际意义,判决准予离婚,是符合《婚姻法》第32条的规定的。

在财产处理问题上,二审法院对财产的认定是正确的。我国《婚姻法》第42条明确规定:"离婚时,如一方生活困难,另一方应从其住房等个人财产中给予适当的帮助。"被告因原告原因辞去工作,失去了生活来源,应视为其在离婚时生活有困难的情况,而应由另一方给予适当的经济帮助。本案中,被告因原告的原因而辞去工作,致使被告失去了生活来源,一审和二审法院都应当给予考虑。但是二审判决仅要求原告给予被告一定经济补偿,而没有提到经济帮助。这种做法虽然维护了台湾同胞的合法权利,但没有充分考虑对妇女合法权益的维护,存在一定的问题。

二、保护儿童的合法权益

儿童是一个国家的未来,对儿童的教育和培养决定了一个国家未来的竞争力,因此各国都不遗余力的保护儿童的合法权益。我国十分重视对儿童权益的保护,《宪法》第46条第2款规定:“国家培养青年、少年、儿童在品德、智力、体质等方面全面发展。”第49条第1款规定:“婚姻、家庭、母亲和儿童受国家的保护。”为了更好的保护儿童的合法权益,我国在1991年通过了《未成年人保护法》,对我国儿童的保护作出了更为具体和全面的规定。

保护儿童的合法权益作为一项原则贯穿于整部《婚姻法》的各项制度中。首先,规定了禁止溺婴、弃婴和其他残害婴儿的行为,并明确规定了父母对其子女的抚养教育义务。即使是父母双方已经离婚,这种抚养义务仍然不能免除。除此之外,《婚姻法》还规定,在父母不能对子女进行抚养的情况下,有负担能力的祖父母、外祖父母或者兄、姐有义务抚养未成年的、或者没有独立生活能力的孙子女、外孙子女或弟妹。其次,法律规定了子女地位平等。无论是婚生子女还是非婚生子女还是继子女,在法律地位上一律平等,任何人不得虐待和歧视。

《妇幼保健院诉陈氏夫妇拒绝领回出生婴儿纠纷案》[1]

【案情简介】

陈男和陈女系夫妻。1990年1月,陈女因妊娠足月住进省妇幼保健院(下称省保健院)产科产前病房。随后,省保健院为陈女剖宫取出一个女婴,主治医生当即告诉陈女生的是女孩。剖宫产后,省保健院将婴儿抱给陈女之夫陈男看。陈男看后没有任何表示,并交了宝宝卡费用7.50元。产妇陈女住院、分娩、手术情况及婴儿情况,《产妇住院记录》、《病历记录》、《分娩记录》、《剖腹产手术记录》、《婴儿产时及产后记录》以及《新生儿科病历》均有记录。陈女在产房期间,无其他产妇同时分娩。事后,陈男对婴儿性别起了疑心,便于1月27日向省保健院行政办公室反映,其妻分娩的是男婴,被医院调换成了女婴。该院医教科立即对当天值班的医护人员进行了调查,结果表明没有调换,即将调查结果告诉了陈男。陈男对此不服,又向省卫生厅反映。省卫生厅派人进行调查后,认为陈男的反映没有根据。陈男据此提出要到上海作亲子鉴定。

为此,省保健院向陈女、陈男住所地的县法院提起诉讼,认为陈女在该院分娩的是

---

〔1〕 最高人民法院中国应用法学研究所编:《人民法院案例选(1992~1999年合订本)》民事卷(上),中国法制出版社2000年版,第99页。

女婴，不是男婴。因陈男坚持婴儿已被调换，并提出要作亲子鉴定，故本院要求法院确认亲子关系，并要求陈氏夫妇负担住院及护理婴儿的全部费用。

陈女、陈男辩称：剖宫产的婴儿，当时未给陈女看是男是女，而且陈男看时是从楼下而不是从手术室抱出来的，故怀疑陈女生的男孩被医院调换成了女孩。

【审理判析】

县法院立案受理后，多次通知陈女、陈男到上海作亲子鉴定，均被其二人以种种理由予以拒绝。该二人只是提出要到省公安厅做脚印鉴定。县法院还查明，陈女于1990年5月1日未结账而离院，其所生女婴现仍在省保健院婴儿室由省保健院抚养。经结算，陈女住院期间所花手术费、伙食费等787.19元；截至1990年9月24日，省保健院为抚养陈女所生之女已付出生活费、保育费等3840余元。扣除陈女预交住院费500元、伙食费50元外，陈女尚欠省保健院4000余元。

县法院经审理认为：省保健院对陈女的产前检查和手术，都是按正常工作程序进行的，不存在环节上的漏洞。剖宫产取出婴儿时，医生就告知陈女生的是女婴，当时陈女神志清楚，还同意做了结扎手术。陈男也看过婴儿，当时并无异议。事后，陈男提出其妻生的是男孩，被医院调换成女孩，经医院和省卫生厅调查，认为陈男所说没有事实根据。诉讼中，两被告举不出证据证明省保健院调换婴儿的事实，又拒绝作亲子鉴定，因此，被告的主张不能成立。根据《民事诉讼法(试行)》第56条规定，县法院作出判决：①双方讼争的在省保健院婴儿室出生证为0007044号的女婴，确认是陈女所生；②陈女、陈男应在判决生效一个星期内将出生证为0007044号的女婴领回；③陈女、陈男应偿还给省保健院陈女的住院费、伙食费、手术费用，以及讼争女婴的护理费、伙食等费用4 077.33元。

判决后，陈女、陈男坚持所生婴儿是男婴，被省保健院调换成女婴，并以此为理由上诉于市中院。省保健院仍坚持原诉理由。

市中院在二审审理中，仍要求陈女、陈男去做亲子鉴定，但仍被该两人拒绝。据此，该院认为：陈女、陈男夫妇坚持自己所生的婴儿是男婴，没有任何依据。仅以婴儿是从五楼抱出给其过目而怀疑婴儿被调换，其理由不充分。在一、二审中，该二人又拒绝作合法的、科学的亲子鉴定，坚持要作婴儿的脚印鉴定。因脚印鉴定仅仅是个体的识别，并不能证明婴儿与亲生父母的血缘关系，所以本院不予采纳。陈女、陈男上诉无理，必须偿还陈女住院期间以及婴儿1年以来的护理、伙食等一切费用。

【法理研究】

在医院出生的婴儿，因各种原因，父母不愿或拒绝领回，从而与医院发生争议的，在全国各地时有发生。像本案这种怀疑出生的婴儿为男婴，而被医院调换成女婴，因而拒绝领回出生婴儿的，是其中一种类型。本案中，法院经过查明，已经确认医院并没有调换婴儿，被告之一陈女分娩的婴儿就是本案所争议的女婴。这种情况下，被告夫妇应当将婴儿从医院领回，承担对该婴儿的抚养义务，尽到为人父母的责任。这是《婚姻法》中保护儿童合法权益原则的基本要求。

另外，在本案中还折射出了另外一种社会现象：重男轻女。目前，在我国部分地区，重男轻女的现象仍然存在，个别地区甚至比较严重。孕妇一旦分娩女婴，有的父母就会设法逃避承担抚养女婴的责任，甚至遗弃婴儿、溺婴。这种行为严重的违反了保护儿童合法权益原则，应当受到法律的制裁和社会舆论的谴责。本案中，被告夫妇拒不领回婴儿，不承担抚养子女的法定义务，已经违反了保护儿童合法权益原则。他们的行为也间接的体现了他们重男轻女的观念，应当对其加强宣传教育。

三、保护老年人合法权益原则

我国《宪法》第45条第1款规定："中华人民共和国公民在年老、疾病或者丧失劳动能力的情况下，有从国家和社会获得物质帮助的权利。国家发展为公民享受这些权利所需要的社会保险、社会救济和医疗卫生事业。"该条在国家基本法的层面上，对保护老年人利益作出了原则性的规定。此外，为了保证老年人在家庭生活中得到切实地保护，我国《婚姻法》第21条还规定了子女对父母的赡养义务。保障老年人的合法权益不仅是一种法律上的义务，更是一种根本的人伦道德要求。老年人在年富力强时，对家庭、子女抚养、父母赡养、国家都做出过贡献。文明社会必然在老年人年老力衰时，保证老年人的基本生活需要，保证他们能够度过一个安详的晚年。

保障老年人的合法权益原则，在当今的情况下，还有一些特殊的意义。目前，我国和大部分西方发达国家开始进入"老龄化"社会，老年人占社会总人口的比例不断上升，由此引发一系列的社会问题。妥善解决这个问题，不仅涉及了一个社会的稳定问题，还涉及了一个社会的发展前途问题。而保护老年人合法权益的原则无疑是应对"老龄化"社会到来以及由此而引发的社会问题的有力武器。

《陈甲、王乙与陈丙、陈丁赡养纠纷案》[1]

【案情简介】

陈甲、王乙共生育有二男三女，长子被告陈丙，次子被告陈丁，长女陈戊，次女陈己，三女陈庚，均由二原告抚养长大。除三女陈庚未婚，随二原告共同生活外，其余子女均已结婚成家，独自生活。原告陈甲之兄陈某一直未婚，1982年，陈甲在其长子陈丙

---

〔1〕 参见 http://www.lawyee.net/Case/Case_Display.asp? RID = 30182&KeyWord = .

18 岁时，便让陈丙随伯父陈某生活。陈丙结婚时，陈某出钱为其筹办了婚事；婚后，陈丙夫妇便一直与陈某共同生活，同村群众公认陈丙与陈某是养父子关系。1999 年 10 月，原告陈甲因突患高血压并发大脑出血住院治疗，先后花去医疗费 4182 元，该笔医疗费由陈丁支付 1000 元，陈戊、陈己支付 3182 元，陈丙分文未付。遵医嘱，陈甲出院后仍需用药治疗，故一直在本村卫生所取药，现已欠卫生所药费 1800 元，且仍未痊愈。陈甲、王乙要求陈丙、陈丁出钱为父亲治病，陈丙、陈丁相互推托，引起诉讼。

原告陈甲、王乙向县法院起诉，请求：①陈丙、陈丁分担陈甲住院期间的医疗费及在村卫生所拖欠的药费；②陈甲、王乙的责任田由二被告耕种，陈丙、陈丁每年各给付陈甲、王乙小麦 500 斤、玉米 300 斤；③陈丙、陈丁每月各支付二原告生活费 50 元；④陈甲、王乙今后的医疗费由陈丙、陈丁均担；⑤陈甲、王乙去世时的丧葬费由陈丙、陈丁均担。

被告陈丙答辩称：陈甲、王乙作为其生身父母，未给其娶妻抱子，且其已在十七八岁时过继给伯父陈某，一直随陈某生活，今后还要赡养陈某。故不同意陈甲、王乙的诉讼请求。

被告陈丁同意二原告的诉讼请求。

【审理判析】

法院经审理认为：陈甲、王乙将陈丙、陈丁抚养长大，已尽到了父母对子女的抚养义务。现陈甲、王乙年迈，尤其是原告陈甲患病，陈丙、陈丁应对陈甲、王乙尽子女对老人的赡养义务。被告陈丙由陈甲、王乙抚养至 18 岁，陈甲、王乙已尽到了对其应尽的义务。被告陈丙以“过继”给伯父陈某，陈甲、王乙未给其娶妻为由，拒绝赡养陈甲、王乙的辩解不能成立。陈甲、王乙请求陈丙、陈丁分担医疗费及其他赡养义务欠妥，应根据其子女的人数和生活状况，适当地分配他们各自应尽的赡养义务。

一审判决宣判后的第三天，即 2000 年 3 月 30 日，陈丙夫妇、陈丁夫妇就父母赡养问题互相指责，引起厮打，陈丙在殴斗中身亡。几天后（上诉期内），原告陈某也因气病交加身亡。陈丁夫妇被公安机关刑事拘留，并于 2002 年 1 月 25 日被以故意伤害罪分别判处有期徒刑 10 年和 4 年。

在陈丙身亡后的上诉期内，陈丙之妻王女向县法院递交了上诉状，称陈丙已过继给陈某，一审判决又让其承担对陈甲、王乙的赡养义务，并分担陈甲以前的医疗费，属判决不当。请求二审法院予以纠正。

县法院收到王女的上诉状后，认为：在赡养纠纷案件中，作为赡养人之一的陈丙已经死亡，其赡养义务自然免除；其他当事人又未提起上诉，有关该赡养纠纷的诉讼应当终结。王女不能以陈丙法定继承人的身份行使上诉权。县法院据此未向二审法院移交诉讼卷宗。后王女为此不断上访，县法院于 2002 年将该案卷宗材料移送市中院。

市中院审查后认为：追索赡养费案件的一方当事人死亡的，应当终结诉讼。遂于

2002年12月将卷宗退回县法院,并通知其不受理王女的上诉。

【法理研究】

我国《婚姻法》第2条规定:"保护妇女、儿童和老人的合法权益。"第21条规定:"子女对父母有赡养的义务。"根据这两条规定,本案中的两个原告是有权利要求其子女承担赡养义务,支付赡养费的。在本案中,被告之一陈丙声称,陈甲、王乙没有为其娶妻抱子,所以不应当支付赡养费,这种理由不能成立。陈甲、王乙夫妇已经将陈丙养育成人,已经尽到了父母对自己子女的抚养义务。据此,陈丙应当承担对陈甲的赡养义务。这也是《婚姻法》中保护老年人合法权益原则的体现。因此,本案中一审法院作出的判决完全是正确的。不过,非常遗憾的是,判决仅仅几天之后,陈丙夫妇、陈丁夫妇就为赡养老人问题进行殴斗并闹出人命,完全不顾及老人的感受,严重地破坏了法律秩序。这种教训是十分惨痛的。

本案争议的另一个问题就是王女的上访。一审法院和二审法院的认定是完全正确的。因陈丙作为赡养主体已经死亡,诉讼只能终结。这符合我国《民事诉讼法》第137条的规定。因此,王女的上访没有道理,不能得到有关部门的支持。

第五节　计划生育原则

计划生育原则是我国的一项基本国策,也是《婚姻法》修正案规定的第五个基本原则。1980年《婚姻法》根据我国《宪法》以及我国国情增加了计划生育原则。这是对1950年《婚姻法》的一个重大的修正和发展。

计划生育原则是指通过生育机制有计划地调整人口的发展速度,包括节制生育、降低人口发展速度及鼓励生育、提高人口的发展速度。在我国,实际的情况是节制生育、降低人口的发展速度。计划生育原则在我国现阶段具有重大的意义。

一、计划生育原则是同我国的实际发展情况相符合的

毫无疑问,计划生育有利于社会和国民经济的发展。目前我国是世界上人口最多的国家,人均资源占有量非常少,加之整个国民经济基础比较薄弱,过多的人口负担使得我国在教育、科学、卫生、体育等领域的发展面临着较为严峻的挑战。为了改变这种局面,我国应当继续推进计划生育原则。

《梁男诉妇产科医院等未经其同意为其妻引产赔偿纠纷案》[1]

【案情简介】

原告梁男与第三人陈女系夫妻关系。双方于1993年10月29日办理结婚登记手续,并于1994年5月28日开始共同生活,不久,陈女怀孕。因怀孕前后曾患病大量服药,陈女认为可能影响胎儿健康,欲终止妊娠,但原告不同意,双方产生异议。1994年11月29日,陈女到中心妇产科医院住院,拟行引产手术以终止妊娠。在原告不同意的情况下,由陈女之兄在医院的"患者家属手术通知单"上签字,医院在进行各种常规检查后,于1994年12月5日由主治医师李医师为陈女注射药物引产,终止妊娠。原告遂向法院起诉。

原告诉称:第三人陈女怀孕后欲终止妊娠,但本人不同意。三被告的行为剥夺了本人按照国家政策规定生育子女的权利和胎儿出生的权利,给本人造成身心伤害及经济损失。为此,要求三被告赔偿本人精神损害、经济损失共计27万余元,在各大新闻媒介公开赔礼道歉,并要求被告李医师每年到存放、埋葬骨灰的地方植树一棵,以表示对引产胎儿之歉意。

市中心妇产科医院辩称:医院按照第三人的意愿,在其职责范围内进行正常的医疗活动,不存在违反医疗技术操作规程及违反规章制度的问题。有关医疗制度中没有引产手术必须有丈夫签字同意的规定。家属签字是为了向患者和家属解释手术可能出现的并发症、后遗症及意外等情况,让他们予以理解,以保护患者对病情的了解权。因此,本院无过错,不承担任何赔偿责任。

【审理判析】

法院经审理认为:根据我国有关法律,第三人对怀孕之胎儿有自行终止妊娠的权利。被告市中心妇产科医院及医生根据第三人的要求,为其实施引产手术终止妊娠,是履行正常的医疗职责,并无不当。国务院颁布的有关医疗制度的法规中没有终止妊娠手术必须由丈夫签字同意的规定,因此,被告市中心妇产科医院允许被告陈女之兄在第三人的"家属手术通知单"上签字及被告陈女之兄签字的行为没有过错,三被告均不应承担赔偿责任。

【法理研究】

本案是因医院为妇女实施终止妊娠手术而引起的赔偿案件,有一定的社会影响。

---

〔1〕 最高人民法院中国应用法学研究所编:《人民法院案例选》总第17辑,人民法院出版社1996年版,第62页。

对妇女有无自行终止妊娠权利的问题,有两种意见:一种意见认为,女方怀孕,是夫妻双方行为所致,是否终止妊娠,亦应由双方决定。《妇女权益保障法》中虽然有"妇女有不生育的自由"之规定,但"不生育"是指不怀孕,不包括怀孕后终止妊娠;第二种意见认为,根据《妇女权益保障法》的规定,妇女有不生育的自由。不生育的自由,应当包括不怀孕的自由和怀孕后终止妊娠的自由。本案中,法院采纳了第二种意见,这种意见是正确的。其理由是:

首先,妇女不生育的权利是法律赋予的。《妇女权益保障法》明文规定,妇女有按照国家有关规定生育子女的权利,也有不生育的自由。不生育的自由应理解为不怀孕或怀孕后终止妊娠。这是法律根据妇女的生理特点所给予的特殊保护。也就是说,女方怀孕虽是夫妻双方行为所致,并是双方生育的意思表示,一般情况下,女方是否生育亦应由夫妻双方商量决定,但在夫妻双方不能协商一致,而女方又发生影响继续怀孕或影响生育的情况的,显然,法律上考虑的更多的是妇女的身体健康和意志,而不是丈夫的意志,在生育自由问题上,法律上给予了妇女特殊的保护,女方有权不受男方意志影响,自行决定是否终止妊娠。

其次,根据我国法律规定,自然人的权利能力始于出生。胎儿在脱离母体之前,是母体的一部分,不具有独立的民事主体资格,不论是分娩还是终止妊娠,都是妇女的人身权利。对于这项人身权利,妇女可以独立行使,不需要经过丈夫同意。原告不能对胎儿主张权利。

最后,根据目前的医疗条件,对胎儿分娩或终止妊娠是可以人为控制的,第三人有独立行使终止妊娠这一民事法律行为的权利。

二、计划生育原则有利于减轻家庭负担,有利于提高人口素质

从对子女的抚养上看,计划生育原则要求每一个家庭只允许生育一个子女。这种状况使得父母可以运用足够的资源保证子女能够得到充分的教育机会和发展机会,有利于子女的发展,从而促进人口素质的提高。

基本上,计划生育原则鼓励和奖励每个家庭只生育一个子女,但在特殊情况下,国家允许生育第二胎,但严格禁止计划外生育和生育多胎。这种规定是符合客观情况和广大民众的实际需要的。在广大的农村地区,男孩仍然是家庭的主要劳动力,在一些农村地区,对于第一胎是女孩的,可以适当放宽条件允许第二胎。此外,我国是一个多民族聚居的国家,有一些少数民族人数比较少,如果严格限制这些少数民族的生育,会危及该民族的发展,所以,计划生育原则一般上并不严格地及于少数民族。

第三章 婚姻的成立

第一节 婚姻成立的概述

一、结婚的概念

结婚是指男女双方按照法律规定的条件和程序，建立夫妻关系的民事法律行为。结婚具有以下三个方面的特征：

（一）结婚行为的主体必须是男女双方

同性别的人之间不能结婚。结婚行为只能发生在男女两性之间，这是由婚姻关系的自然属性和社会属性决定的，这也是一夫一妻原则的体现。虽然，目前关于同性婚姻合法性的讨论不断深入，但世界各国还是广泛地不承认同性婚姻。

（二）结婚行为必须依照法律规定的条件和方式进行

结婚须符合《婚姻法》所规定的实质要件和形式要件，否则不具有合法婚姻的效力。

《梁女持一方未到场而领取的结婚证诉与刘男离婚，刘男以双方为同居关系同意解除案》[1]

【案情简介】

2000年11月，刘男之父在刘男外出打工的情况下，通过熟人到婚姻登记机关领取了刘男与梁女的结婚证。刘男回来后，于2000年农历12月10日与梁女举行了结婚仪式。此后双方常因家庭琐事吵架，感情一直不好，梁女于2001年6月回到娘家居住。双方由此发生纠纷，梁女遂持该结婚证起诉至县法院，以双方婚前缺乏了解，婚后感情一直不好，常因家庭琐事吵架为理由，要求解除与刘男的婚姻关系，由刘男给付其2万元抚养费，并合理分割家庭财产。

刘男答辩称：双方是同居关系，同意解除。由于二人无子女，梁女要求支付抚养费没有根据。梁女应返还我四轮车1辆，现金480元。

---

〔1〕 最高人民法院中国应用法研究所编：《人民法院案例选》总第43辑，人民法院出版社2003年版，第73页。

【审理判析】

县法院以解除非法同居关系为案由受理了本案。经审理，除确认上述事实外，还确认：四轮拖拉机1台属刘男个人财产，现在梁女的娘家。在刘男家的有梁女个人财产21英寸彩电1部、梁女的嫁妆组合柜等及双方共有财产：粮食和家畜、家禽。

该院认为：刘男、梁女同居时，未办理登记手续，虽通过他人骗取了结婚证，但按照《婚姻登记管理条例》第24条、《婚姻法》第8条之规定，刘男、梁女婚姻属非法同居关系，不受法律保护，应依法予以解除。梁女要求分割共同劳动所得的财产，应予支持。根据《婚姻法》第8条、第18条、第39条，《婚姻登记管理条例》第24条之规定，该院于2001年9月5日判决：解除双方的非法同居关系。

【法理研究】

一个合法有效的婚姻除了必须符合婚姻法中规定的诸如年龄、真实的结婚意思表示等实质要件之外，还必须符合结婚的程序性要件。在我国，有关结婚的程序性要件主要规定在《婚姻登记管理条例》中。根据《婚姻登记管理条例》，打算结婚的男女双方在领取结婚证时，必须双方亲自到婚姻登记机关办理，而不能由其他人代为办理。这样规定的主要考虑是，婚姻登记机关可以询问并审查结婚双方的实质性要件，防止出现违背一方意思而强行结婚等现象的出现。在本案中，刘男的父亲经过熟人直接获得了刘男和梁女的结婚证，而刘男和梁女则没有亲自到婚姻登记机关办理。这已经违反了正常的婚姻登记程序，因此他们的婚姻是存在瑕疵的。

（三）结婚行为的法律后果是确立夫妻关系

男女双方因为结婚而缔结了夫妻关系，互为配偶，相互承担法律规定的权利和义务，双方不得任意解除已经确立的夫妻关系，除非经过特定的法律程序。

《张某诉张女、林男冒用其姓名办理结婚登记侵犯姓名权纠纷案》[1]

【案情简介】

1993年3月底，张女（某区后溪乡村民）为能赶上参加其男朋友林男所在单位的评房，以购买进口药品需用厦门市居民身份证为借口，通过他人向张某借出身份证。随后，张女冒名张某到其单位开出婚姻登记介绍信，并拿走张某所在的公共户口簿，与林

---

〔1〕 最高人民法院中国应用法学研究所编：《人民法院案例选》总第12辑，人民法院出版社1995年版，第98页。

男一起到区民政局办理了结婚登记手续。同年6月,张女再次冒用张某名义到张某单位办理其他有关手续时被发现。张某遂向有关部门反映要求撤销有关结婚证明,宣告该婚姻无效。区民政局于同年11月确认此婚姻关系无效,撤销了张某与林男的结婚登记,收回了结婚证。

张某为此向区法院提起诉讼称:由于姓名被冒用,其不能及时登记结婚,丧失了参加单位评房的机会,同时还承受了强大的社会压力和精神打击,要求张女和林男赔偿由此造成的经济损失5000元,支付精神抚慰金4000元,并登报向其赔礼道歉。张女、林男未作答辩。

【审理判析】

区法院经审理认为:张女、林男为达到领取结婚证,参加单位评房之目的,竟利用张某身份证,由张女假冒张某身份到有关单位办理结婚登记手续,张女的行为已构成了对张某姓名权的侵犯。在审理中,张女对其行为的违法性有所认识,并表示愿意承担由此给原告造成的损失。经法院主持调解,双方当事人达成调解协议。

【法理研究】

本案是一起典型的侵犯姓名权和身份权的民事案件。

但本案张女以购买进口药品为名,借出张某的身份证,后竟利用该身份证,冒名张某到其所在单位开出结婚介绍信,并到民政部门办理了结婚登记手续。林男在明知张女的行为系违法的情况下,为达到尽快领取结婚证,参加单位评房的目的,仍与张女一起到民政部门进行结婚登记。因此,两被告这种假冒他人身份进行结婚登记的行为,不仅直接侵犯了张某的姓名权,而且也严重干扰了民政部门对婚姻登记的管理秩序。

本纠纷的发生,也与有关婚姻登记管理部门的管理制度不严有着一定的关系。

二、结婚制度的沿革

在人类历史上,婚姻基本上可以体现为:由掠夺婚向有偿婚进化,由有偿婚向聘娶婚进化,最后由聘娶婚向共诺婚进化。掠夺婚是男子掠夺女子为其妻的婚姻。有偿婚是男子对于女子的父母或其他尊长支付代价所成立的婚姻。一般来说,支付的代价为金钱的,是买卖婚;支付的代价为金钱以外的其他物的,是互易婚;支付的代价为劳役的,是劳役婚。上述各婚姻方式,有的仅仅是昙花一现,有的却长期延续,例如,买卖婚在各国历史上都存在了很长的时间。

中国古代的婚礼自西周开始,历经奴隶时代、封建时代,其间聘娶婚作为主要的结婚方式,有两三千年之久,甚至在今天仍有一定的影响。聘娶婚是一种世俗的仪式婚,男方家须向女方家依礼聘娶,并须交付一定的聘金、聘礼。前文提到的“六礼”,就是礼制中确定的聘娶婚的具体程序。“自纳采至纳征而婚约定。经请期、亲迎并行合卺之礼后，始为完婚。”“六礼备，谓之聘；六礼不备，谓之奔。”据《礼记》、《仪礼》所载，六礼的具体意义为：纳采、问名、纳吉、纳征、请期、亲迎。此后，再经“庙见”，女子便成为男方宗族的正式成员。

西方国家古代的结婚制度以罗马法和寺院法的规定为代表。古罗马以订婚为结婚的先行阶段。男女双方在订立婚约后，负有在一定时期内结婚的义务。罗马法中的家父权十分强大，订婚须出于父命，女子对其父为之选择的男子，除其为人格减等者或品行恶劣者外，不得拒绝。在罗马市民法规定的结婚方式中，共食婚是一种宗教婚，结婚必须举行隆重的宗教仪式。买卖婚要求男方以要式契约的方式购买女子为妻，买卖行为须在证人和计量者之前进行。时效婚则是一种事实婚，男女双方在事实上同居生活1年后，就被视为配偶。如果女方外宿达3日以上，时效即告中断。按照以上规定成立的婚姻均被称为正式婚，即有夫权婚姻。按照万民法规定成立的婚姻，则被称为略式婚，即无夫权婚姻。无夫权婚姻的主要特点是注重当事人的合意。

欧洲中世纪时，盛行宗教婚。习惯法是欧洲中世纪亲属法的主要渊源。随着基督教的广泛传播，到了12世纪形成了比较统一的教会法，它在调整婚姻家庭关系方面起着巨大的作用。教会法有婚约制的设定，但未赋予其强制执行的效力。由于基督教认为婚姻是神作之合，结婚是一种宣誓圣礼，故教会法规定结婚须经公告程序并在神职人员面前举行宣誓仪式。

中国近代婚姻制度始于20世纪初。1911年的《大清民律草案》、1915年北洋军阀统治时期的《民律亲属编草案》和1926年的《民律草案》中，结婚法中既有对西方国家婚姻制度的模仿和借鉴，又有对中国固有婚姻制度的沿袭。这些草案未及颁行，所以对我国婚姻制度的影响也是极为有限的。1930年，当时的国民党政府公布了民法亲属编。它体现了婚姻契约原则，规定了结婚的要件。但是由于连年战乱，这部法律基本上没有真正的实施。

1950年我国制定了我国历史上真正意义上的第一部近现代婚姻法。这部婚姻法规定了婚姻自由、男女平等原则，彻底的废除了残余的一些封建婚姻习俗，对于保障人们的合法婚姻关系和普通民众的婚姻自由权起到了积极而又重要的作用。

《三个花甲兄妹分房产搬出民国法律〈六法全书〉》[1]

【案情简介】

三个花甲兄妹因遗产继承纠纷在东城法院对簿公堂时，被告华女士搬出了民国时

[1] 《北京晨报》2007年9月20日。

期颁布的《六法全书》作为抗辩，认为房产属母亲私产，其遗嘱已将房产留给自己。昨天，法院作出一审判决，华女士依据《六法全书》所做抗辩未获支持。

原告鄂式兄弟在法庭上说，1947 年，父亲以母亲的名义买了东皇城根南街的 23 间房屋，后父母相继去世，妹妹华女士独占了家产，房子现已被拆迁。

被告华女士说，房产是母亲的私产，而非夫妻共同财产，而且母亲在 2002 年去世前立有遗嘱，已明确房产由自己继承。令人惊讶的是，华女士抗辩时竟搬出了民国时期颁布的《六法全书》中关于婚姻效力及夫妻财产制的相关规定，“妻以己名所得之产为其私有”。

【审理判析】

法院认为，被告华女士凭购房时的《六法全书》规定推定该房产为双方约定归由其母个人所有，该抗辩意见缺乏依据，法院不予采纳。法院认定，诉争房产是华女士父母共同财产，其母所立遗嘱无效，因此判决华女士继承该房拆迁款的 6/8，她的两个哥哥各继承拆迁款的 1/8。

【法理研究】

本案中最引人注意的是，华女士在庭审的过程中以国民政府时代的《六法全书》作为自己的抗辩依据。自从清末我国引进西方法制以来，先后出台了若干部与婚姻有关的民事法律规定。目前适用的是 1980 年颁布并于 2001 年修订的《婚姻法》。在处理有关婚姻的案件时，应当以现行法律为依据，提出自己的权利要求和抗辩主张，而不能以已经失效的法律作为自己的抗辩依据。因此，华女士以早已经失效多年的《六法全书》作为自己权利主张的依据，将得不到法院的支持。

第二节　结婚要件

一、结婚的必备要件

结婚的必备要件是指婚姻成立必须具备的条件，也称结婚的积极要件，或称为结婚的实质要件。按照我国《婚姻法》的规定，结婚的必备要件有三个。

(一)男女双方完全自愿

我国《婚姻法》第 5 条将“合意”表述为“结婚必须男女双方完全自愿，不许任何一方对他方加以强迫或任何第三者加以干涉。”

1. 这是婚姻自由原则在结婚制度中的具体体现。理解这条必须从以下三个方面来理解：①男女双方结婚完全自愿、不得附加任何条件；②男女双方完全自愿，而不是一方的一厢情愿，也不是男女双方的父母替双方达成的自愿；③要求双方必须有结婚合意。

2. 结婚合意。它是指当事人双方相互确立夫妻关系的意思表示完全一致。这是当代各国结婚法的通例。结婚合意必须同时符合下列条件：

(1) 当事人必须具有婚姻行为能力。婚姻行为能力是指达到法定婚龄并能以自己的行为承担婚姻的权利和义务的资格。未达到法定婚龄结婚，或已达到法定婚龄但欠缺完全民事行为能力的人，或者处于精神错乱状态下的人，都不能作出有效的同意结婚的意思表示。

(2) 同意结婚的意思表示必须真实有效。结婚是创设夫妻关系的身份行为，只有当事人真心愿意缔结婚姻才具有实际意义。结婚合意中的意思表示不真实同民法中意思表示不真实的情况一样，主要有三种：①意思表示虚假。如为了达到某种婚姻外的目的，双方通谋故意为虚假的同意结婚的意思表示，实际上并无结婚的真意。例如，双方合谋通过结婚的方式诈取第三人的钱财；②意思表示形成过程中受到了别人的胁迫。例如，女方在结婚时受到了父母兄姐的胁迫；③意思表示错误。例如，本来不想结婚，但在表示的时候却表示成为愿意结婚。当事人因受欺诈或重大误解而作同意结婚的意思表示，是当事人陷于错误认识的结果。

《李男暴力干涉婚姻自由案》〔1〕

【案情简介】

李男与女青年牟女于1995年起确立自由恋爱关系，1999年6月牟女向李男提出分手，李男不同意。2000年3月22日上午，双方在镇政府民政办公室商量双方关系问题，李男要求牟女回心转意继续与自己相好，牟女不同意合好，双方发生争执，李男遂从衣服口袋里拿出事先准备好的小刀架在牟女脖子上威胁牟女，迫使牟女向其表示："我不想死，你不要杀我，不要把刀架在我脖子上，我俩领结婚证，我跟你过得了。"当地民政部门为缓解势态，现场为双方开具了结婚证书，经过两个多小时公安及有关部门进行法律政策教育，李男放开牟女，将刀交给公安干警归案。

县检察院认为，李男以扣押人质为目的，使用暴力强迫他人与其和好，其行为已触犯我国刑律，应根据我国《刑法》第239条之规定，对其定罪量刑。但李男提出：3月22日持刀威胁牟女的目的主要是要求对方回心转意与自己合好，并非绑架要其钱财。

〔1〕 参见 http://edu.lawyee.net/Case/Case_Display.asp? ChannelID = 2010103&KeyWord = &RID = 10460。

【审理判析】

县法院认为，李男为达到与他人结婚的目的，采用暴力手段强迫他人与自己结婚，暴力干涉他人的婚姻自由权，其行为已触犯我国刑律，构成暴力干涉婚姻自由罪。公诉机关指控被告人的犯罪事实成立，但适用法律不当。李男提出的辩解意见有事实依据，本院予以采信。李男犯罪手段恶劣，社会影响较坏，应从重处罚。

【法理研究】

本案中，李男侵犯了牟女的婚姻自主权是没有任何疑问的，峨山彝族自治县人民法院作出的判决是比较恰当的。现代婚姻是自主婚姻，其意味着，男女双方在结婚的时候，与谁缔结婚姻、什么时候缔结婚姻都要获得双方当事人的同意。这里的同意，是指双方当事人的真实意思表示，而不是任何其他第三人的推定，也不是婚姻双方当事人的违心意思表示。任何人不能强迫他人作出婚姻的意思表示，否则就构成对他人婚姻自由的干涉。

本案中，李男虽然与牟女相处多时，但牟女并没有同李男结婚的意思表示，对于李男屡次提出的结婚要求，也都予以拒绝。在被告拿着小刀逼迫对其逼迫时，牟女虽然作出了同意结婚的表示，并且当地民政局为了解救人质也迅速地办理了结婚的全部程序。但这个程序是没有法律效力的。因为，牟女在本案中的同意不具有婚姻发生的效力，其同意不过是在受到李男胁迫的情况下所作出的权宜之举，不能认定此处的同意是其真实的意思表示，因此，不能产生婚姻法上的效力。

需要注意的是，在受胁迫的情况下所作出的意思表示，在民法上不能一概地认定为无效的民事法律行为，除了损害国家、集体以及他人利益的情况外，该种意思表示是一种可撤销的民事法律行为。在婚姻法中，对于受到他人胁迫而作出结婚的意思表示的，该行为也是一种可撤销的行为，因此，牟女应当到法院撤销其与李男之间已经“存在”的婚姻。

3.同意结婚的意思表示的方式必须符合法律规定。婚姻行为是要式行为，也是民事法律行为中意思表示的一种，应当符合有关的法律规定，否则将不能产生建立婚姻关系的法律后果。在我国，申请结婚的男女双方必须亲自到婚姻登记机关向婚姻登记管理员表示同意结婚，这样才能产生结婚合意的效力。当事人双方在其他场合或以其他方式所作的同意结婚的表示，以及为了缔结婚姻而举行的婚礼不属于这里所说的“要式”，不能产生婚姻的效力。

此外，由于婚姻关系的本质是男女双方以共同永久生活为目的，因此，结婚合意不得附加条件和期限。婚姻的效力只能是法定的，是不能由当事人通过条件和期限加以限定或变更的，当事人双方也不能通过合同或约定排除婚姻的效力。

（二）达到法定婚龄

法定婚龄是指法律规定的最低结婚年龄，是结婚年龄的下限。言外之意，按此要求，到达法定婚龄才能够结婚，未达法定婚龄结婚的人不准结婚。一般而言，法律并不规定结婚年龄的上限，只要达到法定婚龄，行为人是否以及何时结婚，都是行为人的自由，任何人不得予以干涉。

各国普遍对法定年龄作出规定。这样做考虑的主要有两点：

1. 自然因素即人的身心发育程度。婚姻是男女两性的结合。人只有达到一定的年龄，才具备适婚的生理和心理条件，才能对婚事作出理智的判断和决定，才能在婚后担负起对配偶、对子女的权利和义务。

2. 社会因素即一定的生产方式以及与之相适应的社会条件。一定时期的人口状况、人口政策以及历史传统、风俗习惯等，都对结婚法定年龄的确定产生影响。因此，不同时代、不同国家和地区、同一国家的不同历史时期，法定婚龄虽然不会相差太大，但也不会完全相同。但在现代，各国的法定婚龄都较古代的法定婚龄高。

我国的法定婚龄规定在《婚姻法》第6条。该条规定："结婚年龄，男不得早于22周岁，女不得早于20周岁。晚婚晚育应予鼓励。"这样的法定婚龄是同我国的实际情况相符合的。其中主要考虑了推行计划生育、控制人口数量和提高人口素质的要求。

除此之外，我国还规定了"晚婚晚育应予鼓励"的导向性规定。所谓晚婚，是指男25周岁、女23周岁以上结婚；晚育是指女青年24周岁以上生育第一胎。从效力上看，法定婚龄属于强制性规范，行为人必须遵守，但晚婚、晚育原则属于倡导性规定，不具有强制性的效力。

《张女诉沈男离婚因结婚登记时其未达法定婚龄婚姻关系无效案》[1]

【案情简介】

1992年，张女经他人介绍与沈男认识。后由于沈男单位要分房子，张女、沈男为了排名要房子，于1994年1月27日办理了结婚登记手续。结婚证上记载的张女的出生日期是1973年9月13日，该日期是托他人帮忙伪造的。双方登记后未同居生活，也未生育子女，亦未置办共同财产。

张女现向市法院起诉称：我与沈男相识不长时间，因沈男单位要分房子，我俩才于1994年1月办理了结婚登记手续。登记后双方没有在一起共同生活。因双方性格不合，难以相处下去，要求与沈男离婚。

---

〔1〕 最高人民法院中国应用法学研究所编：《人民法院案例选》总第27辑，时事出版社1999年版，第44页。

【审理判析】

市法院公开开庭审理了本案。该院审理该案后认为：张女是于 1974 年 9 月 13 日出生的。张女、沈男办理结婚登记手续时，张女尚未满 20 周岁，违反了《婚姻法》关于法定结婚年龄的规定，因此，该婚姻关系无效，不受法律保护。

【法理研究】

我国婚姻法明确规定，男子的法定结婚年龄是 22 周岁，女子的法定结婚年龄是 20 周岁。没有达到法定结婚年龄是不能够结婚的。在确定是否达到法定结婚年龄时，应当严格依照公历出生日期。严格来说，男子在根据公历过完 22 周岁生日，女子根据公历过完 20 周岁生日后，才可以缔结婚姻，而不能按照民间的习俗以农历或者其他确定年龄的方法确定法定结婚年龄。本案中，张女出生于 1974 年 9 月，但却在 1994 年 1 月便与沈男缔结了婚姻关系，在结婚时还没有满 20 周岁，是不符合我国的法律规定的，因此，张女与沈男之间的婚姻关系无效，市法院作出的判决符合法律的规定。

从本案中，我们可以看出，有关法定结婚年龄的法律规定乃是一种强制性的法律规定，只要与此规定不相符合，法律就不承认双方之间已经缔结的婚姻关系。通常情况下，婚姻一旦无效，女方往往是受害者。因此，从维护家庭稳定、保护妇女的合法权益的角度，我们也应当杜绝未满法定婚龄而强行缔结婚姻的做法。

（三）必须符合一夫一妻原则

一夫一妻原则要求结婚的当事人必须单身没有配偶。有配偶者只能在原婚姻关系终止后再婚，否则就构成重婚。离婚双方要求复婚，必须是双方单身情况。任何人不得违反一夫一妻原则。

《王女诉夏男重婚案》[1]

【案情简介】

王女 1997 年 7 月与夏男认识，同年 8 月，王女和夏男在夏家以夫妻名义同居生活。期间，周围群众曾多次告诉王女，夏男已有妻子，但王女仍与夏男同居生活。1998 年初，王女计划外怀孕，经村干部出面调解，夏妻陈某以给王女经济补偿为条件，让王女将小孩处理掉并不再与夏男来往，未果。1998 年 6 月，王女生下一女孩，之后二人仍同居生活并于 1999 年 7 月又生下一男孩。2000 年 8 月夏妻陈某以重婚罪单独对王女向

〔1〕 最高人民法院中国应用法学研究所编：《人民法院案例选》总第 45 辑，人民法院出版社 2003 年版，第 53 页。

市法院提起自诉,法院予以受理。同年10月陈某因怕自己的丈夫被作为共同重婚犯被审判而申请撤诉,法院依据《刑事诉讼法》第172条的规定裁定准许。2001年2月王女向市法院提起自诉,要求法院追究夏男犯重婚罪的刑事责任。

【审理判析】

市法院审理查明:建筑工地上的工人和夏男家的周围群众都多次告知王女夏男已婚的事实,1998年王女计划外怀孕,夏妻陈某在村干部的主持下曾与王女的父母进行过协商,因此,王女对夏男已婚的事实是明知的。在这种情况下,王女仍然与夏男同居,并生下两个孩子,因此不是重婚案件所指的被害人,不符合自诉案件的主体资格。于2001年8月17日裁定驳回自诉人王女的起诉。

案件宣判后,王女不服,上诉到市中院。市中院认为,开庭审理的案件应该作出判决,一审法院违反《刑事诉讼法解释》第205条的规定,用裁定驳回起诉,属于程序上适用法律错误,遂于2001年11月7日裁定撤销原裁定,发回重审。

市法院另行组成合议庭,重新审理本案后认为,王女对夏男已婚的事实是明知的,因此她不是自诉案件起诉所要求的受害人,自诉人王女和被告人夏男构成了共同重婚犯罪。因为重婚案件既可以自诉也可以公诉,该院于2002年4月10日将案件移送公安机关,作为公诉案件处理。

【法理研究】

这是一起由"包二奶"引起的重婚案件。本案件,夏男、王女是重婚犯罪嫌疑人,而夏妻则是合法婚姻关系中的受害人。这里,夏妻有权对夏男、王女提出自诉,王女因为不是合法婚姻的受害人,不能成为自诉权利人、不具有合法的诉讼资格。但是,不能因此就认为法律对夏男、王女的重婚行为就束手无策,无法追究!

我国《刑法》中明确规定了重婚罪,其规范对象就是破坏合法婚姻的行为。在本案中,夏男和王女的行为显然在重婚罪所规范的范围内。因此,夏妻诉王女一案、王女诉夏男一案的原一审、二审的处理都是错误的,只有重审的处理是正确的。

在本案中,主要的问题有两个:①夏妻的自诉可否撤回;②王女的自诉能否受理以及受理后应如何处理。

首先,在夏妻诉王女一案中,夏妻立案后怕丈夫夏男被追加为共同被告,不得已在立案之后,又申请撤诉。当地法院,同意了夏妻的主张而同意其撤诉。这种做法是值得商榷的。

根据我国《刑事诉讼法》第170条之规定,对自诉案件的受理范围包括:①告诉才处理的案件;②被害人有证据证明的轻微刑事案件;③被害人有证据证明对被告人侵犯自己人身、财产权利的行为应当依法追究刑事责任,而公安机关或者人民检察院不予追究被告人刑事责任的案件。

《刑事诉讼法解释》第1条第2项又对《刑事诉讼法》第170条第2项的规定作了补充，即人民检察院没有提起公诉，被害人认为有证据证明的轻微刑事案件共八种，其中就包括重婚案件。这就说明，包括重婚案件在内的此8种案件都是既可以自诉，也可以公诉的案件。但是，《刑事诉讼法解释》第1条规定的三类自诉案件中，只有第一类告诉才处理的自诉案件可以准许自诉人撤诉，第二、三类都不能。这就意味着，检察机关在发现、掌握第二、三类犯罪事实后，就应该提起公诉。因此，法院在受理本案后，对于发现的重婚事实，应当移送给检察院，而不能作出准予撤诉的裁定。

其次，在王女的自诉案件中，需要区别情况，分别对待。

如果王女也是夏男重婚行为的受害者，王女提起自诉，要求夏男承担责任，进而维护自己的合法权益，人民法院应当受理。但是，在本案中，王女是夏男重婚行为的受害人吗？明显不是。从1997年开始，周围群众就已经告知了王女夏男有妻子的事实，但是王女不仅对这个事实视而不见，而且还先后与夏男生下一双儿女。这些事实足以表明，王女在本案中是恶意的，其对夏男已经结婚的事实是充分了解的。根据我国《刑事诉讼法》的相关规定，只有是重婚行为的受害人才有资格提出自诉。因此，法院不予受理王女的自诉行为是正确的。

二、结婚的禁止条件

结婚的禁止条件也称婚姻的障碍或消极要件，它是婚姻法规定的禁止结婚的各种情况。我国《婚姻法》第7条规定："有下列情形之一的，禁止结婚：①直系血亲和三代以内的旁系血亲；②患有医学上认为不应当结婚的疾病。"《婚姻登记条例》第6条规定："申请结婚登记的当事人有下列情形之一的，婚姻登记管理机关不予登记：①未到法定结婚年龄的；②非双方自愿的；③一方或者双方已有配偶的；④属于直系血亲或者三代以内旁系血亲的；⑤患有医学上认为不应当结婚的疾病的。"婚姻法上的规定构成了我国的结婚禁止条件。

（一）禁止结婚的血亲关系

1. 禁止一定范围的亲属相互结婚，是各国和地区的立法通例。其依据有两个方面：

（1）基于遗传学和优生学原理。根据遗传学，血缘太近的男女结婚容易将生理上和精神上的疾病或缺陷遗传给子女，违反优生学原理，不利于种族的健康和人类的发展。

（2）基于伦理观念的要求。中外各民族的婚俗中都有亲属通婚的限制，但禁止结婚的血亲范围不甚相同，这往往与各国的风俗有关。

2. 从我国历史上看，亲属之间的禁止缔结婚姻的规定十分严格。西周时已有"同姓不婚"的规定。《唐律·户婚率》规定："诸同姓为婚者，各徒二年；缌麻以上，以奸论。"《大清现行刑律》改同姓为同宗不得结婚。按照国民党政府民法亲属编的规定,下列亲属禁止结婚:①直系血亲及直系姻亲。②旁系血亲及旁系姻亲之辈分不同者,但旁系血亲在八亲等以外,旁系姻亲在五亲等以外者,不在此限。③旁系血亲之辈分相同而在八亲等以内者,但表兄弟姐妹不在此限。

3.结婚程序上的限制。《婚姻登记条例》第6条规定:属于直系血亲或者三代以内旁系血亲的,婚姻登记机关不予登记结婚。

出自同一祖父母、外祖父母的血亲,除直系血亲外,都是三代以内旁系血亲,具体称谓如下:①兄弟姐妹。包括同母同父的全血缘的兄弟姐妹,以及同父异母或同母异父的半血缘的兄弟姐妹;②伯、叔、姑与侄、侄女,舅、姨与外甥、外甥女;③堂兄弟姐妹、表兄弟姐妹。

但需要说明的是,如果行为人之间属于三代以外的旁系血亲,无论辈分是否相同,均可以结婚。

《杨女与张男因属三代以内姨表近亲结婚被确认无效案》[1]

【案情简介】

杨女的母亲与张男的母亲系同胞姐妹,杨女、张男系姨表兄妹。经长辈介绍,双方于1994年2月26日登记结婚,婚后于同年11月30日生一子,取名张某。婚后几年共同生活期间,杨女、张男感情尚好。但从2000年3月起,杨女与他人来往较多,双方因此产生矛盾,感情不和,杨女即离家出走。后张男将杨女找回。因双方不能相互理解,矛盾进一步加深,夫妻关系更趋紧张,杨女于2000年7月再次离家出走。

随后,杨女向市法院起诉称:夫妻感情已彻底破裂,我坚决要求离婚。孩子可以由张男抚养。张男同意离婚,主张孩子由其抚养。

【审理判析】

法院经审理认为:原告杨女与被告张男系姨表兄妹,属三代以内旁系血亲,是婚姻法禁止结婚的亲属关系,因此,原、被告之间的婚姻依照法律规定属无效婚姻,自始无效,原、被告不具有夫妻的权利和义务。原、被告就同居期间所生孩子的抚养经协商达成了协议,本院无异议。

---

〔1〕 最高人民法院中国应用法学研究所编:《人民法院案例选》总第43辑,人民法院出版社2003年版,第68页。

【法理研究】

本案主要涉及了无效婚姻以及婚姻无效后双方财产的处理问题。根据《婚姻法》第7条规定,直系血亲和三代以内的旁系血亲禁止结婚。所谓血亲是指具有同一个祖先,从而存在血缘关系的亲属。在本案中,杨女和张男属于姨表亲,具有血缘关系,在无效婚姻的范围内,因此,他们之间的婚姻无效。

根据《婚姻法》第22条规定,婚姻无效后,其效力溯及到当事人结婚之时,也就是说,双方当事人的婚姻自始无效。当事人之间不具有夫妻的权利和义务;同居期间所得的财产,在由双方当事人协商处理不成时,由人民法院根据照顾无过错方的原则判决;当事人所生子女的抚养,根据婚姻法有关父母子女的规定处理。受案法院对本案中的子女抚养、财产分割问题的处理结果以及所阐述的判决理由,基本上符合法律上的规定。

(二)禁止患有一定疾病的人结婚

1. 禁止患有一定疾病的人结婚,是许多国家和地区婚姻家庭法的通例。一般来说,禁止结婚的疾病可概括为两类:

(1)严重的精神方面的疾病。如痴呆和精神病等。患有此类疾病的人,一般属于无民事行为能力人,对自己的行为缺乏理性的判断,不能建立身份行为也不能从事民事活动。

(2)重大、不治且有传染性的疾病。我国《母婴保健法》第9条规定:"对患指定传染病在传染期内或者有关精神病在发病期内的,应当暂缓结婚。"该法第38条还规定:"指定传染病,是指《传染病防治法》中的艾滋病、淋病、梅毒、麻风病以及医学上认为影响结婚和生育的其他传染病。""有关精神病,是指精神分裂症,狂躁抑郁型精神病以及其他重型精神病"。

2. 婚前医学检查的主要疾病。2002年卫生部《婚前保健工作规范(修订)》规定:

(1)严重遗传性疾病。由于遗传因素先天形成,患者全部或部分丧失自主生活能力,子代再现风险高,医学上认为不宜生育的疾病。

(2)指定传染病。《传染病防治法》中规定的艾滋病、淋病、梅毒以及医学上认为影响结婚和生育的其他传染病。

(3)有关精神病。精神分裂症、躁狂抑郁型精神病以及其他重型精神病。

(4)其他与婚育有关的疾病。如重要脏器疾病和生殖系统疾病等。患有以上疾病的行为人,一般不能结婚或者暂缓结婚。

第三节　结婚程序

一、结婚程序的概念及其类型

结婚程序即结婚的形式要件，是指法律规定结婚必须采取的方式，也就是婚姻成立的法定手续。符合结婚实质要件的当事人，只有履行法定的结婚程序，其婚姻关系才能被国家和社会所认可，进而产生法律效力。

从世界各国的法律规定来看，结婚程序主要有登记制、仪式制、登记制与仪式制结合三种程序。登记制是指办理结婚登记是婚姻成立的唯一要件的制度。这种方式的结婚程序体现了国家和政府对结婚行为的监督与管理，被世界上大多数国家采纳。仪式制是指结婚必须要履行一定的仪式才能达到缔结婚姻的效力，其又可以分为宗教仪式、世俗仪式和法律仪式三种。宗教仪式是指结婚必须要在神职人员的主持下进行；世俗仪式是指结婚必须履行风俗习惯所规定的程序；法律仪式是指结婚必须根据法律规定，在政府官员的主持和参与下举行结婚仪式。另外，还有一些国家采取法律仪式与宗教仪式双轨制的结婚程序，即只要缔结婚姻关系的行为履行了宗教仪式或者法律仪式，他们的婚姻关系就可以被得到承认，在这种体制下，宗教仪式和法律仪式的效力是等同的。英国和丹麦便实行这种结婚制度。

二、我国结婚登记制度的意义

（　）结婚登记的日的和意义

1. 我国实行的是严格的结婚登记制度。《婚姻法》第 8 条规定："要求结婚的男女双方必须亲自到婚姻登记机关进行结婚登记。符合本法规定的，予以登记，发给结婚证。取得结婚证，即确立夫妻关系。未办理结婚登记的，应当补办登记。"该规定表明，结婚登记是我国法律规定的唯一有法律效力的结婚形式，只有履行了结婚登记，才能建立合法的夫妻关系，否则，"结婚"将不被法律所认可。

2. 实行结婚登记，在我国具有重要的意义。2003 年《婚姻登记条例》第 1 条规定："为了规范婚姻登记工作，保障婚姻自由、一夫一妻、男女平等的婚姻制度的实施，保护婚姻当事人的合法权益，根据《中华人民共和国婚姻法》，制定本条例。"由此可见，结婚登记是国家对公民的婚姻问题的关心和负责的具体表现，也是对婚姻的成立进行管理和监督的有效手段。

结婚登记制度有利于保障婚姻自由，防止包办、买卖婚姻和其他干涉婚姻自由的行为；有利于保障一夫一妻制，防止重婚；有利于保障男女双方和子女后代的健康，防止早婚、近亲结婚以及依法禁止的疾病婚。通过结婚登记对当事人的结婚条件进行严格审查，既符合当事人的利益，又符合社会公共利益。

《肖女因结婚证对方姓名错误要求宣告婚姻无效案》[1]

【案情简介】

肖女与温男系南方某县会同乡大斜村下湖陂村村民小组村民。1995 年 1 月,肖女与温男经人介绍谈婚。1996 年 12 月底,肖女与温男协商结婚。1997 年 1 月 16 日,下湖陂村村民小组为肖女、温男出具了办理结婚登记所需要的证明。同日,温男之父持村民小组证明来到村委会,找村委会会计胡某出具婚姻状况证明。1 月 18 日,肖女、温男双方到会同乡民政所进行了结婚登记,因未交两人结婚合影照片,当日未领取结婚证书。

1 月 20 日,双方因彩礼问题发生争执,肖女提出悔婚,温男同意。1 月 22 日,肖女从温男处取回结婚证,发现结婚证男方持证人姓名不是温男,而是其兄,遂于 1 月 28 日以离婚为由诉至县法院,要求宣布其与温男的婚姻无效。

【审理判析】

县法院受理本案后,经审查认为:起诉人肖女与被告温男冒他人之名办理的结婚登记,其登记无效,应由婚姻登记机关撤销登记,收回双方已取得的结婚证书。被告温男之父与村委会干部胡某恶意串通,采取欺诈手段为温男之兄骗取婚姻登记机关结婚登记,依法应予民事制裁。该院于 1997 年作出裁定:对起诉人肖女的诉温男离婚一案不予受理。

又依照《民法通则》第 134 条的规定,并参照《婚姻登记管理条例》第 25 条,对案外人胡某、温父分别作出罚款 200 元的民事制裁决定。

随后,会同乡民政所依法撤销肖女与温男之兄的婚姻登记,收回该结婚证书。案外人胡某、温父也主动向法院缴纳了所处的罚款。

【法理研究】

违法的结婚登记,往往以其形式要件合法掩盖其实质要件的非法,即形式合法、内容非法。本案当事人与案外人串通,向婚姻登记机关提供冒名虚假证明,骗取结婚登记取得结婚证,这类案件法院若作"离婚"案处理,实际上从程序和实体上都承认这类婚姻的合法性,从而助长了婚姻登记上的违法行为,不利于对违法行为的惩戒和更正。另外,婚姻登记机关也会由于法院就"离婚"请求作出裁判而无法自纠。因此,此类违法登记结婚的当事人诉请"离婚"的,法院原则上应裁定不予受理,由原婚姻登记机关依法解决。

---

[1] 最高人民法院中国应用法学研究所编:《人民法院案例选》总第 24 辑,时事出版社 1998 年版,第 37 页。

本案案情虽然简单,但涉及的问题在程序上及实体上如何处理,颇值得探讨。

从肖女所持结婚证及诉讼请求来看,本案被告不应是温男,而是温男之兄。因为,肖女和温男虽有恋爱谈婚关系,并且一同到婚姻登记机关办理结婚登记,但登记之日双方并未领到结婚证,不能就此认定双方之间成立了法定婚姻关系。法定婚姻关系以结婚证为证明文件,并自结婚证颁发之时成立。因此,未领取结婚证之前,申请结婚登记的当事人之间不存在合法的婚姻关系。本案肖女所领到的结婚证上,男方不是温男,而是温男的哥哥,此婚姻关系在形式上就成了肖女和温男之兄之间的婚姻关系,并具有了法定形式外衣。所以,肖女的诉讼请求为要求法院宣告婚姻无效,应是对结婚证所表明的双方当事人之间的婚姻而言。肖女与温男之间没有法定形式要件证明的婚姻关系,不存在婚姻有效或无效的问题。如果当事人认为双方之间符合婚姻登记的条件,而婚姻登记机关不予登记,仅发生依行政复议程序申请复议的问题,此时不发生应认可当事人之间婚姻关系依法成立的问题。所以,肖女应以结婚证上的对方为被告提起宣告婚姻无效的诉讼。

(二)婚姻登记的机关和具体程序

我国《婚姻登记条例》第2条的规定:"内地居民办理结婚登记的机关是县级人民政府民政部门或者乡(镇)人民政府,省、市、自治区、直辖市人民政府可以按照便民原则确定农村居民办理婚姻登记的具体机关。"第4条规定:"内地居民结婚,男女双方应当共同到一方当事人常住户口所在地的婚姻登记机关办理结婚登记。"由于结婚登记是建立行为人身份关系的行为,因此要求结婚的男女必须亲自到婚姻登记机关办理结婚登记。具体程序如下:

1. 申请。自愿结婚的男女双方,必须共同亲自到一方户口所在地的婚姻登记机关申请登记。申请结婚登记时,行为人双方应当出具下列证件和证明:①本人的户口簿;②身份证;③本人无配偶以及与对方当事人没有直系血亲和三代以内旁系血亲关系的签字声明。

2. 审查。婚姻登记机关受理当事人结婚申请后,应当对结婚登记当事人出具的证件、证明材料的真实性进行审查并询问与结婚相关的情况,从而确定行为人是否符合结婚法定条件。

《那女诉安徽省某民政局婚姻登记错误案》[1]

【案情简介】

2001年9月21日第三人程男与禤女向被告县民政局申请登记结婚，县民政局于2001年10月24日准予两第三人登记结婚。原告那女向法院提起行政诉讼称：其与第三人程男系事实婚姻，被告审查不严，准予第三人程男与禤女登记结婚，严重侵害了原告的合法权益。请求撤销被告给予第三人程男与禤女结婚登记的行为。

被告县民政局辩称：被告依法审查了第三人程某与禤某申请结婚登记时提交的证件和证明，被告的具体行政行为合法，请求法院予以维持。

第三人程男述称：2000年8月30日其已与原告那某协议离婚，后被县民政局以没有办理结婚登记为由，撤销了离婚登记，其与第三人禤女进行结婚登记的行为合法。请求法院予以维持。

【审理判析】

县法院经公开审理查明：原告那女曾与第三人程男以夫妻名义共同生活，2000年8月30日，又与第三人程男在被告处登记离婚。同年12月28日，被告以没有办理结婚登记为由，撤销了两人的离婚登记。2001年10月24日，第三人程男与禤女在被告处登记结婚，原告那某得知后，向法院起诉，要求撤销其两人的结婚登记决定。

县法院根据本案事实认为：被告作为婚姻登记管理机关，对结婚申请进行审查，是其法定职责。本案中，被告在未搞清程某婚姻现状的情况下，准予第三人禤某和程某结婚登记的行为，认定事实不清。依据《行政诉讼法》第54条第2项及最高法院《关于执行〈中华人民共和国行政诉讼法〉若干问题的解释》第49条第3款之规定，判决：撤销县民政局2001年10月24日作出的来民字第579号结婚登记。

禤某、程某不服一审判决，提出上诉称：1990年程某与那某同居时，程某未达到结婚年龄，缺乏结婚的实质要件，故双方的关系是非法同居而不是事实婚姻，原判认定事实和适用法律均有错误，请求二审依法撤销原判，驳回被上诉人那女的诉讼请求。

被上诉人那某辩称：我与程某1990年同居，并于1991年生有一女，我们是事实婚姻，请求二审维持原判。

原审被告县民政局述称：禤某和程某结婚符合法律规定的条件，应予登记结婚，故被诉具体行政行为正确，应予以维持，请求二审法院依法改判。

市中院认为：原审被告县民政局在为禤某和程某进行结婚登记时，在未严格审查结婚登记申请人是否符合结婚条件的情况下，就为其办理结婚登记，该登记行为事实

---

[1] 参见 http://edu.lawyee.net/Case/Case_Display.asp? ChannelID = 2010103&KeyWord = &RID = 107212.

不清，证据不足，应予撤销。上诉人程某认为其与被上诉人那某是非法同居关系，因无证据证明，其上诉理由不能成立。作出驳回上诉，维持原判的判决。

【法理研究】

本案涉及了婚姻的成立要件问题。结婚除了双方达到法定的结婚年龄，自身符合《婚姻法》的条件外，还要履行一定的程序，才能缔结为有效的婚姻，否则婚姻无效。在我国，结婚双方必须亲自到婚姻登记机关进行婚姻登记，才能缔结有效的婚姻。婚姻登记机关在为双方进行婚姻登记时，必须对双方是否符合《婚姻法》的要件进行审查和核实。对于符合《婚姻法》要件的，颁发结婚证；对于不符合《婚姻法》要件的，不颁发结婚证，婚姻关系不能成立。

本案涉及的另外一个问题就是事实婚姻的问题。

所谓"事实婚姻"是指，婚姻双方没有进行婚姻登记，但是双方以夫妻身份公开共同生活，而周围群众又认为他们是夫妻的婚姻关系。事实婚姻因为没有进行婚姻登记，因此在严格意义上说，应当不被认定为合法有效的婚姻。但是，在1990年代中期以前，婚姻登记贯彻的不是很彻底。如果一概地否定事实婚姻将不利于对妇女儿童利益的保护。因此，我国《婚姻法》在一定程度上，仍然承认事实婚姻。但是，对于2001年以后缔结婚姻的双方，我国法律对事实婚姻开始持有谨慎的态度，一般不予承认。

本案中，程某与禤某在向民政局申请结婚时，民政局没有核查程某与那女之间已经存在的事实婚姻关系，而直接准予他们双方的婚姻，被法院认定事实认定不清，要求撤销婚姻登记。这个判决是正确的。但是，本案中一个值得思考的问题是，民政局对于结婚双方的审查应当是一种实质审查还是一种形式审查？本书认为，应当是一种形式审查，即根据双方所提供的材料以及有关部门所提供的证明，从形式上认定双方为未婚即可。否则要求民政局核实每一位结婚申请人是否都存在事实婚姻关系，这不仅不现实而且容易增加结婚申请人的成本和负担。

3. 登记。经审查，对于符合结婚条件的，应当当场予以登记，发给结婚证。当事人从取得结婚证起，确立夫妻关系。

经审查，发现办理结婚登记的当事人有下列情形之一的，婚姻登记机关不予登记：①未达到法定婚龄的；②非双方自愿的；③一方或双方已有配偶的；④属于直系血亲或者三代以内旁系血亲的；⑤患有医学上认为不应当结婚的疾病的。婚姻登记机关对当事人不符合结婚条件而不予登记的，应当向当事人说明理由。

（三）结婚证

结婚证是婚姻登记管理机关签发给当事人收执的证明其婚姻关系成立的法律文件。

男女双方在履行结婚登记程序后，便取得结婚证，夫妻关系即告成立。法律将保护行为人双方缔结的婚姻关系。至于当事人双方是否举行过婚礼,是否开始同居生活以及同居生活时间长短,法律在所不问。

结婚证被毁损或者遗失的,当事人双方可以持户口簿、身份证向原办理婚姻登记的机关或者一方当事人常住户口所在地的婚姻登记机关申请补领。婚姻登记机关对当事人的婚姻登记档案进行查证,确认属实的,应当为当事人补发结婚证。

第四节 婚姻的无效和撤销

一、婚姻无效

(一)婚姻无效的概念和沿革

1. 婚姻无效的概念。婚姻无效,也称无效婚姻,是指违反婚姻成立要件的违法婚姻,由于欠缺婚姻成立的有效要件,因而不具有婚姻的法律效力的制度。

2. 婚姻无效的意义。婚姻无效制度是结婚制度的重要组成部分。确立婚姻无效制度,目的在于保证婚姻成立条件和程序的执行,促进和保护合法婚姻的建立;同时对违法结婚行为起到预防和制裁的作用。目前,许多国家的法律中都有关于无效婚姻或可撤销婚姻的规定。

3. 无效婚姻的起源很早,在古代就有关于无效婚姻的规定。如古巴比伦王国的《汉穆拉比法典》就将未定婚约的结合视为无效婚姻;在罗马法中,对违反结婚的必备要件和婚姻禁例的婚姻也不认为是正式婚。至欧洲中世纪教会法全盛时代,基督教本诸教义奉行禁止离婚主义,对于无法共同生活的男女双方,只能基于一定理由,经教会当局宣告其婚姻无效。

到了近代,1804 年的《法国民法典》承袭了罗马法的规定,将无效婚姻分为两种,即绝对无效婚姻和相对无效婚姻。前者多为违反公益要件,当事人、利害关系人和检察官均得请求确认婚姻无效;后者多为违反私益要件只由当事人和其他有请求权的特定人始得请求确认婚姻无效。1896 年的《德国民法典》亲属编兼采无效婚和可撤销婚两种制度,分别以不同的法定原因为依据。

在我国,古代也承认无效婚姻制度。常说的封建“六礼”就是当时公认的合法婚姻的必备程序,如违反则为礼所不认。一般来说无效婚姻主要涉及七个方面:同姓通婚或近亲嫁娶;欺骗包括妄为婚;有妻更娶之重婚;居父母夫丧嫁娶;违背夫丧守志者意志强嫁;良贱为婚;许嫁女已报婚书再许他人。

新中国成立后,1950 年《婚姻法》和 1980 年《婚姻法》均无无效婚姻的规定。1994 年 2 月 1 日民政部《婚姻登记管理条例》中出现了“婚姻关系无效”的提法。目前我国的《婚姻法》以及最高人民法院《婚姻法解释(一)》对无效婚姻制度做了比较明确、细致的规定。

（二）婚姻无效的原因

婚姻无效的原因是指依法导致婚姻无效的法定情形或事实。依据《婚姻法》第10条的规定，在我国，婚姻无效的原因有：

1. 重婚的，即有配偶者与他人结婚或者明知他人有配偶而与之结婚；

2. 有禁止结婚的亲属关系的，即婚姻当事人属直系血亲或三代以内旁系血亲；

3. 婚前患有医学上认为不应当结婚的疾病，婚后尚未治愈的；

4. 未到法定婚龄的。

具备上述四种情形之一的，婚姻无效。但这里应当注意的是，根据最高人民法院《婚姻法解释（一）》第8条，当事人依据《婚姻法》第10条规定向人民法院申请宣告婚姻无效的，申请时，法定的无效婚姻情形已经消失的，人民法院不予支持。所以，当事人结婚时不到法定结婚年龄，但提起婚姻无效诉讼时已经达到了法定结婚年龄，人民法院将不支持婚姻无效的主张和诉求。

《应男在女方分娩后一年以内以结婚时女方不达法定婚龄为理由诉刘女解除无效婚姻案》〔1〕

【案情简介】

应男、刘女双方于2000年2月相识并同居。同年4月21日，因刘女未达到法定结婚年龄，应男为刘女制作虚假的身份证明后，双方办理了结婚登记，领取了结婚证。此后，双方即以夫妻名义共同生活。同年11月13日，刘女生育一子。2001年5月29日，原告应男以被告不达法定婚龄与其结婚，双方相识时间短、缺乏深入了解，性格、志趣等各方面存在很大差异，无法继续生活下去为理由，诉至法院，请求依法解除无效婚姻关系。

被告刘女答辩称：原告应男另有新欢。自己尚在哺乳期内，请求法院驳回原告应男的起诉。

【审理判析】

法院经审理确认上述事实。认为：原、被告双方以虚假的身份证明，隐瞒被告的真实年龄登记结婚，且登记结婚时被告未达到法定结婚年龄，这种行为虽是违法的，婚姻应属无效婚姻，但被告于2000年11月13日分娩生育一子，至原告起诉时仅有7个月。《婚姻法》第34条规定："女方在怀孕期间、分娩后1年内或中止妊娠后6个月内，男方

〔1〕 最高人民法院中国应用法学研究所编：《人民法院案例选》总第42辑，人民法院出版社2003年版，第84页。

不得提出离婚。”鉴于本案被告现正处于上述特定期间内，应予特殊保护。为维护妇女儿童的合法权益，对原告在被告分娩不到1年内起诉，要求解除双方的无效婚姻关系的诉讼请求，不予支持。

【法理研究】

在本案的审理过程中，遇到了一个较为特殊的问题。根据我国《婚姻法》第10条的规定，未到法定婚龄而结婚的，婚姻无效。如果按照这个规定，本案中所争议婚姻问题，应当按照无效婚姻来处理。但是，本案中另外一个非常关键的问题是，在应男提起诉讼期间，刘女已经生育一子。根据《婚姻法》第34条的规定：“女方在怀孕期间、分娩后1年内或中止妊娠后6个月内，男方不得提出离婚。”

如果按照这个规定，法院应当对应男的起诉不予受理。这样在处理本案的时候，就出现了两个法规相互碰撞所形成的漏洞。如何填补这个漏洞，我国《婚姻法》中没有明确规定。

关于这个问题，有三种不同意见：

第一种意见认为，应男的诉讼请求应当得到支持。因为，双方的婚姻确实属于无效婚姻的范围；

第二种意见认为，应当驳回应男的起诉，因为本着保护妇女儿童利益的原则，一般情况下，在妇女怀孕期间以及分娩后一年内，男方不能提起离婚诉讼；提起离婚诉讼的，人民法院不予受理；

第三种意见认为，这种情况下应当中止诉讼程序，待女方分娩1年期间届满后，再恢复诉讼的审理。

我们认为，法院的处理是正确的。

首先，《婚姻法》第34条的规定，是对妇女、婴儿利益的特殊保护，属于特别规定。这个规定应当优于无效婚姻规定的适用；

其次，应男主张无效婚姻是在主张其实体权利；而主张《婚姻法》第34条则属于程序上的权利。

在诉讼活动中，当事人要想实体的权利得到确认、变更，必须符合程序上的规定。如果程序上因为社会利益或特殊群体利益的考量，而限制当事人实体权利的行使，当事人的实体权利当然会受到一定程度的影响。此时，当事人必须满足程序法上的特殊考量，才能实现自己实体的权利的确认或变更。本案就是一个典型。

（三）无效婚姻的申请主体和宣告机关

1. 无效婚姻的申请主体。根据《婚姻法》第10条和《婚姻法解释（一）》第7条规定，有权依据《婚姻法》第10条规定向人民法院就已办理结婚登记的婚姻申请宣告婚姻无效的主体，包括婚姻当事人及利害关系人。

2. 利害关系人的外延。所谓利害关系人包括：

(1)以重婚为由申请宣告婚姻无效的，为当事人的近亲属及基层组织。

(2)以未到法定婚龄为由申请宣告婚姻无效的，为未达法定婚龄者的近亲属。

(3)以有禁止结婚的亲属关系为由申请宣告婚姻无效的，为当事人的近亲属。

(4)以婚前患有医学上认为不应当结婚的疾病，婚后尚未治愈为由申请宣告婚姻无效的，为与患病者共同生活的近亲属。

3. 无效婚姻的宣告机关。在我国，能够宣告婚姻无效的机关只能是各级人民法院。请求权人依法可以向人民法院申请宣告婚姻无效。

《杨男诉张女离婚案审理期间因婚姻登记被依法撤销撤诉案》[1]

【案情简介】

1993 年 1 月 20 日，杨男与张女虚报年龄，在某县三桥乡政府办理了结婚登记手续。同年 10 月 30 日，张女生育一女，取名杨某。1994 年 11 月 2 日，原告杨男以感情不和为理由起诉至县法院，请求与被告张女离婚。

法院受理杨男的起诉后，三桥乡人民政府在普查婚姻登记情况时，发现杨男与张女结婚时均未达法定结婚年龄，有欺骗婚姻登记管理机关的行为，即根据《婚姻登记管理条例》第 25 条的规定，于 1994 年 12 月 21 日撤销了杨男与张女的结婚登记，宣布其婚姻关系无效，并收回了结婚证。12 月 22 日，在双方亲属及村民委员会干部主持下，杨男与张女就子女抚养、财产分割达成了协议：双方生育一女杨某，由杨男抚养，张女不负担子女抚育费；双方个人财产各归各自所有，杨男付给张女经济帮助费 500 元。上述协议达成后，已分别履行完毕。

【审理判析】

县法院于 1994 年 11 月 5 日立案受理了此案，在法院还未开庭审理此案前，出现了上述情况。就如何处理此案，合议庭出现了三种意见。1995 年 1 月 3 日，县法院审判委员会经讨论认为：

首先，本案不宜裁定终结诉讼。

根据《民事诉讼法》第 137 条规定，终结诉讼仅限于该条规定可以终结诉讼的四种情况，即由于一方当事人死亡所出现的四种特定情况。以该条规定以外的原因终结诉讼，于法无据，是不妥的。

---

[1] 最高人民法院中国应用法学研究所编：《人民法院案例选》总第 14 辑，人民法院出版社 1996 年版，第 111 页。

其次，此案不宜继续审理。根据《婚姻登记管理条例》的规定，婚姻登记管理机关有确认无效婚姻并撤销婚姻登记的权利。婚姻登记管理机关已经撤销了本案当事人的结婚登记，法院就没有必要对同一事实再作处理。如果当事人对于婚姻登记管理机关撤销结婚登记的具体行政行为不服，可另行提起行政诉讼，法院不应在民事诉讼中对其具体行政行为的合法性进行审查。如果当事人的结婚登记被婚姻登记管理机关撤销后，双方就子女抚养、财产分割不能达成协议，当事人可就此方面的内容进行民事诉讼，法院也仅就此内容进行审理。据此，原告的诉讼目的已通过行政机关的具体行政行为和原、被告自行协商的行为全部达到，且从程序上、实体上均不违法，法院继续审理此案已失去意义，动员原告撤诉是可行的。

县法院审判委员会讨论决定：动员原告撤诉。同年 1 月 5 日，经合议庭动员，原告同意撤回起诉。合议庭当即以口头形式裁定：准予原告杨男撤诉。诉讼费减半收取，由杨男负担。

【法理研究】

本案是一个典型的无效婚姻纠纷案件。根据我国《婚姻法》第 10 条的规定，没有达到法定结婚年龄的，男女双方缔结的婚姻无效。需要注意的是，目前在我国，宣告婚姻无效的机关只能是各级人民法院。因此，要求宣告婚姻无效的当事人需到人民法院提起婚姻无效之诉。

在本案中，宣告婚姻无效并不是处理问题的最终目的。杨男与张女在共同生活过程中，已经育有一女，并且在财产处理上也多有纷争。因此，在宣告无效的同时，妥善地处理好与未成年子女利益相关的问题，妥善地维护妇女儿童的合法权益具有重要的意义。

根据我国《婚姻法》，对于无效婚姻中的子女抚养、财产分割问题，可以依照离婚的处理办法解决。在本案中，杨男和张女已经就子女的抚养以及财产的分割做了约定。该约定没有违反相关的法律规定，并考虑到了对妇女儿童利益的保护，应当得到法院的认可。

有关婚姻效力的判决一经作出，即发生法律效力。对财产分割和子女抚养争议，可以调解。调解达成协议的，另行制作调解书。不服财产分割和子女抚养问题的判决，当事人有权上诉。申请宣告婚姻无效时，法定的无效婚姻情形已经消失的，人民法院不予支持。法院审理重婚导致的无效婚姻案件时，涉及财产处理的，应当准许合法婚姻当事人作为有独立诉讼请求权的第三人参加诉讼。当事人依据《婚姻法》第 10 条规定向人民法院申请宣告婚姻无效的，人民法院根据当事人的申请，依法宣告婚姻无效的，应当收缴双方的结婚证，并将生效判决书寄送至原婚姻登记管理机关。

（四）无效婚姻的法律后果

根据《婚姻法》第12条和《婚姻法解释（一）》第15条的规定，婚姻无效的法律后果如下：

1. 如果婚姻无效理由成立，当事人之间所缔结的婚姻无效。这当然意味着，在双方当事人之间不再存在夫妻之间的权利和义务。

《裘男诉樊女与被继承人是重婚关系不能继承遗产案》〔1〕

【案情简介】

被继承人裘某与其妻刘女因无子女，且年老体弱需人照顾，经与原告生父母裘某某（被继承人裘某之堂弟）、王女夫妻协商，并征得原告本人同意，裘某某夫妻将其次子即原告裘男过继给裘某夫妇做养子。双方分别于1974年11月16日、30日向其住所地的市江东区安全里居委会、湖南路居委会申请办理了收养手续，并于同年12月16日向派出所办理了户籍变更入户登记手续。但因此时裘男在农村插队，未能和养父母共同生活。

1978年9月21日，裘某向本人工作单位某铁路车站申请将其养子裘男招工，某铁路车站将裘男招工，裘男即开始与养父母一起共同生活。裘某夫妻有坐落在市江东区安全里的私房3间，建筑面积24平方米。1982年时，裘男对其中一间进行了修缮并加盖了一间两平方米的厨房，共花费用356.7元，其中裘某出资200元。

1947年，被告樊女与李男按当地习俗结婚，婚后生育三子。婚后，樊女曾两次与他人以夫妻名义同居生活。1980年，裘某之妻病故。1983年5月，樊女认识了裘某。为与裘某结婚，樊女化名廖女，谎称自己丈夫已死，于1983年7月26日在某县宝盖乡开具假证明（樊女本人为某县板市乡板桥村村民），与裘某登记结婚。

1984年，原告裘男与被告樊女发生矛盾，樊女采用辱骂、钉门、泼粪便等手段，使原告被迫搬出到其岳父母家居住。1991年下半年，裘某病重卧床，由樊女给予照料。1992年1月3日，裘某病故，其单位某铁路车站发安葬费744元，樊女操办丧事花费约3000元，由原告联系车辆将养父灵柩送往乡下安葬。此后，樊女继续住在市江东区安全里房内。

1993年初，市江东区检察院向江东区法院提起公诉，指控樊女在有合法配偶情况下，改名换姓与他人登记结婚，已构成重婚罪，应依法追究刑事责任。其辩护人称，樊女与原配丈夫李某未进行结婚登记，不是合法夫妻，与裘某登记结婚不构成重婚罪。江东区法院经审理，认定检察院的指控成立，并于1993年3月6日判决：

〔1〕 最高人民法院中国应用法学研究所编：《人民法院案例选》总第25辑，时事出版社1999年版，第46页。

被告人樊女犯重婚罪，判处拘役6个月，缓刑6个月。

1993年3月26日，裘男向江东区法院提起民事诉讼称：我系被继承人裘某夫妻的养子，是其唯一合法继承人。被告樊女隐瞒事实真相，骗取与裘某登记结婚系非法，且已被法院刑事判决确认为重婚罪。请求法院将樊女占住的裘某夫妻遗产安全里的房产判归其所有。

被告樊女答辩称：我与裘某办理了结婚登记，直至1992年1月裘某去世，均是我一人伺候料理的。裘某临终时留有遗书，承认我是他的妻子，家庭财产全部归我。原告不是裘某的养子。

【审理判析】

诉讼中，樊女向法院提交了被继承人裘某的遗书，上面写明：我死后将我所有房子及一切财物遗交给廖女。遗书上盖有裘某私章，但无日期，也无其他人签名或盖章。经查，此私章平时由樊女保管，作代裘某到单位领工资用。

江东区人民法院认为：原告裘男在生父母、养父母同意下，以养子名义与养父母长期生活，亲友、群众公认，被继承人单位也承认，当时未办理法定收养手续，但已形成事实收养关系。被告樊女有配偶，改名换姓与裘某登记结婚，其行为已构成重婚罪，其与裘某的婚姻关系无效。樊女提供的被继承人裘某的遗书，不符合法律有关遗嘱的实质要件和形式要件的规定，不予认定。原告裘男是被继承人裘某的唯一合法继承人。依照《继承法》第5条、第10条的规定，该院判决如下：

坐落在市江东区安全里的被继承人遗留的三间私房共24平方米，由原告裘男继承。

樊女不服此判决，以一审答辩理由上诉于市中院，要求改判。

裘男答辩称：樊女犯重婚罪，有刑事判决认定在案。所谓遗书纯属伪造。原审判决正确，应予维持。

市中院经审理确认上述事实，认为上诉人隐瞒有配偶的事实，改名换姓，以欺骗手段与裘某登记结婚，该婚姻关系无效。被上诉人虽未曾与裘某夫妇办理公证收养手续，但其生父母、养父母和本人都同意，基层组织及被继承人的单位均公认双方的收养关系，且双方长期共同生活。现裘某夫妻死亡，裘男是其唯一合法继承人。原判认定事实清楚，程序合法，处理正确，应予维持。

终审判决后，樊女仍以原诉讼理由申请再审。市中院经复查，以樊女虽对裘某尽了一定的扶助义务，但双方并未形成合法婚姻关系；樊女以恶劣手段将裘男赶出至岳父母家居住，而不是裘男不尽赡养义务为理由，于1997年3月18日通知驳回樊女的再审申请。

【法理研究】

法院关于原告裘男的合法继承权的认定是正确的。但樊女对裘某是否有继承权，则需要进一步的分析。在本案中，樊女在没有与原来的丈夫离婚的情况下，化名为廖女并开始与裘某一起以夫妻的名义共同生活。樊女的这种行为已经构成了重婚罪，因此，根据《婚姻法》的有关规定，樊女不是裘某的合法配偶，不能享有配偶所享有的权利，这其中包括配偶之间的继承权。这样一来，如果只从《婚姻法》的规定来考量整个案件，樊女的继承权无疑是要被排除在外的。

但是，《继承法》第14条规定："对继承人以外的依靠被继承人扶养的缺乏劳动能力又没有生活来源的人，或者继承人以外的对被继承人扶养较多的人，可以分给他们适当的遗产。"在本案中，樊女是否能够构成"被继承人扶养的缺乏劳动能力又没有生活来源的人"，从案件的事实中，尚不能得出结论。但是，樊女在裘某去世之前，确实是对裘某进行了妥善的照顾。因此，从该条规定看，应当承认樊女有分割一定遗产的权利。

2. 即使婚姻无效，也不影响父母子女间的权利和义务。当事人双方的婚姻无效后，双方所生育的子女与其父母的关系仍然适用《婚姻法》关于父母子女关系的规定。关于子女抚养的问题，双方应当协商处理；协商不成的，法院应根据子女利益和双方的具体情况判决。

3. 婚姻无效后，当事人双方在同居生活期间所得财产，属于双方共同所有的财产，但有证据证明为当事人一方所有的除外。对于同居期间所得财产，由当事人双方协商处理；协议不成时，由法院根据照顾无过错方的原则判决。但是，对重婚导致的婚姻无效的当事人财产的处理，不得侵害合法婚姻当事人的财产权益。当事人双方同居生活前，一方自愿赠送给对方的财物，可比照赠与关系处理；一方向另一方索取的财物，如果同居时间不长，或者因索要财物造成对方生活困难的，可酌情返还。同居生活期间所生债权债务，按共同债权债务处理。一方在共同生活期间患有严重疾病未治愈的，分割财产时，应予以适当照顾，或者由另一方给予一次性的经济帮助。

二、婚姻的撤销

婚姻的撤销，又称为可撤销婚姻，是指婚姻成立时一方受胁迫或者人身自由受到限制，从而使婚姻的效力处于不稳定的状态，受胁迫方或人身自由受限制方可以在一定期限内向法院提出撤销婚姻的制度。《婚姻法》第11条中对可撤销婚姻制度做了立法上的规定。具体而言，可撤销婚姻制度的内容有：

1. 可撤销婚姻的原因仅仅是，在缔结婚姻时一方受胁迫或者人身自由受到限制。胁迫一般是指行为人以给另一方当事人或者其近亲属的生命、身体健康、名誉、财产等方面造成损害为要挟，迫使另一方当事人违背其真实意愿结婚的情形。人身自由受到限制，一般是指一方当事人在结婚时没有行动自由，不能依照自己的意思控制自己的行动范围。例如,被拐卖妇女被强行与他人缔结婚姻时,其人身自由即受到限制。

2. 可撤销婚姻制度,赋予结婚时受胁迫方和人身自由受限制方请求撤销婚姻的权利。这里需要注意的是,要求撤销婚姻的请求权主体仅仅是受胁迫方和人身自由受限制方,而胁迫方和人身自由没有受到限制的一方,不能享有这种权利。

受胁迫而结婚的当事人应当自结婚登记之日起 1 年内向法院提出撤销婚姻的请求。被非法限制人身自由的当事人请求撤销婚姻的,应当自恢复人身自由之日起 1 年内提出。1 年时间届满,受胁迫而结婚的当事人本人未行使撤销请求权的,该撤销请求权归于消灭。这里的 1 年时间为除斥期间,不适用诉讼时效中止、中断或者延长的规定。除斥期间过去之后,一方当事人主张撤销婚姻的,人民法院不予受理,此时,当事人只能向人民法院提起离婚之诉。

3. 申请撤销婚姻请求权人既可以向婚姻登记机关提出,也可以向人民法院提出。当事人提出撤销婚姻的请求后,一旦人民法院支持了撤销婚姻的请求,婚姻自始无效。当事人之间不再具有夫妻之间的权利和义务关系。当事人之间在同居期间所获得的财产以及当事人与子女之间的关系比照婚姻无效的规定进行处理。

《张男为逼债拐卖债务人的女儿案》[1]

【案情简介】

被告人张男和郭男(另案处理)从河南原籍来到新疆打工,曾在甲县六乡农民赵某的砖窑上劳动。据张男、郭男两人供称,因赵某拖欠他们6000元的劳动报酬,他们便预谋骗走赵某的14周岁的女儿赵女,以此迫使赵某付给他们应得的报酬。1991年11月17日,郭男以谎言将赵女从家里骗出,带到乙县巴依托海乡,与在那里等候的张男会合。接着他们又将赵女带到丙县城镇乡五村张的住处,把赵女看管起来,不让她回家。11月19日,张男执笔写了一封恐吓信,送给正在乙县五一乡劳动的赵某。信中的主要内容是:工钱不给,死路一条,如不服气,保你一定完。你必须带5000元来领女儿,否则由郭男将赵女带回内地结婚。

赵某收到恐吓信后,立即派杨某前往丙县领女儿。因张男百般阻挠,坚持要赵某拿来5000元,杨某未能将赵女领回。此后,张男、郭男将赵女转移到丙县境内的72团张某家。张男与张某策划,以3000元的价格将赵女卖给也是从河南原籍来新疆打工的韩某(另案处理)做妻子。

1991年12月4日,赵某及其妻前往新源县找张男要女儿,张男仍然逼迫赵某拿出5000元。赵某无奈,遂向当地公安机关报案,但此时赵女已被郭男、韩某带到了河南,

---

[1] 最高人民法院中国应用法学研究所编:《人民法院案例选》总第 9 辑,人民法院出版社 1995 年版,第 33 页。

并被其二人强奸。后经公安机关解救,赵女才回到父母身边。

【审理判析】

检察院以被告人张男犯拐卖人口罪,向法院提起公诉。法院经公开审理认为,被告人张男对自己与赵某之间的经济纠纷,不是通过合法途径解决,却采取欺骗手段将赵某的未成年女儿骗到其住处作为人质,逼迫赵某交出钱财。后因未达到预期目的,又以3000元的价格将赵女卖给他人为妻,致使被害人的身心受到摧残,其行为构成了拐卖人口罪,应从严惩处。

【法理研究】

本案被告人张男为了向赵某索要劳动报酬,与同案犯郭男共谋,将赵某的14岁的女儿赵女骗出,然后把赵女作为人质,迫使赵某交出5000元。此举没有达到目的,张男又将赵女卖给了韩某。这种行为是极其恶劣的,严重的触犯了刑法,应当受到法律的追究。本案中,另一个比较重要的问题是如何看待赵女与购买其韩某之间的婚姻效力。这涉及到赵女的人身权益,需要给予充分的重视和考量。从本案的事实看,赵女在被拐卖的时候仅仅14周岁,无论如何是不能够成为一个合法有效的婚姻的主体的。因此,其与购买其韩某之间的婚姻自始至终无效。

三、无效婚姻和婚姻撤销的异同

(一)相同点

1.自始无效。婚姻在依法被宣告无效或者被撤销时,确认该婚姻自始不受法律保护,即自结婚登记之日起婚姻无效,而且双方当事人不具有夫妻的权利和义务关系。

2.区别婚姻与财产及人身关系。同居期间所得财产,由当事人协议处理;协议不成的,由人民法院按照照顾无过错方的原则判决。对重婚所导致的婚姻无效的财产处理,不得侵害合法婚姻当事人的财产权益。当事人所生子女,适用《婚姻法》有关父母子女的规定。

(二)不同点

1.结婚时欠缺的要件不同。无效婚姻是指当事人违反结婚时的某些必备或禁止条件;而可撤销婚当事人所欠缺的仅是“结婚时男女双方必须完全自愿”这一必备要件。

2.法律后果不同。宣告婚姻无效,在诉讼时符合宣告无效的几种情形即可宣告,通常没有时间的限制。但是,在司法实践中存在着例外的情况:

(1)因未到法定婚龄而结婚,起诉宣告无效时双方婚姻均已经在法定婚龄之内;

(2)由禁止结婚亲属关系却不能生育的。

这属于最高人民法院所指“申请时,法定的无效婚姻情形已经丧失的,人民法院不予支持”的情形。宣告撤销婚姻,则要受到1年的除斥期间的限制。

3. 请求主体不同。有权要求婚姻无效的主体是当事人、近亲属或者基层组织;而有权要求撤销婚姻的主体是受胁迫一方婚姻当事人。

这是因两者损害的利益不同,无效婚姻违反的是社会公德,损害国家和社会的公共利益。可撤销婚姻违反的是当事人个人意愿,损害的是私人利益,国家、社会组织或其他公民不宜干涉,只有当事人本人可以提起。

4. 宣告机关不同。宣告婚姻无效的机关只能是人民法院;而宣告婚姻可撤销的机关可以是婚姻登记机关或人民法院。

第五节　与结婚制度有关的规定

一、婚约

(一)婚约的概念与作用

1. 婚约。婚约是指婚姻的当事人事先约定,男女双方以将来结婚为目的的契约。

2. 过去婚约被认为是一种契约因而受到法律的保护。无正当理由而取消婚约,就要赔偿对方物质上和精神上的损失。

传统上,我国将婚约视为婚姻行为的一部分,成立婚约,当事人就取得了一定身份。婚约有强制履行,违者则以悔约论定。在法律方面,下婚书和受聘礼是婚约成立的标志。无媒妁的通报,由男女主婚人私议约记载于婚书者,称私约,私约与受聘礼同为有效。依礼,女子既已许嫁,即有从人之端,故不许反悔,更不能与他人订婚或成婚。

我国历代法律规定,凡许嫁女已报婚书及有私约,或受聘礼而又反悔的,要受一定的制裁,但男方如果悔婚则不会受到制裁,承担的不利后果仅是不许要求退聘礼。

3. 我国现行婚姻法规定订婚不是确立婚姻关系的必经程序。婚约不受我国现行法律保护。婚约只有在双方完全自愿的条件下才能履行。一方要求解除即可解除,不必取得对方同意。双方是否结婚,完全取决于他们在婚姻登记时表示的意愿。

4. 我国处理婚约的原则。

(1)订婚不是结婚的必经程序;

(2)双方自愿订立婚约的,法律不加干涉;

(3)对于因婚约引起的财物纠纷应区别对待。对于包办买卖婚姻性质的订婚所收的财物,应依法没收或酌情返还。对以订婚为名诈骗钱财的,原则上应当返还受害人。对以结婚为目的赠送价值较高的财物,如彩礼,应酌情返还。

5. 有关彩礼问题的处理。最高人民法院《婚姻法解释(二)》第10条规定:当事人请求返还按照习俗给付的彩礼的,如果查明属于以下情形,人民法院应当予以支持:①双方未办理结婚登记手续的;②双方办理结婚登记手续但确未共同生活的;③婚前给付并导致给付人生活困难的。适用前款第2、3项的规定,应当以双方离婚为条件。

一般来说,给付彩礼是基于当地的民情风俗,很少有人心甘情愿给付,这与一般意义上的无条件的赠与行为是不同的。在作出给予彩礼的行为中,本身包含对方答应结婚这个前提。因此,如果双方最终没有结婚或者结婚后并没有同居即立即离婚的,彩礼应当酌情返还。

《乔甲之子乔乙与郭丙之女郭丁婚后,乔乙死亡,乔甲诉郭丁、郭丙返还婚约财产案》〔1〕

【案情简介】

2001年1月,原告乔甲之子乔乙经人介绍与被告郭丙之女郭丁相识。见面时,被告郭丁接收乔乙见面礼2000元,被告郭丙、郭丁收取原告乔甲一方烟酒、水果等礼品若干。乔乙与郭丁订婚后,郭丁一方收取原告乔甲一方彩礼现金7000元、衣服4套及手表1块。后乔乙死亡。乔甲要求二被告退还订婚彩礼未果,向县人民法院提起诉讼。

【审理判析】

法院经审理认为,乔乙与被告郭丁订婚,其婚约不受法律保护,因乔乙于订婚后死亡,其与郭丁之间的婚约关系已自行解除。因乔甲生前与乔乙共同生活,乔乙经济上并不独立,其用于订婚的财物主要来自家庭共有财产,不仅涉及乔乙的个人利益,同时也涉及原告乔甲的合法权益。因乔乙未婚,其家庭共有财产中应归其个人所有的财产无须履行分割手续即转化为其继承人即本案原告所有。原告乔甲符合本案原告的诉讼主体资格。

被告方收取原告方的财物除订婚者个人使用的物品外也并非完全由其个人支配,郭丙作为共同被告参加诉讼并无不当。但女方收取男方的烟酒、水果等礼品及订婚期间收取的衣物、手表符合赠与的特征,应按赠与物认定。现金属不当得利,并不发生财产所有权的转移,也非恶意取得,应酌情返还。

为此,经法院主持调解,被告郭丁、郭丙自愿返还原告乔甲现金5000元。

【法理研究】

本案是一个典型的有关婚约财产的纠纷案。

在本案中,乔氏父子先后赠送给郭氏父女的现金以及贵重首饰属于以结婚为目的

〔1〕 最高人民法院中国应用法学研究所编:《人民法院案例选》总第48辑,人民法院出版社2004年版,第14页。

的赠与。而后，乔乙死亡，乔乙、郭丁之间自然不能够结婚。因此，这部分财产郭氏父女应当将其返还给乔甲。在订立婚约过程中，乔氏父子赠送给郭氏父女的食品烟茶等价值比较低的物品应当认定是一种赠与，不能够要求郭氏父女返还。本案中，人民法院认定的事实较为清楚，作出的判决也是较为合理的。

在我国民间，于男女双方缔结婚姻之前，有订立婚约的习俗。但婚约作为婚姻的当事人事先约定，以男女双方将来结婚为目的的契约，并不为我国的《婚姻法》所承认，因此其并不能产生《婚姻法》上的效力。

对于男女双方缔结婚姻之前订立婚约而后又发生财产纠纷的，我国历来的处理原则都是：对于包办买卖婚姻性质的订婚所收的财物，应依法没收或酌情返还；而对以订婚为名诈骗钱财的，原则上则应当返还受害人。至于以结婚为目的赠送价值较高的财物，如彩礼，应酌情返还。

二、事实婚姻

（一）事实婚姻的概念

所谓事实婚姻是指没有配偶的男女未进行结婚登记，便以夫妻关系同居生活，群众也认为是夫妻关系的两性结合。

（二）事实婚姻的法律特征

1. 未依法办理结婚登记手续而欠缺结婚的法定形式要件；

2. 具有目的性和公开性；

3. 符合结婚的实质条件。

故事实婚姻符合结婚的法定条件和禁止条件，从而有别于非法同居关系。

（三）世界各国对事实婚姻的态度

1. 完全不承认事实婚姻的立法主义。例如日本，在此种立法下，只要没有进行婚姻登记，就不承认当事人之间存在合法有效的婚姻。

2. 承认事实婚姻的立法主义。在此种立法下，法律对符合结婚的实质要件的事实婚姻承认其效力。一般上，英美法国家的婚姻法做此类规定。

3. 对事实婚姻有条件的承认主义。在此种立法下，是指法律为事实婚姻设定一定的条件，只要事实婚姻符合了法律设定的条件，就承认事实婚姻的合法有效性。我国就属于此种对事实婚姻有条件的承认主义。

在处理事实婚姻问题上，有两个很重要的司法解释：

（1）最高人民法院《婚姻法解释（一）》第5条的规定：未按《婚姻法》第8条规定办理结婚登记而以夫妻名义共同生活的男女，起诉到人民法院要求离婚的，应当区别对待。①1994年2月1日民政部《婚姻登记管理条例》公布实施以前，男女双方已经符合结婚实质要件的，按事实婚姻处理；②1994年2月1日民政部《婚姻登记管理条例》公布实施以后，男女双方符合结婚实质要件的，人民法院应当告知其在案件受理前补办结婚登记;未补办结婚登记的,按解除同居关系处理。

(2)最高人民法院《婚姻法解释(二)》第1条规定:①当事人起诉请求解除同居关系的,人民法院不予受理。②但当事人请求解除的同居关系,属于"有配偶者与他人同居"的,人民法院应当受理并依法予以解除。③当事人因同居期间财产分割或者子女抚养纠纷提起诉讼的,人民法院应当受理。

上述两条规定当时被认为,业已基本上可以解决司法实践中所遇到的事实婚姻问题。并且,随着我国婚姻登记制度的完善以及民众法律意识的提高,事实婚姻问题将不断减少。但随着文化和经济的不断发展变化,新的问题又不断涌现。

《谢甲、郑乙与陈丙、陈丁、陈戊继承纠纷案》[1]

【案情简介】

谢甲与郑乙的女儿郑某1985年经朋友介绍与陈某相识,不久相爱,感情很好。郑某从1987年1月起就帮助陈某料理家务并同居。在此期间,两人共同劳动,先后购置了彩电、冰箱、录音机、录像机、洗衣机等日常生活用品。1989年4月11日二人被害死亡,谢甲与郑乙请求法院判令原告依法继承女儿郑某的遗产。

陈丙、陈丁、陈戊等人认为,郑某与其弟陈某生前未进行结婚登记,不是合法的夫妻关系,其同居是非法的。现二人不幸被害死亡,所遗财产是陈某的个人财产,不属夫妻共同财产。陈某的遗产原告无权继承。

【审理判析】

区法院经公开审理查明:原告谢甲、郑乙分别系被继承人郑某的父母。被告陈丙、陈丁、陈戊分别系被继承人陈某的兄姐。郑某、陈某从1987年1月起,即以夫妻名义公开同居生活,并购置生活用具。上述事实,有证人证言、陈某生前信件等书证证明。1989年4月11日夜,郑某、陈某在家中被害死亡。郑某、陈某死亡后,遗有存款及现金12 810元,债权1万元,彩电2台,冰箱、洗衣机、收录机、电视投影机、电风扇各1台,金项链1条及家具、生活日用品等。以上遗产,经市公安局核查后,由被告保管。

还查明,郑某生前系市硅酸盐制品厂车间会计,1964年4月20日出生,与陈某同居生活时已年满23周岁,无配偶。陈某生前系个体工,1961年6月22日出生,与郑某同居生活时已年满26周岁,无配偶。郑某与陈某共同生活期间,未生育子女。陈某父母已分别于1977年、1982年去世。

区法院认为:最高人民法院《关于人民法院审理未办结婚登记而以夫妻名义同居

[1] 参见 http://edu.lawyee.net/Case/Case_Display.asp? ChannelID=2010103&KeyWord=&RID=22076.

生活案件的若干意见》第2条规定,1986年3月15日《婚姻登记办法》施行之后,未办结婚登记手续即以夫妻名义同居生活,如同居时双方均符合结婚的法定条件,可认定为事实婚姻。郑某与陈某未进行结婚登记即以夫妻名义同居生活已达两年之久,且符合结婚的法定条件,其婚姻关系应认定为事实婚姻。根据上述规定,郑某、陈某在同居期间的财产,应视为夫妻共同财产。

原告谢甲、郑乙系被继承人郑某的继承人,依照《继承法》第10条第1款的规定,有权继承郑某的那部分遗产。被继承人陈某的父母均已死亡,无子女,依照上述规定,其遗产应由第二顺序继承人陈丙、陈丁、陈戊继承。被告陈丙、陈丁、陈戊辩称,郑某、陈某家中财产全部属陈某个人所有,证据不足,不予认定。但郑某与陈某同居生活时间短,共同财产中较多系其与郑某同居前所有,故其继承人应适当多分。据此,法院判决:①原告谢甲、郑乙继承被继承人郑某遗产债权人民币6 000元、彩电1台、被面4床、毛巾被1条;②被告陈丙、陈丁、陈戊继承被继承人陈某遗产人民币16 810元、彩电、电冰箱、洗衣机、电风扇、收录机、电视投影机、金项链及生活用具等共30余件。

第一审宣判后,原告谢甲、郑乙以原审判决分割郑某、陈某遗产不合理,未体现权利义务相一致的原则为由,向市中级人民法院提出上诉。

市中院在审理中,除第一审查明的事实外,又查明,据公安机关对郑某、陈某被杀害时间出具的法医鉴定结论证实,陈某的死亡时间先于郑某20分钟左右。还查明,郑某、陈某被害后,上诉人谢甲、郑乙与被上诉人陈氏兄妹四人共同出资并主持了丧事,被上诉人送的花圈上称被害人郑某为“弟媳”。陈某生前借被上诉人陈戊人民币1000元未还。

市中院认为:郑某、陈某生前以夫妻名义公开生活,已形成事实婚姻,应视为夫妻关系,其财产应为夫妻共同财产。《继承法》第2条规定:“继承从被继承人死亡时开始。”第10条规定:遗产继承,在“继承开始后,由第一顺序继承人继承,第二顺序继承人不继承。没有第一顺序继承人继承时,由第二顺序继承人继承”。陈某死亡在郑某之前约20分钟,依照《继承法》的规定,陈某死亡后,其遗产应由第一顺序继承人郑某继承。郑某死亡后,其遗产应由第一顺序继承人即本案上诉人谢甲、郑乙继承。

陈某所遗债务,由谢甲、郑乙用所得遗产清偿。陈丙、陈丁、陈戊系陈某的第二顺序法定继承人,无权继承陈某的遗产。但是,陈氏等四被上诉人,对陈某生前有一定扶助,陈某、郑某死亡后,与上诉人共同办理了丧事,依照《继承法》第14条的规定,可以分给他们适当的遗产。

原审判决认定事实不清,适用法律不当,依法应予改判。

【法理研究】

本案从表面上看是一个继承纠纷案件,但是如果要处理好这个继承纠纷,一个先决条件是必须认定两个被害人之间是否存在婚姻关系,这个问题对于整个继承具有决定性的影响作用。

从本案的情况来看，被害人郑某与陈某1985年经过他人介绍而相识，1987年郑某开始帮助陈某料理家务并同居，两人共同劳动，共同置办家中物品。但是，一个非常关键的事实是，郑某与陈某在1989年被害之前一直没有办理婚姻登记，因此，从法定意义上来说，他们二者之间并不是严格意义上的夫妻关系。然而，是否因此就完全认定二者之间没有任何关系呢？

在判断本案这种情况时，需要考虑一个时间点，就是1994年。根据最高人民法院《婚姻法解释(一)》第5条，1994年之前，没有配偶的男女以夫妻身份公然生活在一起的，而周围的群众又认为他们是夫妻的，应当被认定为事实婚姻关系。对于事实婚姻，在处理案件时，应当比照正常登记的婚姻一样来处理。

在本案中，被害人郑某和陈某是否能够满足事实婚姻的要件呢？从本案的情况来看，两人从1987年1月开始同居，到1989年被害，已经一起生活两年，又共同劳动、共同致富。应当被认定为事实婚姻。因此，陈丙、陈丁、陈戊等人认为，郑某与陈某生前未进行结婚登记，不是合法的夫妻关系，是没有法律根据的，不能成立。

根据我国《婚姻法》和《继承法》，父母与子女之间享有相互的继承权。郑某的父母在郑某死后，要求继承其遗产是有法律根据的，法院应当支持。

第四章 婚姻的效力

第一节 婚姻效力概述

一、婚姻效力概说

婚姻效力是指男女双方因结婚而产生的法律后果，它随婚姻关系的成立而发生，并随婚姻的关系的消灭而终止。

(一)婚姻效力有广义和狭义之分

1. 广义的婚姻效力。广义的婚姻效力泛指因婚姻而产生的一切法律后果。例如，《民法》、《刑法》、《民事诉讼法》、《刑事诉讼法》、《国籍法》等部门法中有关婚姻效力的规定。

《长期留居美国的时甲诉赵乙离婚被驳回一年后又再次起诉要求离婚案》[1]

【案情简介】

2001年6月，原告时甲的诉讼代理人持中国驻美国纽约总领事馆(2001)纽领认字第0010847号认证书认证的有美国纽约州政府印章和该州副国务卿签字的授权委托书，向我国某区法院起诉称：

2000年3月原告曾起诉至你院，要求与被告离婚，你院以(2000)二民初字第1270号判决书判决不准双方离婚。判决生效至今已1年时间，双方关系仍未缓和，故再次提起离婚请求。

被告赵乙答辩称：原告离婚是为了解决黑户问题，是假离婚，双方感情并未破裂，请求法院依法驳回原告的诉讼请求。原告出国前花了不少的钱，我总共为他出国借了26万元钱，如果原告能还清该借款，就同意离婚。

庭审时，原告由其委托的诉讼代理人到庭参加了诉讼，原告未出庭。庭审中被告提出书面申请，要求对原告提交法庭的中国驻纽约领事馆(2001)纽领认字第0010847号认证书的真伪进行鉴定。经受案法院委托省外办侨务办公室进行联系后，中国驻纽

---

〔1〕 最高人民法院中国应用法学研究所编：《人民法院案例选》总第44辑，人民法院出版社2003年版，第74页。

约总领事馆于2001年7月26日明传电报证实,(2001)纽领认字第0010847号认证书系中华人民共和国驻纽约总领事馆于2001年3月23日为时甲出具的,该认证书证明的是美国纽约州政府的印章和其副国务卿的签字属实。

【审理判析】

区法院经审理确认原告起诉所述事实基本属实,故认为:婚姻以夫妻感情为基础。原、被告双方婚后夫妻感情一般,1995年后双方常为家务琐事发生矛盾,1997年原告去美国打工至今未归,夫妻长期分居,感情彻底破裂。2000年本院判决不准离婚,1年后原告再次起诉离婚。如继续维持这种婚姻关系,对双方均无益处。被告辩称原告出国时为其借款26万元,证据不足,本院不予支持。

一审宣判后,赵乙不服原审法院判决,向中院提起上诉。被上诉人时甲仍由其委托代理人答辩称:原判认定事实清楚,适用法律正确,应驳回上诉,维持原判。

中院二审认为:婚姻是以夫妻感情为基础的。时甲出国得力于家庭的大力支持。时甲在国内期间并未因夫妻感情破裂提出离婚诉讼。其出国后夫妻双方书信往来,相互关心与支持,感情尚可。双方的分居是因地理因素造成的,时甲提出离婚诉讼是为解决其在美国的居住身份问题,并非因为夫妻感情不和。因此,双方的夫妻感情不宜认定为破裂。

该院于2002年1月15日判决:撤销一审法院民事判决;不准时甲与赵乙离婚。

【法理研究】

本案原告向中国法院起诉,其对委托诉讼代理人的授权委托书,向法院提交了我国驻美国纽约总领事馆的认证书,这属领事认证的问题。一般来说,在两国之间未签署有互免认证的有关协议的情况下,一国公证机关出具的公证书并不能得到另一国的当然承认,为了解决公证书在另一国的效力问题,就需要办理另一国驻该国的领事认证。所以,对已办理了领事认证的外国公证书,我们应当承认外国公证书及领事认证的效力。

在审理中国公民一方在国外、一方在国内的离婚案件时,除非在国外的一方当事人提供了在国外的财产状况,或在国内一方有确凿的证据证明在国外的一方当事人在国外的财产状况以外,一般对在国外的财产问题不予审理,仅就在国内的财产进行审理,并在分割上照顾国内一方。因为,对一方当事人在国外的财产状况如何,涉及诸多法律问题而难以解决。

在程序上涉及到有无管辖权、若有管辖权如何查证及判决后能否为财产所在国承认等,在实体上涉及到冲突法的适用和准据法指向外国法时外国法的查明等难题。无疑,这些均表现着婚姻这样一种社会关系所产生的一系列法律后果,需要适用《民法》、

《刑法》、《民事诉讼法》、《刑事诉讼法》、《国籍法》等部门法中的有关规定对其予以规制，以确定其权利与义务的基本内容，故必须慎重对待。

2. 狭义的婚姻效力。狭义的婚姻效力仅指婚姻在婚姻家庭法上的效力。其又可分为“及于当事人的直接效力”和“对第三人的间接效力”。前者是指配偶之间的权利义务，后者主要是指父母子女关系。

《同一事件中死亡的夫妻二人的遗产继承纠纷案》〔1〕

【案情简介】

原告宋某是甲与乙所生之女。后甲、乙经法院调解离婚，宋某随甲生活，乙与丙、丁之子茂某结婚，未生育子女，茂某与前妻所生之子随二者生活。某日晚，该子（茂某与前妻所生之子）被枪击死亡，次日零时，乙、茂某也被枪击死亡。乙、茂某留下遗产及负债若干。宋某与丙、丁因遗产分割而发生争执，宋某认为其为唯一继承人，而丙、丁认为，宋某请求分割的份额超出乙和茂某遗产的范围。

【法院审理】

一审认为，茂某先于乙死亡。乙、茂某共有财产中的1/2由乙、丙、丁继承，乙、茂某共有财产中另1/2加上乙继承茂某的份额由宋某继承。

而二审认为乙、茂同时死亡。茂某个人财产与其和乙共同财产的1/2由丙、丁继承，另1/2由宋某继承。

【法理研究】

本案是一起关于民事权利能力引起的继承纠纷案，但无疑其表现出了婚姻在婚姻家庭法上涉及继承的法律效力。

纠纷问题焦点集中在于乙、茂某民事权利能力终止的时间对继承的影响。相互有继承关系的几个人在同一个事件中死亡，其权利能力如何终止，继承如何进行，是处理这类问题的关键。其本质其实就是配偶之间的权利义务，还有父母子女之间的权利和义务关系问题。

最高人民法院《关于贯彻执行〈中华人民共和国继承法〉若干问题的意见》作出了明确规定：相互有继承关系的几个人在同一事件中死亡，如不能确定死亡先后时间的，

---

〔1〕 最高人民法院中国应用法学研究所编：《人民法院案例选》总第12辑，人民法院出版社1995年版，第87页。

推定没有继承人的人先死亡。死亡人各自都有继承人的,如几个死亡人辈分不同,推定长辈先死亡;几个死亡人辈分相同,推定同时死亡,彼此不发生继承,由他们各自的继承人分别继承。根据最高人民法院的这一司法解释,应当认为,二审法院的处理是正确的。

(二)婚姻效力之分类

1. 身份上的效力。身份上的效力又称夫妻人身关系。夫妻人身关系是指与夫妻身份紧密相连而不具有经济内容的权利义务关系,主要包括姓名权、同居义务、忠实义务、婚姻住所商定权和日常家事代理权等内容。

《李某诉肖某、王某侵犯监护权纠纷案》〔1〕

【案情简介】

李某与肖某是夫妻关系,双方结婚后生一男孩,取名李男,时年5周岁。1997年4月,肖某遇车祸不幸死亡。此后,肖某之父肖甲和其母王乙经常到李某家帮助照看外孙李男。1997年12月的一天,肖甲和王乙来到李某家,对他讲他们在外地工作的儿子回家探亲并想看看李男,能否让李男去他们家住两三天,李某表示同意。一周后,肖甲打电话给李某,以李男愿意住在他家并且李某工作繁忙不便照顾孩子为由,要求由他们来抚养李男,李某表示不同意,并立即去肖甲家要领回孩子,遭到肖甲、王乙的拒绝。

此后李某及其亲友虽多次做二人工作让他们将李男送回,均被其断然拒绝。李某万般无奈遂向县法院起诉,要求二被告将李男送回。二被告答辩称:他们是李男的外祖父母,有权抚养自己的外孙,不同意将其送回。

【审理判析】

县法院依据《民法通则》第16条及《婚姻法》第15条之规定,作出判决:被告肖甲、王乙于判决生效后3日内将李男送回到原告李某处。宣判后,原、被告双方均未上诉,被告已执行判决。

【法理研究】

应当认为,本案是一起较为典型的侵犯监护权纠纷案。本案二被告在被监护人李男有生父作为监护人,且生父的监护能力没有丧失的情况下,领走李后拒不送回,实质上是侵犯了原告对未成年子女的监护权,使监护人不能实际行使监护权。这涉及的无

〔1〕 参见法律网,访问日期:2006年1月5日。

疑是一种与夫妻身份紧密相连的，且不具有经济内容的夫妻人身关系中的权利义务关系。因此，原告的诉讼请求应予支持，法院对本案的判决是恰当的。

2. 财产上的效力。财产上的效力又称夫妻财产关系。夫妻财产关系是指夫妻之间具有直接经济内容的权利义务关系。

《白某因离婚后护理受伤的原夫诉刘某偿付必要费用案》[1]

【案情简介】

白某与刘某原为夫妻，因感情破裂，于1996年6月通过诉讼解除了婚姻关系。次年6月，刘某因遇车祸致其人身受到严重伤害而神志不清，生活不能自理。经亲友劝说，白某同意在医院护理和照顾刘某，同时为刘某支付医疗费5000余元。后刘某出院在家疗养，白某继续照顾他的生活。白某照顾刘某的时间共有9个月，期间还为刘某垫付了购买工程所需的材料费共16 000余元。

后白某起诉至法院，要求刘某支付各项费用，包括垫付的住院费5000余元，全部护理期间的护理费、生活费，此外还有为刘某管理承包的工程9个月，应付报酬13 500元；购买承包工程建筑材料垫付的价款16 800余元。

刘某认为，其中白某为他管理承包工程所主张的报酬13 500元，属于劳务纠纷，可通过劳动争议仲裁机构仲裁解决。

【审理判析】

法院经审理认为：白某在刘某遇车祸撞伤住院治疗期间和出院在家养伤期间，精心照顾他，是出于对刘某的同情和帮助，是一种为刘某排难解忧的高尚精神的体现，应该受到褒奖和鼓励。但白某为刘某管理承包工程所产生的劳动报酬纠纷应先由劳动争议仲裁机构仲裁，因此对这一请求不予支持。

【法理研究】

本案中白某与刘某既已离婚，白某对刘某的护理及照顾就没有了法律上的义务，由于也没有合同上的约定，因此即属于无因管理之债的关系。白某为刘某管理其承包的工程，其实也属于无因管理行为，应与本案一并处理，而不应以属于劳动报酬争议为理由通过劳动仲裁来解决。

---

〔1〕 最高人民法院中国应用法学研究所编：《人民法院案例选》总第33辑，人民法院出版社2001年版，第99页。

夫妻财产关系主要指夫妻财产制、扶养的权利与义务、配偶继承权等。毋庸置疑,夫妻人身关系派生出夫妻财产关系,夫妻财产关系是从属于夫妻人身关系的。

二、夫妻关系的历史沿革

夫妻关系是男女两性社会地位的缩影,其发展和演进经历了不同的历史阶段。在人类文明历史发展中,在很长一段时间中,男尊女卑思想处于支配地位,并造就了与此相关的婚姻制度和夫妻关系。近代以来,妇女解放和男女平等思想日益昌隆,自由的婚姻制度和平等的夫妻关系成为当今各国立法的主流。

(一)夫妻一体主义

夫妻一体主义,也称夫妻同体主义,指在法律上夫妻视为一体,不承认夫与妻的人格对立。古代罗马法、中世纪欧洲教会法、英国普通法均采这种立法体制,从实质意义上说,古代中国的立法也属于此类。理论上看,夫妻一体应当有两种方式:①妻的人格为夫的人格所吸收;②夫的人格为妻的人格所吸收。但实际上,文明史上,夫妻一体主义并非双方对等的人格吸收或融合,而是确认妻子对丈夫的依附和服从地位,是妻子的人格被丈夫的人格所吸收。在这种立法主义下,妻子丧失独立人格,绝对处于夫权支配之下,无财产所有的能力,也没有进行法律行为的能力。

(二)夫妻别体主义

夫妻别体主义,也称夫妻异体主义,指在法律上承认夫妻各有其独立的人格,其相互间只是因为夫妻身份而受到法律上权利义务的约束。1882 年《英国已婚妇女财产法》在历史上首次确立夫妻分别财产制。但是夫妻别体主义不能被理解为严格意义上的夫妻平等主义。例如,在《德国亲属法》改革之前规定,夫妻对家庭事务不能达成一致的,按照夫的意思决定。这种规定实际上还是赋予了夫妻关系中,夫的优越地位。而且,前面提到的英国法也直到 1935 年,才在《婚姻改革法》中进一步确认已婚妇女享有取得、占有、使用和处分任何财产的权利。

夫妻别体主义在近现代法制发展过程中,具有很重要的意义。虽然在严格意义上,这种立法主义并没有完全树立起夫妻之间的平等关系,但其在妇女解放、承认现代的家庭关系、保护妇女儿童的合法权益等方面都起到了积极的作用。"二战"之后,世界各国纷纷基于夫妻别体主义进一步实现了夫妻之间的平等关系。

《何某诉公安局签发出国护照的行政许可行为案》[1]

【案情简介】

何某与张甲 1995 年经法院调解离婚,其 5 岁女孩张乙由张甲抚养,由何某按月支

---

〔1〕 最高人民法院中国应用法学研究所编:《人民法院案例选》总第 38 辑,人民法院出版社 2002 年版,第 361 页。

付抚育费。1999 年 2 月张甲向市公安局申请办理带女儿赴加拿大定居,公安局认为张甲申请办理护照符合签证条件,于是依据相应的法律法规为张甲、张乙签发了出国护照,2000 年 12 月,二人从北京口岸离境。何某诉称,被告公安局在审批过程中没有征得自己的同意,在张乙的登记表上只有其祖母的签名而没有父母任何一方的签名,侵犯了自己的监护权和探视权,请求撤销张乙的出国护照。

【审理判析】

被告公安局在履行审批、签发张乙出国护照的法定职责的过程中,并没有违反《出入境管理办法》等相关法律法规的规定。

但本案直接涉及了监护的问题。何某认为公安局没有征得自己同意,张乙的出国申请表为其祖母填写,但根据张甲和何某离婚时法院做出的民事调解书,已明确张乙由其父张甲抚养,其出国是随其监护人之一的父亲张甲一起办理的,因此,不能认为办理张乙出国定居的手续有抛开监护人的问题。对于夫妻双方离婚后,未成年子女出国定居是否要征得另一方监护人的同意,并无具体的相关法律规定。因此法院没有支持原告的诉讼请求。经两级审判,法院最终判决维持市公安局签发张乙出国护照的具体行政行为。

【法理研究】

《民法通则》第 16 条规定:"未成年人的父母是未成年人的监护人。"在夫妻双方离婚后,并不改变其为未成年人父亲或母亲的事实,因此父母双方仍都是未成年人的监护人,双方地位是平等的。

不过最高人民法院《关于贯彻执行〈中华人民共和国民法通则〉若干问题的意见(试行)》第 158 条规定:"夫妻离婚后,未成年子女侵害他人权益的,同该子女共同生活的一方应当承担民事责任;如果独立承担民事责任确有困难的,可以责令未与该子女共同生活的一方共同承担民事责任。"由此我们可以看出,父母对未成年子女的监护责任,因离婚而发生了程度上的变化,直接抚养子女、与其共同生活的一方,应承担主要的监护责任,另外一方只有在对方独立承担民事责任确有困难时,才承担相应的监护责任。因此在这一案中,未成年子女随父母一方出国是否必须征得另一方的同意,是值得研究的,但无论如何,其必须体现一种平等的精神。

(三)我国婚姻上的夫妻平等主义

我国《婚姻法》第 13 条规定:"夫妻在家庭中地位平等。"这是男女平等原则在夫妻关系中的具体体现,是对夫妻关系所作的总的原则性规定,是夫妻权利义务的基础。夫妻在家庭中地位平等具体要求夫妻间的权利义务平等,不允许任何一方只享有权利而不履行义务，或者只履行义务而不享有权利的现象出现。这一规定有助于建立新型的平等夫妻关系，促进家庭成员的幸福和睦。在司法实践中，当夫妻间的某些纠纷处理缺乏具体的法律依据时，可以根据夫妻地位平等的原则处理。

第二节　夫妻的人身关系

夫妻的人身关系涉及夫妻之间的人格和身份，一般不涉及以财产为内容的财产关系。我国《婚姻法》规定的夫妻之间的人身关系有：姓名权、参加工作权、生产权、社会活动自由权、住所决定权、计划生育义务和夫妻忠实义务等。夫妻人身关系是财产关系的基础。

一、夫妻姓名权

姓名权是一种人格权。姓名是代表特定社会成员的人身专用文字符号，是一个人与其他人相区别的标志。当下，姓名权越来越受到重视。姓名本身具有重要的社会功能和丰富的社会内涵，姓氏在古今中外均具有特殊意义，且在不同的法律背景下具有不同意义。

《冲击父姓传统421家庭孩子该随谁姓》〔1〕

【案情简介】

三年前赵老先生的独生子结婚时，同是独生女的女方家庭要求两家签订一份协议：子女结婚后，必须生两个孩子，第一个随父姓，第二个随母姓，条件是女方赠送一套房子。并且，男方全家将户口本作为抵押押给女方，如果男方反悔，女方不会归还户口本，并收回房子。

去年春天，儿媳难产后剖腹生下一个男孩，全家非常喜欢，并取名赵一阳（化名）。一年后的今天，当女方父母要求小夫妻再生一个孩子时，遭到了小夫妻的拒绝，他们都表示不仅现在不会生孩子，将来也不会再生孩子。

于是，女方父母要求孩子必须到户口所在地更换姓名，改姓女方的姓，而男方父母则不同意，为此，在争执不下的情况下，双方决定在2007年“十一”之后诉诸于法律来解决。

【法理研究】

由于子女与父母双方都有直接血缘关系，因此，对子女随父姓还是随母姓，法律并

---

〔1〕 参见http://www.sina.com.cn. 访问日期：2007年9月29日。

不作硬性的规定。我国《婚姻法》第22条规定:"子女可以随父姓,可以随母姓。"这里的"可以"是任意性规范,其意味着子女既可以随父姓,也可以随母姓。既然子女是父母双方的子女,那么父母双方就应该平等协商解决孩子的姓名。孩子将来跟谁姓,是双方商量的结果,不管最后结果如何,起码要确保父母双方拥有行使其的权利。

古代社会,父权、夫权占统治地位,子从父姓、女子婚后从夫姓即"妻从夫姓"是中外各国的通例。一般来说,姓氏变更表现为妻在本姓前"冠以夫姓",即表示已婚妇女归属于夫的亲族,置于夫权之下。男子除赘婿外,不论婚否,从来是使用自己的姓名,即所谓的"行不更名,坐不改姓"。赘婿要从妻之姓氏,子女随之。但这种情况并不多见。因为,此种情况下,赘婿的地位相当于已婚妇女,没有独立人格,处于妻家的父权之下,社会地位十分低下。

我国法律确认了男女平等的原则并对公民姓名权进行了充分保护。《民法通则》第99条规定:"公民享有姓名权,有权决定、使用和依照法律规定改变自己的姓名,禁止他人干涉、盗用、假冒。"《婚姻法》第14条规定:"夫妻双方都有各用自己姓名的权利。"这一规定,一方面是对民法中民事主体人身权继续贯彻的表现,在婚姻家庭法上平等地保护夫和妻各自的姓名权;另一方面又有侧重,旨在推翻"妻从夫姓"的传统,赋予已婚妇女独立的姓名权,确认和维护已婚妇女独立的人格。

此外,夫妻享有平等的姓名权还体现在子女姓氏的确定上,《婚姻法》第22条规定:"子女可以随父姓,也可以随母姓。"从法律上否认了子女只能随父姓的旧传统,在子女姓氏的确定上,体现了男女平等的精神。父母协商确定子女的姓名,并不妨碍成年子女变更自己姓名的权利。

二、夫妻人身自由权

《婚姻法》第15条规定:"夫妻双方都有参加生产、工作、学习和社会活动的自由,一方不得对他方加以限制或干涉。"这是夫妻家庭地位平等的体现,是夫妻人身关系内容中重要的部分。根据本条法规,夫妻双方在婚姻存续期间都有从事生产、学习工作和参加社会活动的自由。但本条规定对于已婚妇女而言,具有更重要的意义。一般来说,在衡量夫妻人身自由权实质时,主要衡量已婚妇女是否享有社会生活中的各项权利。因为,长久以来,女性没有人身自由,其生产、学习、工作、参加社会活动的自由受到了极大的限制。

中国古代的礼制宣扬"妇人"就是"从人者",凡事"皆从男子",即所谓的"三从"。按照"男不言内,女不言外"的原则,女性被圈禁在小家庭的藩篱中,而排除于社会生活之外,根本无从参与管理社会公共事务。古印度的《摩奴法典》也规定,"妇女幼时处在父亲的监护下,青春期处在丈夫的监护下,老年时处在儿子的保护下",并强调"妇女绝不应任意行动"。

"二战"以后,虽然许多国家修改了法律,但在态度上仍有明显区别。有的国家规定了妻子有自由选择职业的权利,例如法国,而有的国家仍然对妇女的从业自由作了限制。

我国历来重视男女平等关系的建立和保护,新中国成立之后,整个社会对于妇女地位的尊重和提高给予了重视和支持。在保证妇女的生产、学习、工作、参加社会活动自由方面,1992 年的《妇女权益保障法》对已婚妇女的各项人身自由权又予以详化,起到了积极的作用。

《北京一博士后丈夫大诉苦水 万言控告博士妻子》[1]

【案情简介】

2003 年 7 月 21 日,石景山法院受理了一起上海某大学在读女博士高女起诉与在北京某科研单位任副教授的丈夫李男离婚的民事案件。原告女博士在起诉书中称:我与被告于 1997 年 4 月在上海登记结婚,后于 2002 年 4 月生育一子。婚后双方经常发生争执。2003 年 5 月 15 日,双方发生口角及争执后,被告携幼子突然离家出走,此后双方一直两地分居。鉴于双方感情已破裂,特诉至法院要求离婚。

该案审理中,被博士妻子告上法庭起诉离婚的博士后丈夫李男向法庭提交了一份洋洋万言的申辩材料,其中写道:"去年 5 月 15 日中午,高女与我在家中再次因琐事发生争执,高女勒令我和我母亲从家里滚出去,未被我采纳。她就拿起电蚊拍大打出手,把我身上咬伤、抓伤、掐伤等近 20 余处,前后持续三四个小时,她甚至还非理性地拿起菜刀要砍我,被我夺下。16 日晚,我怕再出现其他意外,我带着母亲、小孩、保姆紧急离家避难。"

法院认为,婚姻应以感情为基础,原被告婚后因性格、脾气差异较大经常发生争执,原告(妻子高女)还对被告(丈夫李男)实施过家庭暴力。所以法院准予解除双方的夫妻关系。

【法理研究】

夫妻结婚之后双方都有工作和学习的自由,任何一方不得干涉。对于家庭琐碎事务的处理应当本着友好协商的原则进行处理,不能动辄打骂,甚至进行家庭暴力。新中国成立后,我国在不同时期颁布的《婚姻法》都承认夫妻双方平等的权利,尤其是在妇女的人身自由、工作自由、学习自由方面给予了充分的重视和保障。但是需要注意的是,法律强调对妇女合法权益的保护,其出发点是一般情况下妇女容易处于弱势的地位,容易受到男方优势地位的侵犯。但是,决不能认为保护妇女的合法权益是以牺牲男方的合法权益为代价的。我国《婚姻法》是平等的保护夫妻双方的合法的工作和

---

〔1〕《北京青年报》2003 年 9 月 13 日。

学习权利的。本案中,高女在生活中,不顾男方的感受以暴力行为相威吓,是不正确的行为。

三、夫妻住所选定权

夫妻住所选定权是指选择、决定夫妻婚后共同生活住所的权利。婚姻住所是夫妻共同生活中的重要问题之一,是夫妻履行同居义务、建立共同生活的必要物质条件。在确定共同生活居所的问题上,各国立法不尽相同。在古代,一般夫权至上,婚姻生活以夫为主,男娶女嫁、妻随夫居是常态现象,婚后住所决定权专属于夫是通例。

"二战"后,许多国家对婚姻住所的立法进行重大改革,赋予夫妻双方渐趋平等的婚姻住所选定权。我国《婚姻法》第9条规定:"登记结婚后,根据男女双方约定,女方可以成为男方家庭的成员,男方可以成为女方家庭的成员。"从此条规定看,虽然其没有明确夫妻双方婚后住所的确定方式,但却体现了夫妻双方对该问题是可以进行协商的态度。在司法实践中,夫妻双方在婚姻缔结期间,夫妻双方可以自行变更住所,在确定住所时,夫妻双方本着协商确定的原则解决问题。

《妻子捉奸被诉非法侵入住宅》[1]

【案情简介】

发现丈夫出轨,妻子决定去捉奸,并叫上自己的家人进行取证。2007年1月25日,因涉嫌构成非法侵入住宅罪,刘女被长沙市检察院批准逮捕。1月28日,其姐刘某被逮捕。刘女姐妹做梦也想不到,捉奸行为竟会演变成涉嫌构成非法侵入住宅的罪行。

1985年,25岁的刘女与28岁的吴男经人介绍相识恋爱,次年结婚生子。近年来,因为工作需要,刘女添置了一台电脑,经常使用QQ联系业务。丈夫吴男担心妻子迷恋网络,甚至发生网恋行为,于是打印了妻子的电话话费详单,并质问妻子,使刘女心生不快。

2004年12月20日,吴男与妻子刘女开始分居,并要求离婚,但是刘女不同意。刘女认为,夫妻生活了10多年,感情还是有的。2005年春节,夫妻俩约了双方家长开了个家庭会议,达成一个口头协议:如果夫妻双方有一方出轨,就要主动离开这个家,放弃家里的所有房产。

2006年4月25日,吴男正式向区人民法院起诉离婚,在法庭审理中,刘女还是不同意离婚。6月30日,法院判决两人离婚,儿子吴某由吴男抚养,判给吴男两套房子和

---

〔1〕 参见http://www.sina.com.cn.访问日期:2007年8月17日。

株洲的门面,判给刘女一套房子。随后,吴、刘双方都向长沙市中级人民法院提起上诉。

吴男坚持离婚的态度,刘女感到有些蹊跷,莫非吴男在外面有外遇?这时,有知情人告诉刘女:吴男与一女子租住在市荷花园某单位宿舍。2006 年 8 月 22 日晚 10 时许,刘女携带结婚证、身份证、户口本与其姐姐刘某到东屯渡派出所报案,但派出所以此系家庭纠纷为由没有受理。

为了掌握丈夫出轨的事实,2006 年 8 月 23 日晚 12 时许,刘女与姐姐刘某、姐夫周某等来到市荷花园某宿舍门外,他们准备了摄像机。因为停电,刘女在门口听到里面有人说话:"没电了,拿打火机去。""我去看看电闸。"突然,206 房门开了,刘女拿手电筒一照,丈夫吴男站在门口,卧房内则有一名陌生年轻女子。周某自然用摄像机记录下了吴男和这名陌生女子在一起的情形。随后,双方发生了一番争吵与打斗。

随后,吴男的母亲、嫂子、姐夫接到电话后,来到他的出租房。吴男当着大家的面承认自己的过错,但始终不肯签订协议让出部分财产。刘女当即要求重新分割财产,吴家人缄口不语,吴男的母亲只对陌生年轻女子说了一句话:"我不会让儿子跟你在一起的。"随后,吴男因为眼睛受伤,僵持不久后,吴男先去医院治疗。

2006 年 10 月 13 日,市中院终审判决,儿子吴某仍由吴男抚养,三套房子中的两套判给刘女,另一套和株洲的门面判给吴男。二审结果与一审大相径庭,刘女感到很欣慰。

吴男被打两天后,因为眼睛肿痛,做了司法鉴定评定为轻微伤。吴男来到市公安局区分局报案,称刘女、周男等人非法侵入他人住宅。2006 年 12 月 13 日,区公安局立案侦查。随后,刘女姐妹先后被刑拘。

【法理研究】

有婚姻法专家认为,本案中,妻子闯入的不是自己的住宅,而是他人租住的房屋。而且从时间上来看,法院一审已经判决离婚,婚姻已经处于一种不确定状态。因此,妻子这种侵入他人房屋捉奸的行为不妥,甚至可能构成犯罪。故他们提醒,即使捉奸也应守法。

而又有人则表示,非法侵入住宅的前提是被侵入住宅人居住的合法性。本案某单位宿舍是吴男和第三者的合租房,因为吴男、刘女一审离婚在上诉阶段,吴男与刘女仍是法定的夫妻关系,所以吴男与第三者是非法同居关系。其次,既然吴男与刘女仍是法定的夫妻,刘女进入吴男租赁的房屋就不构成非法侵入他人住宅罪。但如果是第三者的住宅,妻子能闯入吗?!

四、忠实义务

我国婚姻法将夫妻忠实义务规定在总则中。《婚姻法》第 4 条规定:"夫妻应当互相忠实，互相尊重；……。”最高人民法院《婚姻法解释（一）》第3条规定：“当事人仅以婚姻法第4条为依据提起诉讼的，人民法院不予受理。已经受理的，裁定驳回起诉。”夫妻互负忠实义务对婚姻关系的稳定和婚姻生活的和谐有着极其重要的作用。

（一）贞操忠实义务是忠实义务的重要内容

贞操忠实义务，又称配偶性生活排他专属义务，它要求配偶双方互负贞操忠实义务，不得婚外性生活。广义的贞操义务还包括不得恶意遗弃对方以及不得为第三人利益牺牲、损害配偶一方的利益。贞操忠实义务构成了忠实义务的基本内容。

（二）忠实义务只能是一种引致规范

《婚姻法》关于忠实义务的规定是带有宣言性的，违反忠实义务的法律责任还需在其他相关条文中寻找具体的适用依据。这从最高人民法院《婚姻法解释（一）》第3条的规定就可以看出来。

（三）贞操忠实义务是其中的法定义务

夫妻任何一方违反该项义务都要承担相应的法律后果。此外，法律还赋予受害配偶一方一定权利。我国《婚姻法》第32条、第45条、第46条就夫妻一方违背忠实义务的行为应承担的法律责任作出了明确的规定，夫妻一方重婚或者与他人同居，配偶另一方有权要求离婚；离婚时，无过错方有权向过错方请求损害赔偿；过错一方的行为构成犯罪的，依法承担刑事责任。

五、计划生育的权利与义务

（一）计划生育既是我国的一项基本国策也是我国家庭职能的一项重要内容

计划生育，是指有计划地调节人口的发展速度，其可以包括两方面的含义：既可以是节制生育，降低人口发展速度；也可以是鼓励生育，提高人口发展速度。毫无疑义，我国实行的计划生育，是要节制生育，控制人口，以降低人口发展速度。

我国《婚姻法》第16条规定：“夫妻双方都有实行计划生育的义务。”《妇女权益保障法》第47条规定：“妇女有按照国家规定生育子女的权利，也有不生育的自由。”《人口与计划生育法》第17条规定：“公民有生育的权利，也有依法实行计划生育的义务，夫妻双方在实行计划生育中负有共同的责任。”

（二）计划生育既是权利又是义务

前述《梁男诉妇产科医院等未经其同意为其妻引产赔偿纠纷一案》[1]无疑非常形象地告述我们，计划生育作为夫妻双方的权利，受法律保护，同时又是夫妻双方的义务，夫妻双方都应受有关法律的调整。

在夫妻共同履行计划生育义务时，人们必须克服重男轻女陈腐观念的影响。重男轻女在我国有长久的历史，在广大民众中，尤其是农村地区已经形成了一种习俗。这

---

〔1〕 最高人民法院中国应用法学研究所编：《人民法院案例选》总第17辑，人民法院出版社1996年版，第62页。

严重地挑战了计划生育政策。面对这种状况，国家以及各级政府除了要加大宣传力度，提高人们的觉悟外，还应当为人们提供安全、有效的避孕药具和技术。

六、日常家事代理权

（一）日常事务代理权的概念

日常事务代理权，亦称家事代理权，是指配偶一方在与第三人就处理日常事务为一定法律行为时，享有代理对方配偶行使权利的自由。其法律后果是配偶一方代表家庭所进行的行为，另一方配偶必须承担后果责任，配偶双方对其行为承担共同的连带责任。

我国的婚姻法中没有明确规定家事代理权，但在最高人民法院《婚姻法解释（一）》第17条中却明确规定了"夫妻因日常生活需要而处理夫妻共同财产的，任何一方均有权决定"。该条规定包含有家事代理的内容。

（二）家事代理权的特征

1. 家事代理权的积极内容。根据家事代理权的理论，其积极内容一般包括：

（1）日常家事代理权是依配偶身份发生，不以明示为必要；

（2）日常家事代理权是对当事人真实意思的推定，符合当事人利益；

（3）夫妻日常家事代理权的行使应以日常家事为限。

日常家事代理权主要是为婚姻共同生活的便利，为了夫妻双方及其共同的未成年子女日常共同生活的必要的事项而设置的。

2. 家事代理权的消极内容。通常认为，以下事务不属于日常家事范围：

（1）处分夫妻任何一方的不动产。但是，如果妻或夫不处分对方的不动产就不能维持家庭生活，而又等不及配偶对方授权时除外。

（2）处分具有重大价值的共同财产。

（3）处理与配偶另一方人身有密切关联的事务。

对于超越日常家事代理范围的代理的事项，在婚姻内部，其后果应由行为人个人自负其责，以其个人特有财产或分别财产制下的个人财产承担财产责任。

当然，日常家事的范围具有一定的灵活性。从保护无过失相对人利益出发，许多国家尤其是大陆法系国家或地区，都承认适用表见代理解决责任问题，即采取依外观推定来保护无过失第三人利益的态度。

《丁女诉某地产公司与其夫以其名义签订的购房预定书未经其同意应无效并返还已交定金案》[1]

【案情简介】

被告开发了位于沿海某市泰和新城房产项目,并于1995年10月取得了房屋预售许可证。1997年1月4日,凌男到泰和新城看房,欲在此处买房。因考虑到日后便于以妻丁女名义申请公积金贷款,凌男便以丁女名义与被告签订了预订泰和新城商品房预订书,并向被告交付购房定金3000元。被告向凌男开具了交款人为丁女的收据。丁女得知后,即表示泰和新城房屋离单位太远,不同意购买。此后,丁女、凌男即向被告提出异议,以丁女未在预订书上签名为理由,要求被告退还所付3000元定金。因被告不同意,原告丁女遂向区法院提起诉讼称:凌男事先未征得其同意,亦没有其书面委托,凌男所签订的预订书不是规范的合同样本,要求确认该预订书无效,由被告返还购房定金3000元。

被告某房地产开发公司答辩称:凌男在签订预订书之前与丁女商量过,只是签约后感到路远才要求退还定金的。由于凌男与丁女是夫妻,任何一方都可以另一方的名义签订预订书,无须书面委托。该预订书形式要件和实质要件均不违反法律规定。故该预订书有效,不同意原告的诉讼请求。

【审理判析】

区法院受理案件并经过审理后,曾作出驳回丁女起诉的裁定。丁女不服此裁定提起上诉。中院裁定撤销一审裁定,发回区法院重审。据此,区法院另行组成合议庭,并追加凌男为本案共同被告参加诉讼。

区法院经重审认为:原告丁女、凌男系夫妻关系。凌男以丁女的名义与被告签订家庭购房预订书,该行为并不违反法律规定。凌男的行为乃是基于夫妻之间的家事代理权利而作出的,由此产生的权利义务仍归于夫妻双方。故原告认为预订书无效的理由于法无据。凌男与被告签订的购房预订书,意思表示真实,内容合乎法律,故该预订书合法、有效,受法律保护,双方均应依约履行。

【法理研究】

本案是一个日常家事代理权的典型案例。最高人民法院《婚姻法解释(一)》第17条明确规定,夫或妻因日常生活需要而处理夫妻共同财产的,任何一方均有权决定。

---

[1] 罗豪才、孙琬钟主编:《人民法院案例与评注》(民事一卷、婚姻家庭),中国法制出版社2006年版,第54页。

本案中凌男的行为是否为行使日常家事代理权呢？应当认为，在理解日常家事代理权时，必须注意的问题是，即使在不构成家事代理权的情况下，第三人完全可以通过主张表见代理来达到保护交易的目的。在本案中，凌男以丁女名义从事商品房的买卖活动，如果房地产开发公司有足够的证据表明其认为凌男有代理权，那么房地产公司与丁女之间的房屋买卖合同有效。

同时在本案中，预约合同与本合同是两个不同的法律关系。预约合同是主合同，而本合同才是从合同。从合同无效，并不影响主合同的效力。而预约合同无效，房屋买卖合同肯定无效。就预约合同而言，并非家庭重大失误，因其后果有限，故本案中凌男的行为应承担日常家事代理之法律后果。

第三节 夫妻财产关系

夫妻财产关系是指夫妻在财产方面享有的权利和义务，包括夫妻财产制、夫妻之间的扶养关系和继承关系。

一、夫妻财产制概述

(一)夫妻财产制的概念

夫妻财产制是指规范夫妻婚前财产和婚后所得财产的归属、占有、管理、使用、收益和处分，以及债务的清偿、婚姻解除时财产清算的根据等方面的法律制度。夫妻财产制是夫妻财产关系的重要内容。夫妻财产关系是派生于夫妻身份关系的重要法律关系。

一般认为夫妻财产关系包括夫妻的财产所有权、夫妻间的扶养关系和夫妻财产继承权等。其中，夫妻的财产所有权是夫妻关系存续期间财产关系的核心，因其涉及双方各自的、共同的以及第三人的权益而受到各国法律的普遍重视。夫妻财产制是夫妻财产关系的一般法律表现形式。夫妻财产制不仅与婚姻家庭基本物质生活条件密切相关，而且还事关民事交易安全。

《李男诉温女在婚姻关系存续期间所给的一笔钱为借款在离婚后应予偿还案》〔1〕

【案情简介】

原告李男与被告温女于1992年4月登记结婚，双方均系再婚。后因被告温女所在

〔1〕 最高人民法院中国应用法学研究所编：《人民法院案例选》总第41辑，人民法院出版社2003年版，第100页。

单位向职工集资,原告拿出5000元交于温女,让其向单位交纳集资款。温女于1993年2月25日向单位交纳了该款。1994年2月26日,温女将该款连本带息共5750元取出。1996年5月15日,原告与被告温女协议离婚时,双方未对夫妻共同财产进行分割。2001年5月6日,原告向被告温女催要该款时,温女之子即被告温某写了借条并签名,温女也在该借条上签名。

原告李男向区法院起诉称:被告温女为了参加单位的高息集资,从原告处挪借五千元,后来,又将此笔借款挪做他用。请求判令被告立即给付借款5000元。

被告温女辩称:我与原告李男是夫妻时,这5000元是1993年2月25日他交给我的,我把这笔钱拿到我单位集资,又于1994年2月26日取出,用于原、被告和原告母亲的生活费及儿子的学费。现钱已经花光。之所以给原告打借条,是为了让原告赶快离开我家。我儿子温某打的借条,我按原告的要求在上面签了字,这5000元不是借款。

被告温某答辩称:这5000元是我母亲与原告保持夫妻关系时,原告给我母亲的。2001年5月6日,原告到我家让我母亲还款,我担心我母亲犯病,为让原告早点离开,情急之下,我给原告打了借条。

【审理判析】

区法院经审理认为:原告李男在与被告温女婚姻关系存续期间,将5000元交于温女用于向单位集资,因双方对婚姻关系存续期间所得的财产归属没有约定,故该款应属于夫妻共同财产,归夫妻共同所有。后双方登记离婚时未对夫妻共同财产进行分割。因原告催要该款,二被告才出具借条。原告与二被告之间不存在民间借贷关系,因此对于原告要求二被告偿还借款的诉讼请求本院不予支持。原告主张该5000元是其母亲交由他保管的,未提出有力证据,对此不予采信。从而驳回原告李男的诉讼请求。

案件宣判后,原告李男不服判决,向中院提出上诉。

中院二审认为:上诉人称该笔款项是其母交由其代管的钱,证据不足,不予采信。该款在双方夫妻关系存续期间用于单位集资,又在夫妻关系存续期间取出用于生活支出及子女教育费用,是夫妻双方对共同财产的处分,不形成借贷关系。上诉人称该款并未在夫妻关系存续期间取出,但对被上诉人单位所出证明未提出相反证据,本院对该理由不予采信。上诉人上诉理由不足,不予支持。原审事实清楚,处理正确,应予维持。

【法理研究】

本案涉及了婚姻法中的一个核心制度:夫妻财产制度。我国现行《婚姻法》规定了两种夫妻财产制度:一种是夫妻之间的约定财产制;另一种是夫妻之间的法定财产制。

在男女双方缔结婚姻时，对于没有就财产进行约定的，双方婚后所获得的收入属于夫妻共同所有。本案争议的正是夫妻财产制度所要解决的问题。

本案中，双方在缔结婚姻时，没有就财产问题进行明确的约定。因此，双方之间的财产问题应当适用法定夫妻财产制，即双方在婚后所取得的财产应当视为夫妻双方的共有财产。本案所争议的5000元财产虽然是原告在婚后不到1年从自己的财产中拿出来的，但是仍然属于夫妻之间在婚后的共同所得，属于夫妻共同财产。在双方离婚后，双方没有就夫妻财产进行分割，在发生纠纷后，原告可以根据《婚姻法》的规定，重新提起诉讼要求就未分割的财产进行分割，以取得自己应得的一份。但是，在本案中，不存在原告所主张的民间借贷的问题。所以，法院驳回原告的诉讼请求是于法有据的。

（二）夫妻财产制度的主要类型

自从承认已婚妇女的财产权利人地位以来，夫妻财产制度主要有五种：嫁资制、统一财产制、联合财产制、分别财产制和共同财产制。

1. 嫁资制。嫁资是指妇女因婚姻而带往夫家的财产。在古代，嫁资原本是对妇女出嫁后对丧失继承权的补偿，后来逐渐演变为家庭生活费用的补助和分担。嫁资制是指规定嫁资的提供、归属、管理、使用、收益和处分及返还的制度。

在古代，嫁资制基本上是唯一的夫妻财产制度，在中国古代、古罗马、古印度，都可以看到嫁资制。目前，嫁资制已经退出了历史舞台，基本上不对社会生活起调节作用。

2. 统一财产制。早期的资本主义立法曾采用“统一财产制”，即妻将婚前财产的所有权交夫统一享有，仅保留返还请求权。婚姻关系终止时，夫必须把这笔财产或其折价金额返还给妻或妻的继承人。这种财产制已经开始部分考虑到了妻子的利益，较以往的吸收财产制有所进步。但它将妻对婚前财产的所有权转变为对夫的返还请求权，物权的支配权变成了债权请求权，使妻子处于十分不利的地位。这种夫权色彩浓厚的“统一财产制”已为晚近的立法所抛弃。

3. 联合财产制。联合财产制因夫和妻的财产联合为一个经济单位，由夫管理、收益而得名，又称管理共同制或收益管理制。根据这种制度，夫妻在保留各自财产所有权的前提下，将双方财产合并在一起，由配偶双方共同管理、使用和收益。在早期，联合财产制下，联合财产由夫管理，夫对妻的财产有使用、收益的权利，甚至对妻财产所生孳息享有所有权，同时夫须负担家庭生活的全部费用。20世纪40年代后，男女平等观念日渐流行，联合财产制内容不断被修正，夫和妻对联合财产的权利和义务开始日趋平等。

4. 分别财产制。分别财产制是指夫妻就各自婚前婚后所得财产归本人所有，并各自独立享有管理、收益、使用和处分的权利，不受对方支配和干涉的财产制度。根据此制度，夫和妻各自所得财产及其孳息归各自所有，配偶之间无婚前财产、婚后财产之分,也没有所谓特有财产。婚姻关系成立不改变彼此之间的财产关系,婚姻共同生活费用由夫妻双方共同分担。分别财产制并不否认夫妻因配偶身份所带来的变化,也肯定夫妻之间有相互扶养的义务。夫妻长期共同生活后,夫妻权属不明的财产,一般推定为夫妻共有,从而照顾到公平原则。但这种财产制不排斥妻以契约形式将其个人财产的管理权交付于夫,也不排斥双方拥有一部分共同财产。分别财产制与私有财产神圣不可侵犯原则相符合,得到不少国家法律的肯定,影响日益扩大。

5. 共同财产制。共同财产制是指夫妻的全部财产或部分财产合并为共同财产归夫妻双方共同共有,但特有财产除外的夫妻财产制度。

共同财产制的根本,在于谋求夫妻经济生活与身份生活的一致,内部与外部的一体,既符合婚姻共同生活的本质目的,又保障因从事家务劳动而无收入或收入较低配偶一方的权益,有助于实现实质意义的夫妻平等。所得共同制是共同财产制中的基本形态,剩余共同制或所得参与共同制等是分别财产制与共同财产制的折中或复合形态。共同财产制一方面确保夫妻经济独立,另一方面公平合理保护在家庭中承担不同分工的配偶双方。从夫妻财产制进化演变角度看,共同财产制是最具有现代意义的财产制度。正因如此,许多国家和地区把共同财产制作为法定夫妻财产制,或作为契约财产制之一。

(三)我国现行的夫妻财产制度

1. 夫妻共同财产制。婚后所得共同制是我国《婚姻法》规定的夫妻法定财产制。其是指婚姻关系存续期间夫妻一方所得和双方共同所得的收入和财产,归夫妻双方共同所有,但特有财产除外的夫妻财产制度。根据这种制度,夫妻财产共有关系开始于婚姻成立之时,终止于配偶一方死亡或离婚。夫妻关系终止,共同财产依法分割。但分居以及离婚判决尚未发生法律效力时,婚姻关系仍然存在,夫妻共有财产不得分割。夫妻财产共有的形式是共同共有,共有人对共有财产不区分份额大小平等地享有所有权,夫妻双方对共有财产的权利相同,而不考虑各方对共同财产积累的贡献大小。

《苟女因生活无着诉李男应将掌管的夫妻共同存款的一半给其支配案》[1]

【案情简介】

苟女与李男已结婚20余年,所生孩子已成年,能自食其力。苟女、李男夫妇俩从1992年起外出挣钱,先后经营过化纤、干洗等业,已有一定积蓄,但积蓄由李男掌管。2002年8月李男独自到成都,不照管苟女。苟女因家中住房年久失修不能居住,寄居亲友处,又没有经济来源,生活无着,遂向县法院起诉,要求李男从掌管的夫妻共同存

[1] 最高人民法院中国应用法学研究所编:《人民法院案例选》总第44辑,人民法院出版社2003年版,第82页。

款10万元中分一半即5万元由其支配。

被告李男未作书面答辩。但在庭审中表示不同意分共同存款给原告支配。

法院受理后,根据苟女提供的线索,仅查实以李男名义在县农业银行云锦营业所立石分所有存款1.5万元。

【审理判析】

县法院以夫妻共同财产支配权纠纷受理了该案。经审理认为:被告未对以其名义存入银行的1.5万元不属于夫妻共同存款提出异议,原告也未有足够证据证明其主张的有10万元夫妻共同存款的事实,因此,只能认定夫妻共同存款1.5万元。原、被告对此款均享有平等的占有、使用、收益、处分的权利。现原告没有生活来源,被告独占存款不让原告使用,剥夺了原告对夫妻共同财产行使支配、处分的权利。依照《婚姻法》第17条第2款的规定,判决被告持有的与原告共同所有的存款1.5万元,在本判决生效后1日内分给原告0.8万元,由原告自主支配。

【法理研究】

本案涉及夫妻之间对夫妻共同财产的支配和控制问题,比较特殊。本案中,原告和被告之间是多年的夫妻,经过多年的苦心经营,积攒了一定的财产。虽然在生活中,原被告之间的财产基本上由被告支配,但是这并不能否定原告在法律上对共同财产的支配权。根据《民法通则》第78条的规定:"共同共有人对共有财产享有权利,承担义务。"

《婚姻法》第17条第1款规定:"夫妻在婚姻关系存续期间所得的下列财产,归夫妻共同所有:①工资、资金;②生产、经营的收益;③知识产权的收益;④继承或赠与所得的财产,但本法第18条第3项规定的除外;⑤其他应当归共同所有的财产。"其第2款规定:"夫妻对共同所有的财产,有平等的处理权。"

因此,一旦在婚姻存续期间,一方侵犯了另一方对共有财产的支配权,另一方当然可以向人民法院起诉,要求法院确认、保护自己对共有财产的支配权。

但是,也有观点认为,夫妻之间的财产属于共同共有,只有在共同共有关系结束时,才能出现财产分割的问题。因此,本案中的判决直接分割夫妻之间的财产,不仅违反了共同共有的法理基础,而且还不利于夫妻之间的和睦。因此,从夫妻之间的扶养关系角度,要求李男扶养苟女来处理这个案件似乎更加恰当。

但是,本书认为,首先,原告提起的诉讼是支配权的诉讼,在能够满足当事人诉讼请求的前提下,支持当事人的诉讼请求,符合当事人的意思自治原则。其次,将8000元交给原告支配,并不意味着共有财产的分割。支配权在不同当事人之间的分割同所有权的分割在性质上并不相同。综上,本书赞同法院的做法。

我国《婚姻法》第17条的规定基本上涵盖了夫妻共有财产的范围，在理解该条时需要注意以下几点：

(1)工资、奖金，以及用工资和奖金购置的各类不动产、动产均为夫妻双方共同财产。夫妻双方不论各方收入多寡，以及是否有收入，均不影响夫妻之间的共同财产权。

(2)从事生产活动、商业活动获得的收益或增值，依法属夫妻双方共有。须明确的是，这里强调的是“收益”，至于用于从事生产、经营的“本金”的归属，要从实际情况出发，区分情况加以确定。

(3)知识产权的收益是指夫妻双方根据著作权、商标权、专利权以及其他无形资产获得的经济收益。根据最高人民法院《婚姻法解释(二)》第12条的规定，此处的知识产权收益应当解释为“婚姻关系存续期间，实际取得或者已经明确可以取得的财产性收益。”明确可以取得的财产包括已经签订了知识产权许可合同或者转让合同，但是合同对价(主要是金钱)尚未支付的情形。

(4)对于继承和赠与的财产原则上归夫妻共同所有，但是被继承人或赠与人明确表示，对于继承或者赠与的财产只能归一方所有的除外。至于被继承人或者赠与人是否一定以书面形式表现该种意思表示，法律上没有规定，应当不受限制。

(5)其他应当归夫妻共有的财产是一种概括性的规定。最高人民法院《婚姻法解释(二)》第11条规定：“婚姻关系存续期间，下列财产属于婚姻法第17条规定的‘其他应当归共同所有的财产’：①一方以个人财产投资取得的收益；②男女双方实际取得或者应当取得的住房补贴、住房公积金；③男女双方实际取得或者应当取得的养老保险金、破产安置补偿费。”

《刘女诉郑男离婚及分割一方所获竞赛奖牌、奖金纠纷案》[1]

【案情简介】

刘女、郑男双方均系同一工厂职工，经自由恋爱后于1979年登记结婚，婚生一男孩郑某，现年14岁。婚后，双方因性格、志趣不同，常为家庭琐事吵闹，致使夫妻感情逐渐恶化。1992年5月，双方分居。1993年1月29日，双方发生口角，在厮打中，郑男将刘女左眼打伤，致使刘女住院治疗。1993年2月16日，刘女以双方感情破裂为理由，起诉至市中级人民法院，要求判决与被告离婚，依法分割财产。

被告郑男不同意离婚。被告辩称：在原告失去双腿绝望时，我主动与她结婚，婚后的家务活，是我抢着干。她之所以能在国内外残疾人运动会上多次获得奖牌，与我对她的支持和照顾是分不开的。如果原告实在坚决要求离婚，我也同意，孩子也应由我

[1] 最高人民法院中国应用法学研究所编：《人民法院案例选》总第12辑，人民法院出版社1995年版，第47页。

抚养,原告每月应给付抚养费150元,房子由我居住。原告所得奖牌17块我要一半,奖金29万元,我要19万元;婚后共同财产依法分割。

【审理判析】

市中院经审理,除查明上述事实外,还查明:双方所住二室一厅楼房为单位所有。原告参加国内外残疾人运动会,先后获得奖牌17块(金牌16块、铜牌1块),获奖金59012元。所获奖金因原告装假肢一副花销22 000元,治病、旅游等用去38 612.83元。其家庭共同财产有:金戒指1枚、金项链1条,三轮车、机动三轮车各1台,轮椅1台及训练比赛用品,彩电、录放机、电冰箱各1台及其他家俱用品等。

市中院依照《婚姻法》第25条、第29条、第31条的规定,判决如下:①刘女与郑男离婚。②婚生子郑某由刘女抚养,郑男每月负担子女抚养费60元,至其独立生活时止。③共同财产:金戒指1枚、金项链1条,三轮车、机动三轮车各1台,轮椅1台及训练比赛用具等归刘女所有。彩电、录放机、电冰箱等归郑男所有。双方各人衣物归个人所有。④奖牌17块归刘女所有。

郑男不服此判决,向高院提起上诉称:要求平分夫妻关系存续期间刘女所获得的奖牌和奖金。

省高院认为:当事人双方夫妻感情确已破裂,原审法院判决双方离婚,婚生子郑某由刘女抚养是正确的,共同财产的分割亦是合理的。刘女参加国际国内体育比赛所获奖牌、奖金,系个人荣誉,有着特定人身性质,不具有共同财产的属性,不应视为共同财产。原审判决认定事实清楚,适用法律正确。上诉人上诉理由不充分,本院不予支持。

【法理研究】

在本案中,关键的问题是如何看待夫妻一方在体育竞赛中获得的奖金、奖牌的属性。如果认定奖金和奖牌是夫妻共同财产,那么在夫妻双方离婚的时候就应当进行分割。如果认定奖金和奖牌属一方个人财产,则在离婚的时候只能归取得奖金和奖牌的一方。

本案中,一审法院和二审法院都认为,奖金、奖牌代表社会对取得优异成绩的运动员个人的一种评价,对获奖运动员来说,即为一种荣誉,在法律上即表现为其享有的荣誉权。而荣誉权属人身权的范围,是与特定的人身分不开的。因此,双方在离婚时,不能对奖金和奖牌进行分割。本书对这种认识持不同看法。关于奖牌的认识,本书认为一审法院和二审法院的认识是正确的,奖牌确实体现了运动员的荣誉。而且奖牌对于获得奖牌的一方来讲,属于专属用品,在离婚的时候,不宜进行分割。

但是,在对奖金的认识方面,本书认为应当将其认定为一种夫妻共同财产。我国《婚姻法》明确规定,在夫妻关系存续期间,一方取得的工资、奖金收入属于夫妻共同财产。这里的奖金应当做广义的解释，其既包括因工作良好而获得的额外收入，也包括个人勤奋努力而从社会其他部门或机构所获得的奖励。因此，本案中，刘女所获得的奖牌从价值的角度作为奖金的意义上，的确应当被视为一种夫妻共同财产。故要把对奖牌的物的支配关系，与奖牌的经济价值作为家庭共同共有财产时对其的请求权，这两种不同的法律关系严格区别开来。

2. 夫妻法定个人特有财产制。《婚姻法》第 18 条规定：有下列情形之一的，为夫妻一方的财产：①一方的婚前财产；②一方因身体受到伤害获得的医疗费、残疾人生活补助费等费用；③遗嘱或赠与合同中确定只归夫或妻一方的财产；④一方专用的生活用品；⑤其他应当归一方的财产。

此外，最高人民法院《婚姻法解释(二)》第 13 条规定，军人的伤亡保险金、伤残补助金、医药生活补助费属于个人财产。

上述财产在夫妻离婚时，不能将其作为夫妻共同财产而进行分割。相应的财产只能专属于夫或妻所有。

3. 夫妻约定财产制。约定财产制是指夫妻以契约方式商定婚前财产和婚姻关系存续期间所得财产的归属、管理、使用、收益、处分及债务清偿、婚姻终止时财产的分割与清算等事项，并排除法定夫妻财产制适用的制度。约定财产制以夫妻双方约定的形式，将分别属于双方的财产以合同的方式确定下来。夫妻双方在离婚时，由于存在约定财产的合同，所以在进行财产分割时比较便利。同时，夫妻约定财产制也避免了一方借婚姻不当地谋求另一方财产的现象发生。

夫妻约定财产制规定在我国《婚姻法》第 19 条："夫妻可以约定婚姻关系存续期间所得的财产以及婚前财产归各自所有、共同所有或部分各自所有、部分共同所有。约定应当采用书面形式。没有约定或约定不明确的，适用本法第 17 条、第 18 条的规定。夫妻对婚姻关系存续期间所得的财产以及婚前财产的约定，对双方具有约束力。夫妻对婚姻关系存续期间所得的财产约定归各自所有的，夫或妻一方对外所负的债务，第三人知道该约定的，以夫或妻一方所有的财产清偿。"

夫妻在约定财产归属时应当注意以下几点：

(1)约定的主体必须双方自愿，并且作出真实的意思表示。这不但要求双方具有完全民事行为能力；而且任何一方在受到欺诈、胁迫或乘人之危等情况下作出的意思表示都不能算是真实的意思表示。

(2)约定的内容必须合法。约定的内容必须符合法律和社会公德，一方面维护夫妻双方的财产权利，另一方面不能损害国家、集体和他人的利益。

(3)约定的财产既可以是婚前财产也可以是婚后取得的财产。

(4)双方订立约定的时间既可以是在结婚前也可以在双方缔结婚姻关系后。

(5)双方的约定应当以书面形式作出。

(6)夫妻双方的约定无效时,适用于法定财产制。即适用法定夫妻财产共有制。

另外,夫妻双方的约定只有在为第三人所明知时,才能对抗第三人。换言之,对于不知情的第三人来讲,夫妻双方即使已经约定了分别所有制仍然要对一方向第三人所负债务进行清偿,而不能援引约定来主张只用一方的财产清偿债务,这有利于保护交易安全和第三人的利益。

二、夫妻之间的相互扶养义务

扶养是指一定范围内的亲属间相互供养和扶助的行为。接受扶养的人称为受扶养人,为权利人,履行扶养责任的人为扶养义务人。在我国,人们将父母对子女的养育称为抚养,子女对父母的供养称为赡养,夫妻之间的相互扶助称为扶养。

我国《婚姻法》第20条规定:"夫妻有互相扶养的义务。一方不履行扶养义务时,需要扶养的一方,有要求对方付给扶养费的权利。"此条规定了我国的夫妻扶养制度。理解该制度时需要注意以下几点:

1. 夫妻之间的扶养关系是基于夫妻之间的人身关系而产生的。男女因结婚而产生夫妻关系,夫妻身份关系的存在决定了其相互之间扶养关系的存在。如果男女之间尚未缔结婚姻关系,而仅仅是长时间的同居,则不能产生夫妻之间的扶养关系。夫妻身份关系是夫妻之间扶养义务产生的前提。

2. 夫妻之间的扶养义务是对等的。任何一方既是权利人也是义务人。夫妻之间的相互扶养义务对于双方而言是平等的。任何一方既可能是权利人也可能是义务人。

3. 夫妻之间的扶养义务是一种法定义务。具有强制性,夫妻一方在负有扶养义务而不履行时,另一方可以向人民法院起诉,要求有扶养义务一方履行扶养义务。

《王女诉残疾人谢男离婚案》[1]

【案情简介】

原、被告经人介绍认识,于1997年2月登记结婚,婚后双方感情一直很好,未生育。2000年2月被告在外打工摔伤,双脚残废,丧失了劳动能力。被告摔伤后,原告一直在被告身边照顾被告,白天下田干农活,晚上服侍被告。2001年中秋,被告无故用拐杖打了原告,引起原告不满,原告从此回娘家居住,导致双方夫妻感情破裂。2002年8月1日,原告王女以被告双脚残废后,性格古怪,无法在一起生活为由向区人民法院提起诉讼,要求和被告离婚。被告谢男答辩称,夫妻双方感情是好的,不同意离婚。如果原告坚持要离婚,原告要承担债务15 743元,并给付被告扶养费2万元。

---

〔1〕 最高人民法院中国应用法学研究所编:《人民法院案例选》总第48辑,人民法院出版社2004年版,第1页。

【审理判析】

区法院认为,被告残废后,原告又无一技之长,家庭经济较为困难,对于日常生活中产生的矛盾处理不妥,致使夫妻感情彻底破裂。被告提出的债权债务,因证据不足无法认定,被告要求原告给付两万元的扶养费,因原告无经济来源,本院不予支持。根据《婚姻法》第32条第5项、第42条之规定,判决如下:①准予原、被告离婚;②在被告处的财产全部归被告所有;③由原告一次性给付被告生活帮助费3000元(限判决生效后7天内付清)。

宣判后,被告不服一审判决,提出上诉。二审法院经审理后判决,驳回上诉,维持原判。

【法理研究】

本案主要的争议问题是夫妻之间的扶养问题。扶养是指家庭关系中夫妻双方或同辈间在物质上、生活上的相互帮助,是因亲属关系而产生的权利义务关系。我国《婚姻法》第20条明确规定:"夫妻之间有相互扶养的义务。"然而,应当注意的是,夫妻之间的扶养义务是以夫妻之间的身份关系产生的,换言之,如果夫妻之间的身份关系不再存在,便不再存在夫妻之间的相互扶养问题。

在本案中,因为被告双脚残疾,丧失劳动能力,导致家庭生活困难,夫妻感情破裂而引起离婚。原告提起离婚,法院认为符合离婚的条件,判定双方婚姻关系解除。在婚姻关系解除之时,原、被告之间的夫妻关系解除,他们之间便不再存在夫妻之间的相互扶养义务。因此,被告上诉主张,原告离婚就是对自己的遗弃是没有道理的。法院的判决是妥当的。但是,鉴于本案中谢男双脚残废、家庭经济困难的特殊情况,可以要求原告对被告进行一定的经济帮助。

三、夫妻之间的相互继承权

我国《婚姻法》第24条第1款规定:"夫妻有相互继承遗产的权利。"我国《继承法》对夫妻之间的继承权进一步作出了规定。

夫妻之间相互具有继承权是夫妻人身关系决定的,即只有合法的夫妻关系才能存在合法有效的继承权。如果在继承开始前双方已经离婚或者婚姻关系已经被宣告无效,继承权就不再存在。在理解此制度时,需要注意以下几点:

1. 夫妻相互为第一顺序的继承人,相互享有平等的继承权。任何人不得侵犯和限制夫妻之间的继承权,对于鳏夫和寡妇携带财产另行缔结婚姻的,任何人不得干预和限制。

2. 夫妻之间相互继承时,应划清个人财产和共同财产。夫妻一方死亡之后,夫妻共同财产没有分割的,应当首先进行分割,属于死者个人所有的共同财产作为死亡配偶的遗产，然后才能继承。

3. 1950 年《婚姻法》颁布之前被继承人的妾可享有同等继承权。但要以夫尚未与其解除婚姻关系为前提，方可与妻子享有同等的继承权。

4. 夫妻登记结婚后其配偶继承权即应得到承认。即使尚未同居或者同居时间非常短的，配偶一方死亡，其配偶继承权也应当被得到承认。但是可以根据《继承法》的有关规定进行处理。

5. 非婚同居可依扶助原则处理。对未经结婚登记即以夫妻名义同居生活的男女当事人，如未补办结婚登记，被认定为同居关系，符合《继承法》第 14 条规定的，可以根据相互扶助原则处理。

《张甲等诉武丁等在其夫亡后强占其婚后分家所得财产继承纠纷案》[1]

【案情简介】

1992 年 7 月，原告张甲带其与前夫所生子女武乙(当时 11 岁)、武丙(当时 13 岁)，与被告武丁、任戊夫妇之长子武某登记结婚。结婚时，张甲带去椽子 96 根、大梁 1 根、檩条 31 根、挂柱 5 根。结婚 1 个多月时，被告武丁、任戊夫妇为其子武某、武某某兄弟分家，武某、张甲夫妇分得祖遗土木结构瓦房 3 间、自行车 1 辆、架子车 1 辆、写字台 1 张、单桌 1 张，被告任戊随其一起生活。原告张甲与武丁夫妇共同生活期间，从镇广播站拉回石头 8 方(准备建房所用)。

1994 年农历 4 月 27 日，武某因病死亡，其家除上述财产外，没有其他财产，但有外债 1760 元。三原告要求继承武某的遗产，两被告不同意。1996 年 10 月，两被告以上述三间房是武丁的祖业，张甲不赡养婆婆，不能继承武家产业为理由，强行占有了上述 3 间房及建房材料。同年 11 月，三原告起诉县法院，要求两被告归还属其继承所有的三间房屋和建房木料、八方石头。

两被告答辩称：争议之三间房屋、建房木料和石头是自己的财产，不属三原告继承范围，不同意原告的诉讼请求。

【审理判析】

县法院经审理认为：原告张甲结婚时带去的建房木料，属于其婚前个人财产，应归其所有。其他财产为原告张甲与武某夫妻共同财产，其中 1/2 为武某遗产，三原告与被告武丁、任戊均有权按份参与分配。夫妻共同债务，因被告武丁、任戊年迈，应由原

---

[1] 最高人民法院中国应用法学研究所编：《人民法院案例选》民事卷(上)，中国法制出版社 2000 年版，第 191 页。

告张甲负责偿还为宜。

【法理研究】

本案是夫妻之间相互继承财产的案例。根据我国《婚姻法》以及《继承法》,夫妻之间有相互继承遗产的权利。但是在处理本案时,有两个值得注意的特殊问题:第一个问题就是分家的问题;第二个问题就是继父母与继子女之间关系的问题。本案中,在原告与武某结婚后,武某与其父母开始分家。分家是我国社会中,较为常见的现象,其法律性质为何,认识上主要有两种观点:第一种观点认为是家庭共有财产的分割;第二种观点认为是一种纯粹的赠与。

本文认为分家应当是家庭共有财产的分割。首先,在我国,尤其是农村地区,子女很早就要跟父母一起从事农业生产活动,尤其是子女成年后,更有可能成为家里的主要劳动力。父母子女共同创造的财产一般是以家庭共同收入体现出来的。其次,根据民法基本理论,赠与是一种双方行为,在一定条件下,赠与人可以撤销赠与。如果简单地认为分家是一种赠与行为,在一定情况下,父母撤销赠与,不仅抹杀了子女对家庭劳动的贡献,也有可能损害子女的配偶以及未成年孙子女的利益。因此,将分家认为是一种家庭共同财产的分割比较合适。

第二个问题是武某与武乙、武丙之间的关系问题。武某与武乙、武丙是继父母与继子女的关系。我国《继承法》第 10 条的规定,有抚养关系的继父母与继子女之间有相互继承遗产的权利。根据该条规定,如果武某与武乙、武丙之间形成了抚养关系,那么武乙、武丙就享有继承权。这对本案的处理具有较大的影响。从本案的事实看,原告与武某结婚时,武乙 11 岁,武丙 13 岁,都是未成年人,在与武某共同生活中,武某对武乙、武丙履行了主要的抚养义务,形成了事实上的抚养关系。应当认定他们之间是有抚养关系的继父母与继子女之间的关系。

根据上面的认识,本案应当作如下处理:①在确定原告张甲与武某的夫妻共同财产时,应当将他们的全部财产扣除所负的外债,进而确定夫妻财产净值;②夫妻财产净值中有一半为武某遗产;③武某的继承人有原告三人以及武丁、任戊。遗产在这几个法定继承人之间进行分割。

第五章 婚姻的终止

第一节 离婚制度概述

一、婚姻的终止

婚姻的终止,是指合法有效的婚姻关系因发生一定的法律事实而消灭。只有合法有效的婚姻关系才会发生婚姻终止问题。无效婚姻关系自始没有成立合法有效的婚姻,因此无效婚姻的消灭与婚姻终止无关。婚姻终止的原因有两个:

(一)婚姻因配偶死亡而终止

一方配偶死亡后,所有身份关系和财产关系归于消灭,婚姻关系自然终止。死亡包括正常的自然死亡和依照法律程序宣告死亡两种情况。自然人被宣告死亡后,再次出现的或者能够确定其没有死亡的,一方配偶没有结婚的,恢复婚姻效力;但是,一方配偶结婚后又离婚的,婚姻不能自然恢复效力。

《周某在其子去世后诉儿媳袁某、孙女梁某赡养案》[1]

【案情简介】

原告周某在其子去世后便与儿媳袁某分家,双方立分家字据一份,对房产进行了分割并确定儿媳袁某、孙女梁某有对周某进行生活扶助的义务,二被告每人每月给付周某生活费10元,袁某承担周某一半的医疗费。字据签订后至诉讼时二被告均没有给付周某生活费。周某每月领取儿子的抚恤金82元,另外周某有一女儿已单独生活。原告要求二被告按约定支付医疗费、生活费,并增加生活费。

被告袁某答辩称,由于原告对其财产立有遗嘱,以后由其女儿继承遗产,袁某尽赡养义务后并没有继承遗产的权利。且被告袁某系周某的儿媳,没有赡养周某的义务,故不同意原告的诉讼请求,请求撤销双方达成的协议。

被告梁某答辩称,其未在字据上签字,原告所诉没有依据,不应承担原告的生活费。

---

〔1〕 最高人民法院中国应用法学研究所编:《人民法院案例选》总第48辑,人民法院出版社2004年版,第34页。

【审理判析】

法院审理后认为，袁某虽不是原告亲生子女，但双方有分家字据，确立了双方的权利和义务，是双方当事人真实意思表示，该字据为有效协议。原告所诉二被告没有尽扶助义务没有提供相应证据，本院不予支持。

梁某系原告的孙女，原告有女儿及儿媳尽赡养义务，梁女又未在字据上签字，周某诉请梁女履行扶助义务的理由不能成立，本院不予支持。

袁某不服原审判决，向市中级人民法院上诉，请求依法改判。

被上诉人周某答辩称，原审认定事实清楚，被上诉人处分自己的财产符合法律规定，请求驳回上诉，维持原判。

二审法院审理认为，袁某与周某双方系婆媳关系，袁某在法律上没有赡养周某的义务，双方于1992年6月14日订立的分家字据，是双方当事人真实意思表示，是合法的民事行为，双方当事人应当履行在该字据上确定的义务。

【法理研究】

本案案情并不复杂，在实体上涉及丧偶儿媳在法律上有无赡养公婆的义务，协议约定扶养义务儿媳能否请求撤销等问题，都是合法有效的婚姻关系因发生配偶死亡的法律事实而消灭，引起民事主体间权利义务的变化。

《老年人权益保障法》第11条规定："赡养人是指老年人的子女以及其他依法负有赡养义务的人。赡养人的配偶应当协助赡养人履行赡养义务。"儿媳与公婆、女婿与岳父、母属姻亲属，不存在血缘关系，在他们之间法律也无规定具体的权利义务关系。丧偶儿媳在丈夫生前只是一种协助赡养义务。为了鼓励赡养老人，贯彻养老育幼原则，《继承法》第12条规定"丧偶儿媳对公、婆，丧偶女婿对岳父、岳母尽了主要赡养义务的，作为第一顺序继承人"。应该注意的是丧偶儿媳作为继承人是有条件的，尽了主要赡养义务是指提供主要经济、生活、劳务的主要帮助。

分家析产时所作出的约定义务是因继承而产生的一种附随义务，双方在分家析产时，所约定的权利义务关系，是双方意思表示一致的结果，该协议对双方当事人均有约束力，任何一方均无权任意不履行或随意改变约定的义务。由于丧偶儿媳袁某在法律上没有赡养周某的义务，原告要求被告增加生活扶助费也没有法律依据。原审法院判决增加生活扶助费，没有法律依据，是错误的。

原告的孙女，在其父去世后有赡养原告的义务，但是是有条件的，《婚姻法》第28条规定："有负担能力的祖父母、外祖父母、对于父母已经死亡或父母无力抚养的未成年的孙子女、外孙子女有抚养义务。有负担能力的孙子女对于子女已经死亡或子女无力赡养的祖父母、外祖父母有赡养的义务。"故可见，这里一是被赡养人子女均死亡；二是子女无力赡养;三是赡养人有负担能力。而从本案看,原告有女儿,又有负担能力,被告梁某没有赡养周某的义务,订立的协议梁某没有签字,原告的请求应不予支持。

(二)婚姻因离婚而终止

离婚是在世配偶之间解除婚姻关系的唯一手段,合法有效的婚姻必须通过离婚程序才能终止,任何其他形式的分居、见证、公示都不能产生离婚的效力,也不能产生离婚的后果。在我国,离婚分为行政离婚和诉讼离婚两类,具体内容下文将详细论述。

《王某诉在美国自费留学的陈某离婚案》〔1〕

【案情简介】

王某与陈某于1960年4月自愿登记结婚,婚后生育二女一子,现均已长大成人。1974年开始,双方因家庭矛盾而将经济分开,夫妻感情逐渐淡漠。1980年,陈某由省丰市矿务局工程队卫生所调往洛市矿务局职工医院工作后,便很少回丰矿家中。1988年9月,陈某赴美国探亲,在此期间,双方通讯逐渐减少,尔后中断书信联系。为此,原告王某以夫妻感情已经破裂为理由,向地区中院起诉,要求与被告陈某离婚。

【审理判析】

地区中院审理认为:原告王某与被告陈某系自由恋爱结婚,婚后夫妻感情尚好,生育二女一子,现均已成家立业,有固定工资收入。原、被告从1974年开始,因家庭矛盾和性格等原因,经济开始分开,嗣后,夫妻感情淡漠。1988年9月,被告陈某获准赴美国探亲,后通过托福考试,被美国俄亥俄州医科大学录取并获得奖学金,成为自费留美学生。被告陈某留美期间,几乎断绝与原告王某的信件来往。原、被告双方均感夫妻感情已破裂,应准予解除婚姻关系。

【法理研究】

本案主要涉及夫妻之间感情破裂的标准问题。双方从1980年以来就长期分居,尤其是被告陈某赴美国探亲、自费留学以后,几乎断绝与原告王某的一切来往。可见,其夫妻关系已名存实亡。根据最高人民法院《关于人民法院审理离婚案件如何认定夫妻感情确已破裂的若干具体意见》第7条"因感情不和分居已满3年,确无和好可能的",应视为夫妻感情确已破裂的规定,应认定原告王某与被告陈某夫妻感情确已破裂。因

---

〔1〕 最高人民法院中国应用法学研究所编:《人民法院案例选》总第12辑,人民法院出版社1995年版,第60页。

此，法院主持他们双方调解离婚是正确的。

同时，这种一方在国内，一方在国外的中国公民之间的离婚案件，按照《民事诉讼法》第23条第1项的规定，对不在我国领域内居住的人提起的有关身份关系的诉讼，由原告住所地的人民法院管辖，中级人民法院作为原告住所地的法院，根据本地区的情况决定由其作一审受理，是完全正确的，体现了国家主权原则，具有确定国际管辖的意义。

二、离婚制度的沿革

（一）禁止离婚主义

禁止离婚主义的立法体制禁止一切离婚的主张。当然禁止离婚主义是欧洲中世纪基督教教会法的原则，并非世界性的原则。其他国家和地区在历史上，一般都准许在特定情况下的离婚。

（二）许可离婚主义

从古代到现代，许多国家都一直采取许可离婚主义的立场，但不同国家和不同地区对离婚的具体规定不甚相同。大体来说主要有以下几种：

1. 专权离婚主义。专权离婚主义，又称为夫权离婚主义，即规定丈夫享有单方面的任意的离婚决定权。这种离婚主义在人类历史的发展中，曾经占过支配性的地位。我国古代基本上属于此种离婚主义。

2. 限制离婚主义。限制离婚主义，又称为有责离婚主义，即只有具备法定的难以维持婚姻的具体原因，双方或一方的离婚主张才能得到法律认可的制度。这种离婚主义也称有因离婚、裁判离婚。

（三）自由离婚主义

自由离婚主义，又称"破绽离婚主义"、"无过错离婚主义"，是夫妻一方或双方无需具体理由而仅凭夫妻相互间的感情破裂即可请求终止婚姻关系的法律制度。该制度基本上已经成为当代离婚立法的趋向。自由离婚主义使配偶之间的友好离婚成为可能，避免离婚过程中常见的精神伤害现象。对于配偶之间离婚后重新走入社会、建立家庭都大有裨益。

我国实行婚姻自由的原则，靠法律的手段维护婚姻的稳定并非婚姻立法的本意。婚姻能否维持，能否形成人们所期盼的幸福美满的婚姻关系，关键取决于婚姻当事人双方的合意。当婚姻关系的维持对当事人双方或一方已失去其积极意义时，法律自然不应该强人所难，而应该更多地关注婚姻解体的遗留问题，完善婚姻立法中的公平救济制度，尽量将离婚给当事人，尤其是无过错方当事人和未成年子女所带来的损害减少到最低点，以体现法律所坚持的公平正义原则。

三、离婚的处理原则

社会主义婚姻家庭制度要求公民在对待离婚问题以及在司法实践中处理离婚纠

纷时,必须采取严肃慎重的态度,应当遵循下列两个原则:

(一)保障离婚自由

离婚自由是婚姻自由的一个重要方面。没有离婚自由,就没有真正的婚姻自由。婚姻应当是以男女双方爱情为基础的,由于种种原因,如果夫妻双方感情确已破裂,又无和好可能,强行维持这种名存实亡的婚姻关系,不仅会给双方带来痛苦,而且对子女、家庭和社会也是无益的。因此,必须保障当事人的离婚自由。只有离婚自由才能保证婚姻当事人可以通过法定程序解除那些已经失去存在意义的死亡婚姻关系,使当事人从精神痛苦中解脱出来,重建幸福美满的家庭。

要保障离婚自由,我们必须反对包办、买卖婚姻,克服在离婚问题上的旧思想和旧观念。我国一直有"宁拆十座庙,不毁一门亲"的提法,这种传统观念在现实中还有一定的影响力,甚至给司法实践以及离婚案件的审理也带来了一定的消极影响。在部分地区,一些民众蔑视、嘲笑甚至歧视离婚的妇女及其子女,从而给他们的身心以及生存状况都带来了严重的消极影响。这些观念和做法都是错误的,不利于保障当事人的离婚自由。

(二)反对轻率离婚

保障离婚自由,并不意味着可以轻率离婚。在我国,离婚自由不是绝对的而是相对的,不是无条件的而是有条件的,是受法律规定限制的自由。只有在夫妻感情完全破裂又无和好可能时,才允许用离婚这种迫不得已的办法来解决。因为离婚意味着家庭离散,毕竟会给当事人双方、子女、家庭和社会产生一些消极的不良影响。因此,在离婚问题上,我们要在保障离婚自由的同时,防止轻率离婚,反对一切任意性和滥用离婚自由权利的行为。

《吴某诉肖某离婚感情未破裂不准离婚案》[1]

【案情简介】

原告吴某与被告肖某于1975年5月经人介绍相识恋爱。1976年3月原告应征入伍服役后,被告即从原户籍地迁入原告家居住,双方经常保持通信往来。1979年10月,双方登记结婚。双方结婚后的原告服兵役期间,原、被告间相互通信往来频繁,被告曾多次去部队与原告共同生活。原告退伍后,安排了工作。原、被告从婚后到1996年10月前,夫妻关系一直较好。

随后,原告在经营卡拉OK厅的过程中,与在该厅的一服务小姐关系暧昧,引起被告的怀疑,双方为此时常吵闹,夫妻感情开始受到影响。但被告仍然十分关心原告,要

[1] 最高人民法院中国应用法学研究所编:《人民法院案例选》总第27辑,时事出版社1999年版,第41页。

求原告改正错误。1996年11月11日、18日，原告先后给被告去信说，做了对不起被告的事，并向被告表示真诚的歉意。1996年12月15日，原告向县法院起诉，要求与被告离婚。但原告在起诉后不久到被告处仍与被告一起同居生活。

被告肖某答辩时称：愿给原告改正错误的机会并考虑到夫妻感情和孩子的成长，坚决不同意离婚。

【审理判析】

一审法院审理认为：原、被告经人介绍相识后，自由恋爱，相互了解4年多时间自愿结婚，婚姻基础较好。双方婚后至1996年10月前，夫妻关系一直较好。后由于原告与一异性关系暧昧，双方才开始时常吵闹，影响了夫妻感情，但夫妻感情并未破裂。被告对原告的过错表示谅解，要求与原告和好夫妻关系的态度，是善意的、诚恳的，只要双方相互谅解，以诚相待，共同为家庭和孩子着想，夫妻关系是能够和好的。据此，对原告的离婚请求不予支持。

【法理研究】

本案的关键是原、被告之间的夫妻感情是否确已破裂。夫妻感情是否确已破裂，是界定准予或不准予离婚的根本标准。根据最高人民法院《关于人民法院审理离婚案件如何认定夫妻感情确已破裂的若干具体意见》（以下简称《意见》）的规定精神，判断夫妻感情是否确已破裂，应当从婚姻基础、婚后感情、离婚原因、夫妻关系的现状和有无和好可能等方面综合分析。

第一，从原、被告之间的婚姻基础看，双方是自由恋爱，且恋爱时间长达4年之久，恋爱期间书信往来频繁，相互了解较深，且双方是自愿登记结婚。由此可见，双方的婚姻基础较好。

第二，婚后双方在17年的共同生活中互相帮助、关心、安慰、经常交心换心，在遇到挫折时，互相鼓励支持，共渡难关，极少吵闹赌气，夫妻恩爱，家庭和睦，是人人称羡的好夫妻，显然，婚后夫妻感情较好。

第三，原告提出离婚的目的，是为了与其经营的卡拉OK厅内一服务小姐保持已有不正当关系而不受被告的约束，遂以夫妻感情破裂为由提出离婚，其离婚原因不正当且理由不充分。

第四，原、被告之间的矛盾，是在原告起诉前近两个月内，被告发现原告与异性有暧昧关系后才发生的，被告为阻止原告的错误行为而与原告发生吵闹，属夫妻间的正常情况。同时，在矛盾发生后，被告仍然十分关心原告，教育帮助原告改正错误，原告也承认了自己的错误行为，并两次写信给被告认错，信件内容情真意切；原告在向法院提起离婚诉讼后，仍然回到被告处同居生活。这些事实表明，原、被告夫妻关系现状虽有矛盾,但夫妻感情并未进一步恶化。

第五,原告与该异性之间的关系,仅是建立贪图一时快乐基础上的,他们之间无任何感情基础。原告与被告之间婚姻基础好,婚后建立起了夫妻感情,夫妻关系现状也并未有大的裂痕,且被告愿意谅解原告的过错,坚决要求与原告重归于好的态度善意而真诚,因而夫妻关系是完全有和好可能的。

第六,根据本案的情况,本案亦不属于最高人民法院《意见》第8条所规定的“一方与他人通奸、非法同居,经教育仍无悔改表现,无过错一方起诉离婚,或者过错方起诉离婚,对方不同意离婚,经批评教育、处分,或在人民法院判决不准离婚后,过错方又起诉离婚,确无和好可能的”情况。因此,县法院判决不准原、被告离婚是正确的,较好地掌握了判断夫妻感情是否确已破裂这个准予离婚与否的标准。

第二节　离婚的程序

一、行政离婚程序

(一)行政离婚程序的概念和要件

行政离婚程序,又称为“非诉讼离婚”,是指双方同意经过登记而离婚的程序。我国《婚姻法》第31条规定:“男女双方自愿离婚的,准予离婚。双方必须到婚姻登记机关申请离婚。登记机关查明双方确实是自愿并对子女和财产问题已有适当处理时,发给离婚证。”该条即是对行政离婚程序的规定。

根据我国《婚姻法》第31条之规定,行政离婚程序的条件是:

1. 婚姻当事人已经登记结婚。当事人没有登记结婚的,自然不能在登记机关获得离婚证。没有登记结婚的双方当事人一起生活的,双方当事人应当到法院提起离婚诉讼,登记机关不予受理。

2. 双方自愿离婚。这里的自愿离婚应当符合三个条件:

(1)通过行政程序离婚的当事人必须是完全民事行为能力人。无民事行为能力人、限制行为能力人不能通过行政程序离婚,只能通过诉讼程序离婚。

(2)离婚双方的意思表示必须真实。离婚引起双方权利义务的变更,是典型的民事法律行为,意思表示必须真实,如有胁迫、欺诈、误解则不能产生离婚效力。

(3)离婚双方必须亲自办理离婚登记。离婚案件涉及人身关系,所以在行政程序离婚中,需要特别注意的是,离婚双方不能仅通过代理人来完成离婚程序,双方都必须亲自到登记机关去办理离婚程序。

3. 离婚双方对子女和财产分配问题已经达成协议。在行政程序离婚中,登记机关没有权利对双方的子女和财产问题作出裁决,因此双方在向登记机关提出离婚登记之前,必须就子女抚养和财产分配问题作出明确、恰当的安排。否则,登记机关有权拒绝受理。

(二)行政登记离婚的程序

婚姻登记机关办理离婚登记的程序为申请、审查、批准。

1. 申请。凡男女双方自愿离婚的,必须亲自到一方常住户口所在地的婚姻登记机关办理离婚登记手续。根据《婚姻登记条例》的规定,申请离婚时当事人应当持有的证件与材料有:本人的户口簿、身份证、结婚证,双方当事人共同签署的离婚协议书。

2. 审查。婚姻登记机关对当事人的离婚申请,必须进行严格地审查。审查的事项包括:离婚当事人所提供的情况是否属实和离婚当事人是否符合离婚登记的条件。

《郭甲诉县民政局对无民事行为能力人协议离婚核发离婚证案》[1]

【案情简介】

郭甲与张某于1983年9月结婚,生有两个女孩,自1985年起,郭甲有精神失常表现,多次诊断为癔病和精神分裂症。1990年12月13日,郭甲与张某达成离婚协议,填写了离婚登记申请书,双方对子女抚养、财产分割作了适当处理。计划生育办公室审核后填发了离婚证。

1991年3月8日,郭甲又住进县精神病医院,诊断为精神分裂症。3月29日,郭甲之兄郭乙以其妹患有精神病,属无民事行为能力人,计生办给其办理离婚登记违法,向县民政局申诉。6月25日,县民政局作出了"关于对郭甲离婚一案的调查处理意见",认为"郭甲属间歇性精神病,在登记离婚时具有民事行为能力,计生办为其登记离婚合法"。郭乙不服,提起诉讼。

【审理判析】

县法院受理该案后,委托县精神病医院对郭甲是否患有精神分裂症进行鉴定。该院的鉴定结论为:郭甲患有精神分裂症。据此,县法院认为:郭甲患有精神分裂症,不具有民事行为能力,不能通过行政程序离婚,只能通过诉讼程序离婚,故该程序违法。该院于1991年11月7日作出一审判决,撤销县民政局对郭甲与张某离婚的处理决定,宣布离婚证无效。县民政局不服上诉于中院。二审法院认为:原审判决认定事实清楚,适用法律正确。

〔1〕 最高人民法院中国应用法学研究所编:《人民法院案例选》总第6辑,人民法院出版社1994年版,第187页。

【法理分析】

根据我国《婚姻法》和《婚姻登记条例》,根据当事人双方对离婚所持的态度不同,在处理程序上区分为行政程序和诉讼程序。即对解除婚姻关系表示一致意愿,没有争执分歧,情节简单的可依照行政程序由法定的婚姻登记机关办理;对彼此主张分歧、情况比较复杂的由法院依照诉讼程序处理。据此,办理离婚登记的机关审查离婚申请,准予离婚登记必须具备的首要条件就是要查明双方是否确属自愿离婚,再就是双方当事人对离婚的意愿必须是一致的和真实的,这是确定离婚登记最根本的条件。离婚是民事法律行为,按照我国《民法通则》第55条的规定,民事法律行为的行为人必须具有民事行为能力。

从实质上看,郭甲由于患精神病,离婚前后正处于狂躁发作期,离婚行为是由于病理性优势情感支配在不能控制的情况下实施的,无协议离婚能力,即无民事行为能力。根据法律规定,无民事行为能力人或限制民事行为能力人办理离婚不宜适用离婚登记的行政程序,而应适用诉讼程序,在诉讼中必须由监护人代理诉讼。因此,本案婚姻登记机关将无民事行为能力人在不能真实表达意愿的情况下发生的离婚协议行为,按照行政程序进行登记并批准离婚,违反了法定程序。本案中一、二审人民法院依据行政诉讼法的规定,对县民政局违反法定程序的具体行政行为判决撤销,是正确的。

3. 批准。对于符合离婚登记条件的,离婚登记机关应当在1个月内向双方发放离婚证。对丁不符合离婚登记条件的,婚姻登记机关不予登记,并应当以书面的形式说明不予登记的理由。

二、诉讼离婚程序

(一)诉讼离婚与诉讼外离婚调解

诉讼离婚程序是指男女一方要求离婚,经人民法院诉讼而离婚的程序。《婚姻法》第32条第1款规定:"男女一方要求离婚的,可由有关部门进行调解或直接向人民法院提出离婚诉讼。"

在此处,我国《婚姻法》不仅规定了诉讼离婚,而且还规定了诉讼外离婚调解制度。所谓的诉讼外离婚调解是指由有关部门在离婚双方之间进行调解,如果调解和好,双方继续生活;如果调解不好,双方则到婚姻登记机关或人民法院办理离婚。诉讼外离婚调解并不是一个必须的程序,诉讼外离婚调解的结果在双方当事人之间也没有约束力。诉讼外离婚调解的部门主要是当事人所在单位、妇联、基层调解组织等单位和部门。

(二)离婚诉讼中的调解

《婚姻法》第32条第2款还规定:"人民法院审理离婚案件,应当进行调解;如感情确已破裂,调解无效,应准予离婚。"此处的调解是离婚诉讼中的调解,是法定的必经程序,在离婚诉讼中必须适用。但人民法院在调解过程中,不能为了调解而调解,更不能久调不决,应当本着合法自愿的原则在离婚双方之间进行调解。对于双方确实不能调解和好的,人民法院应当及时判决离婚。

调解离婚与判决离婚相比较而言,主要有以下三个方面的区别:

首先,对于一审的判决离婚案件,当事人不服的可以提起上诉;但对于法院作出的调解离婚的,当事人不可以上诉,但对于财产部分的处理不服的可以提起申诉。

其次,判决离婚的判决书中对于双方财产、孩子抚养和其他问题的裁决必须严格按照《婚姻法》的规定,必须做到合法、公平、公正;而对于调解离婚而言,法院作出的离婚调解书的内容,只要不违反法律、法规的规定和侵犯第三人利益的,可以在兼顾公平的前提下,依据双方当事人的合议制作,法院不会作过于严格的实质审查,所以调解书的内容较判决书更为灵活。

最后,判决离婚的案件必须按照民事诉讼的程序,按部就班的进行审理;而调解离婚的案件,法院可以在征得当事人同意后,采用相对简易和快捷的程序进行处理。

(三)判决离婚的法定理由

感情确已破裂是法院判决准予离婚的法定条件。

如何认定夫妻感情确已破裂,《婚姻法》第32条作了明文规定。具体情况有:

1. 重婚或有配偶者与他人同居的。

《欧阳某以被妻子自诉重婚被判刑导致夫妻感情破裂为理由在服刑期间诉李某离婚案》[1]

【案情简介】

原告欧阳某与被告李某经人介绍相识后,自愿登记结婚。婚后生育二女一男,夫妻感情尚可。1995年,欧阳某外出打工,从此与妻子分居。1998年4月,欧阳某在外省打工时与有夫之妇王某相识,两人同居生活。1999年4月,欧阳某与王某一同回到本村,在本村一山里以夫妻名义公开同居生活。李某对欧阳某进行过规劝,但其置之不理。这给李某造成了精神上的严重伤害。李某遂于2000年元月开始精神失常。随后,李某诉欧阳某重婚罪。公安机关依法立案,最终法院作出有罪判决。判决生效后,欧阳某被关押在县公安局看守所服刑。

2001年8月15日,欧阳某以李某起诉其重婚致其被判刑,造成夫妻感情完全破裂为由,向县人民法院提起离婚诉讼,并要求抚养儿女。

---

〔1〕 最高人民法院中国应用法学研究所编:《人民法院案例选》总第38辑,人民法院出版社2001年版,第79页。

【审理判析】

县法院认为:原告欧阳某与被告李某婚后感情较好。但欧阳某于1995年外出打工后与李某分居已达6年之久。欧阳某外出打工期间,自与王某相识后,逐步发展到以夫妻名义公开同居。李某以欧阳某与王某犯重婚罪向法院提起刑事自诉,欧阳某与王某各被判处有期徒刑1年。至此,原、被告夫妻感情已完全破裂。现欧阳某提出与李某离婚,予以支持。

【法理研究】

在婚姻家庭中,夫妻除共同生活、相互扶助、生育并抚养子女外,互享情感也是婚姻存在的重要功能。现代社会,人们更加注重婚姻质量,特别是情感的成分在婚姻中占据的分量已越来越大,感情的结合是婚姻双方之间互爱、平等和信任的基础。因此,夫妻感情存在与否,是考察婚姻关系是否破裂的重要依据,我国修订后的《婚姻法》仍将"感情确已破裂"作为离婚的法定标准。修订后的《婚姻法》第32条明文规定,重婚或有配偶者与他人同居的应准予离婚。

本案中,欧阳某在有妻子的情况下,公然与其他女性一起以夫妻名义生活,这已经构成了重婚罪。根据我国《婚姻法》的规定,这也构成了离婚的理由。在本案中,一个关键的问题是,作为有过错方能否根据本条提出离婚,进而达到离婚的目的?有些观点认为,本条无论对有过错方还是对无过错方,都可以适用,从而体现了法律平等适用的观点,然而,本书认为,任何人不得因自己的违法行为而受益。在本案中,欧阳某很明显是利用自己的违法行为来达到与李某离婚的目的。这种行为不仅使得婚外同居的现象在现实中得到了支持,而且对于李某而言也不公平。因此,在适用本条时,需要谨慎的思考和衡量。

2. 实施家庭暴力或虐待、遗弃家庭成员的。

《蒋某诉尚某离婚暨精神损害赔偿案》[1]

【案情简介】

蒋某与尚某1995年经他人介绍登记结婚,婚后感情一度较好,后因家庭琐事经常发生吵打。2002年2月,双方再次发生纠纷,尚某将蒋某打伤,造成蒋某两处肋骨骨折,2002年6月28日经法医鉴定构成轻伤。尚某曾于2002年6月4日诉至法院,要求与蒋某离婚,法院判决不准离婚后,双方夫妻关系继续恶化。蒋某于2003年4月向法

---

〔1〕 参见上海法律网,http://www.sh148.org/law02/law03/403.htm.

院起诉,要求与尚某离婚,并要求判令被告尚某赔偿因实施家庭暴力对其造成的精神损害费5000元。

【审理判析】

法院经审理认为,原、被告婚后不能正确处理家庭矛盾,经常因家庭琐事吵打,原、被告双方也认为其婚姻关系应该解除,夫妻感情确已破裂。原告蒋某提供不出受伤时的病历,所提供的证据不足以证明被告尚某对其实施了家庭暴力,其要求被告尚某赔偿精神损失费5000元的诉讼请求,无证据证明,不予支持。遂判决准予双方离婚,对蒋某主张的5000元精神损害赔偿费未予支持。

蒋某不服,向市中院提起上诉称:原审法院认定事实不清,我有法医学鉴定书和能说明他多次打骂我的"协议书"证实被告尚某对我实施过殴打,应当给付我精神赔偿金。请求二审法院依法改判。被上诉人尚某未作书面答辩。

市中院审理查明:上诉人蒋某虽没有提供受伤时的病历,但根据双方签订的协议书"①生活中男方尚某在女方蒋某没有错的时候,不准殴打女方。②生活中如果俩人有不愉快或争执不准离家出走,如违者打断腿不负法律责任和任何责任"等内容;结合构成轻伤的法医学鉴定书的内容,可以认定被上诉人尚某确实对上诉人蒋某实施了家庭暴力,并经常对上诉人蒋某进行殴打,蒋某身上两处肋骨骨折,是被上诉人所为。原审法院认为证据不足,不作精神损害赔偿显属不当,上诉人主张被上诉人应当承担精神损害赔偿责任的理由成立,依法予以支持。

原审法院对本案的判决在认定事实及适用法律上均有不当,遂改判:维持原审法院判决的准予双方离婚部分;判令被上诉人尚某付蒋某精神损害赔偿人民币5000元整。

【法理研究】

本案中,蒋某一审中没有提供受伤时的病历证明自己身体受伤的原始记录和确切伤情,又没有目击人,对证实其伤情是其配偶殴打所致带来一定困难;仅凭一份法医学鉴定书,她似乎只能证明自己受了伤,却难以证明谁是暴力的实施者。所幸的是,中院准确的抓住"协议书"中赤裸裸的"打妻"条款这一家庭暴力的有力证据,结合法医学鉴定书内容,认定被上诉人尚某对上诉人蒋某实施了家庭暴力,并经常对其进行殴打,感情确已破裂,维持原审法院判决的准予双方离婚部分;判令被上诉人尚某给付蒋某精神损害赔偿人民币5000元整,体现了我国《婚姻法》以人为本,保护弱者的立法本意。

3. 有赌博、吸毒等恶习屡教不改的。

4. 因感情不和分居满2年的。

5. 其他导致夫妻感情破裂的情形。

《冯某、张某在夫妻关系存续期间因长期冷战离婚案》[1]

【案情简介】

1994年12月26日，原、被告双方建立自由恋爱关系，1998年12月29日，双方共同到婚姻登记机关办理了结婚登记手续，领取了结婚证，婚后无子女。婚后双方由于性格差异，常因为家庭琐事而谁都不理谁，2001年4月份至今，原、被告双方一直处于冷战状态。

原告冯某向法院起诉离婚，并要求分割婚后所得财产。被告张某不同意离婚。

【审理判析】

区法院审理后认为，原、被告虽然结婚时间较长，有一定的感情基础，但由于双方性格方面存在较大差异，以至于婚后常因家庭琐事生气吵架。而双方吵架生气后，均不能采取主动相互交流之方式，而是互相不理对方，不进行沟通和包容，缺乏互相迁就和相互理解的态度，生气后常拿"离婚"二字来威胁对方，不忍让，互相猜测对方心思，不主动找对方。从2001年4月份至今一直处于冷战状态。原告对共同生活下去已完全丧失信心，若继续生活下去，对双方是一种精神上的伤害。夫妻之间若缺乏了最基本的语言交流和沟通，包容和迁就，这无疑是一种精神折磨，应视为双方夫妻感情确已破裂，以离婚为宜。财产的分割，应从保护妇女合法权益出发，坚持男女平等、有利于生产、方便生活的原则，合情合理分割。

【法理研究】

本案中，关键的问题是原、被告之间的感情是否已经破裂。从案件的事实情况看，原告与被告之间经过了长时间的恋爱，婚后双方也没有做出诸如婚外情、虐待对方、遗弃对方等恶劣的行为来。因此，在确定双方是否感情确实破裂，必须根据双方在日常生活中的行为来判断。

实际上，从双方第一次协议离婚开始，双方的感情就已经产生了严重的裂痕。针对这种情况，双方应当相互沟通、相互关心，找出夫妻之间关系恶化的症结所在，从而为婚姻生活的继续打下良好的基础。但是双方不仅没有这样做，反而开始冷战，使得原本已经处于崩溃的婚姻关系更加恶化。针对这种情况，法院确认双方之间的感情已

---

[1] 最高人民法院中国应用法学研究所编：《人民法院案例选》总第48辑，人民法院出版社2004年版，第10页。

经破裂,是比较妥当的。

6. 一方被宣告失踪,另一方提出离婚诉讼的,应准予离婚。

四、关于离婚的两项特别程序

(一)关于现役军人的离婚

《婚姻法》第33条规定:“现役军人的配偶要求离婚,须得军人同意,但军人一方有重大过错的除外。”本条规定主要是考虑到了军人的特殊利益,根据本条规定,现役军人的配偶要求离婚时,必须得到军人的同意,否则法院不能判决离婚。尤其需要注意的是,本条只适用“现役军人”,对于已经退伍的军人不再适用本条。

《夏某破坏军婚案》[1]

【案情简介】

被告人夏某与自诉人之妻应某在同一邮电局工作。自从在1996年4月5日邮电局组织的去本省某地旅游中两人相识后,被告人即以多种手段勾引自诉人之妻,故而两人形影不离,并数次发生不正当两性关系。同年6月24日,自诉人之妻应某调到被告人所在的四路邮电支局工作,此后两人吃住在一起,长期勾搭成奸。自诉人及其委托代理人认为被告人夏某系有妇之夫,趁自诉人服兵役之际,勾搭军人妻子。

被告人夏某辩称:被告人既无破坏自诉人婚姻的故意,也没有实施破坏自诉人婚姻的行为,自诉人指控被告人与其妻数次发生不正当男女关系、长期姘居等都是没有事实根据而蓄意捏造的,请求驳回自诉人的指控。

【审理判析】

市法院经公开审理认为:被告人夏某与军人之妻关系暧昧,且发生两性关系,属一般违法行为,应由有关行政机关予以行政处罚。自诉人指控被告人与军人之妻应某同居或长期通奸,因证据不足而不能成立。市法院经审理认为,自诉人指控的犯罪不能成立,被告人夏某无罪。

一审宣判后,自诉人黄某不服,以被告人夏某与上诉人之妻有奸情和秘密同居的事实,夏某的行为已构成破坏军婚罪等为由,提出上诉。中院审理后认为,原审法院判决认定的部分事实不清,发回重审。

市法院重新组成合议庭,经不公开开庭审理判决夏某犯破坏军婚罪,判处拘役6个月。

---

[1] 参见北大法意网,http://edu.lawyee.net/Case/Case_Display.asp?RID=20880&KeyWord=.

【法理研究】

本案内容涉及的主要是刑法问题，但是与婚姻法上的问题有关。军人的婚姻家庭在我国受到了特殊的保护。在刑法方面，我国规定了破坏军婚罪；在婚姻法方面，我国规定了军婚离婚的特殊要件。我国《婚姻法》第33条明确规定，现役军人的配偶离婚必须得到配偶的准许。本案中，被告与军人的妻子有不正当的关系，应当承担刑事上的责任，自然没有异议。如果本案中，军人的妻子经历本案之后，要求离婚，其还是要取得自诉人的同意，除非本案自诉人退役。

在理解我国婚姻法上对军婚制度的保护时，需要注意几个问题。首先，双方都是现役军人的，必须取得双方的同意，而不能因为双方都是现役军人而直接判决离婚；其次，现役军人对离婚的同意是可以通过调解来实现的，例如，在离婚时，现役军人可能出于种种考虑而不同意离婚，但经过法院的调解或者是其他有关部门和人员的劝说而同意离婚的，也应当视为同意，但是无论如何，不得通过不正当手段要求现役军人同意离婚。

(二)关于妇女怀孕期间和分娩后1年内的离婚

《婚姻法》第34条规定："女方在怀孕期间、分娩后1年内或中止妊娠后6个月内，男方不得提出离婚。女方提出离婚的，或人民法院认为确有必要受理男方离婚请求的，不在此限。"本条主要是考虑到了对妇女和儿童利益进行保护的原则，妇女在怀孕期间以及在分娩后，身体处于非常的时期，心理也受到很大的影响。为了保证妇女能够正常分娩婴儿并妥善照顾婴儿，保证她们有一个健全的家庭是必须的，因此，在此期间一般不允许男方提出离婚。

《虐待妻女案》〔1〕

【媒体报道】

王某与吴某系四川省某县人。1983年，王某与吴某结婚。从吴某进门那天起，婆婆就一心盼望能得个胖孙子，王某也盼子心切。不久，吴某真的怀孕了，她见婆婆与丈夫这样盼男孩，思想压力很大。分娩时，医生说生了个女孩，婆婆一听就昏倒在地。以后，婆婆搬到女儿家，对儿媳妇和孙女一眼都不看，她还不让儿子照顾吴某。在婆婆的挑唆下，孩子未满周岁，王某就提出离婚，被法院驳回。以后，王某在1年多的时间里连一分钱也不给吴某，致使母女生活极为困难。其后吴某向法院起诉。法律经调查审理，认为王某已构成遗弃罪，判处拘役3个月，每月付给抚养费25元。

---

〔1〕 参见广州律师网，http://www.gzlvshi.cn/gzfirm51/gzlawyer1800.htm.

【法理分析】

我国《婚姻法》第34条明确规定，妇女在分娩后1年内，男方不得提出离婚。之所以规定该条，就是考虑到妇女在分娩后的生理特点以及妇女儿童利益的保护。在上述事实中，王某以及其母亲有严重的重男轻女的意识，对王某的妻子以及新出生的婴儿没有提供良好的照顾。这种行为是应当受到社会舆论的谴责的。尤其值得令人注意的是，王某在婴儿未满1周岁的情况下，就提出离婚，这种行为违反了《婚姻法》的规定，是不能够得到支持的。

第六章　离婚的效力

离婚的效力是指离婚在法律上所发生的法律后果，所以也叫离婚的后果。离婚后，因婚姻而产生的权利义务消灭，从而引起在当事人之间身份、财产和亲子关系等一系列的变化。

第一节　离婚对当事人身份上的效力

一、夫妻身份、称谓终止

离婚后，夫妻双方的婚姻关系终止。不能再使用夫或妻的名义，双方当事人之间因结婚而产生的身份关系归于消灭。

《王女以法院离婚调解书分到的债权为据诉债务人金鼎公司偿还该债务案》[1]

【案情简介】

原告王女于2000年3月9日向法院起诉称：1999年6月，被告在我与丈夫共同经营的金燕经销处购买管材欠款58 990.70元，经多次催要拒付，故起诉来院，要求判令被告给付欠款58 990.70元及利息、诉讼费用。被告答辩称：我公司原欠金燕经销处货款58 990.70元属实。2000年2月29日，金燕经销处购买我公司圆钢共计4 318.4公斤，合计人民币25 910元，两相抵销，我公司只欠金燕经销处货款33 080.70元。金燕经销处的法人代表是王男，原告不享有合法的诉权，请求法院依法驳回原告的起诉。

【审理判析】

区法院经审理查明：原告王女与案外人王男（金燕经销处负责人）原系夫妻关系，于2000年1月11日经本院以（2000）港民初字第40号民事调解书调解离婚，该调解书协议主文第四项规定，双方对外债权中，对公司的债权58 990.70元归原告所有。后原告依此告知了被告该笔债权的分割情况，在庭审中被告代理人亦承认此事实。2000年

〔1〕 最高人民法院中国应用法学研究所编：《人民法院案例选》总第39辑，人民法院出版社2002年版，第115页。

2月29日，王男以金燕经销处的名义从被告处购买价值20 400元的圆钢，未付款，但出具了欠据一张。原告因向被告催款未果，成讼。又查，王男于2000年4月10日向本院出具证明，称其欠被告20 400元货款与本案无关，系新发生的债务。

区法院经审理认为：被告欠金燕经销处的债务，系原告与王男的夫妻共同债权，原告离婚时，依法分割得到了该笔债权，因此，原告有权要求被告偿还该笔债务。现被告拒绝偿还，应承担逾期付款的赔偿责任。

【法理研究】

夫妻关系存续期间发生的对外债权，在夫妻双方没有约定的情况下，一般可认定为应属夫妻共同财产范围。在夫妻离婚时，如果这种对外债权还未实现，就应当作为夫妻共同财产在离婚双方之间进行分割。从这个意义上看，表现为夫妻共同财产的债权应属连带债权，夫或妻均可独立地主张债权，债务人向其中任一人为清偿的行为，即视为对连带债权的清偿。

连带债权因连带关系的解体，就有可能发生连带债权向单独债权的转化。所以，夫妻离婚时对属于夫妻共同财产的债权予以分割后归一方享有，不是债权转让的问题，而是连带债权向单独债权的转化问题。这种转化在性质上不是连带债权人之间的约定，而是依法必须重新定位，可能仍然维持原连带债权，也可能由法院判决或由当事人以调解协议形式转化为单独债权，其在本质上具有强制性。

本案中，原告对被告所享有的债权就是从夫妻共有财产中的债权转化而来的。在2000年的区法院判决书中，已经明确规定被告对原王男夫妇的债务归王女享有。自该判决书生效之日起，被告的债权人便是王女，被告应当履行作为债务人的义务，及时清偿债务并支付利息。

二、当事人均获得再婚的权利和自由

我国实行一夫一妻制，有配偶者不得再行结婚。离婚后，当事人双方的身份关系解除，双方都成为了没有配偶的自然人，自然获得了再次结婚的自由和权利。在行政离婚时，双方只有取得了离婚证之后，才能再行结婚。在诉讼离婚时，只有在离婚判决或离婚调解书生效之后，才能再行结婚。否则离婚判决下达或离婚调解达成一致，但没有生效，双方之间的婚姻关系仍然没有解除，不能再次结婚。

三、夫妻之间的扶养义务终止

我国《婚姻法》第20条明文规定，夫妻有互相扶养的义务。一方不履行扶养义务时，需要扶养的一方，有要求对方给付扶养费的权利。但是，夫妻离婚后，夫妻之间的身份关系消灭，夫妻之间的相互扶养义务也就归于消灭。任何一方即不能再要求对方履行夫妻之间的扶养义务。

四、夫妻之间的相互继承权消灭

我国《婚姻法》第24条明文规定，夫妻有相互继承遗产的权利。一方死亡后，另一方以第一顺序法定继承人的身份参加继承。但是，夫妻离婚后，相互之间的继承权消灭，双方当事人就不能再相互继承遗产。

第二节 离婚对当事人财产上的效力

一、夫妻共同财产的分割

夫妻离婚必然导致共同财产关系的终止，带来共同财产分割的问题。

《石男诉邓女人身损害赔偿案》〔1〕

【案情简介】

1993年10月11日，原告石男与被告邓女自愿登记结婚。在婚后共同生活期间，邓女因精神受到刺激而患精神病。1997年5月26日凌晨，邓女在家中持菜刀将熟睡的石男砍伤多处。1997年6月17日，石男向区法院起诉要求与邓女离婚，并要求石女支付精神损害赔偿费。

被告邓女答辩称：因我患偏执型精神分裂症，病发将原告砍伤，是在不能辨认自己行为后果的情况下所为的。同时，发生此事件时，我与原告系夫妻关系，原告受伤后治疗期间，所花费医疗费用均已从家庭共同财产中支付。因此，原告现要求我赔偿损失及精神损失是无事实依据的，请求依法驳回原告的诉讼请求。

【审理判析】

区法院审理认为：原告石男与被告邓女原系夫妻关系，在夫妻关系存续期间，被告因患偏执型精神分裂症病发，将熟睡之际的原告砍伤，是在不能辨认自己的行为后果的情况下所为的，且原告被砍伤送入市人民医院治疗，花费了医疗费人民币9000余元，已从夫妻共同财产中支付。因此，原告要求被告赔偿医疗费用及赔偿精神损失费的理由证据不足，缺乏事实依据与法律依据，本院不予支持。

【法理研究】

本案是一起加害方与受害方为夫妻关系的人身侵权赔偿纠纷，主要涉及以下两个

---

〔1〕 最高人民法院中国应用法学研究所编：《人民法院案例选》总第32辑，人民法院出版社2000年版，第122页。

问题：

(一)关于民事责任的问题

经精神疾病司法鉴定委员会鉴定，被告邓女患有偏执型精神分裂症，属无行为能力人，砍伤原告石男是在不能辨认自己行为后果的情况下所为，不具有刑事责任能力。该损害行为发生在夫妻关系存续期间，石男作为邓女的法定监护人，除了应当维护被监护人的人身、财产等合法权益，还要避免被监护人给他人人身、财产造成损害，而石男未能有效地履行监护职责，致使邓女因病行凶，对此监护人本身应负有责任。《民法通则》第133条第1款规定："无民事行为能力人、限制民事行为能力人造成他人损害的，由监护人承担民事责任。监护人尽了监护责任的，可以适当减轻他的民事责任。"所以，邓女砍伤石男的民事责任依法应由石男承担，石男即使尽了监护责任，也只能适当减轻而不是免除他的民事责任。

(二)关于赔偿的问题

我国《婚姻法》第17条、第19条规定，夫妻在婚姻关系存续期间所得的财产，归夫妻共同所有，双方另有约定的除外。这说明我国的夫妻财产制是以共同财产制为主、以约定财产制为辅。石男与邓女对夫妻财产并无另外约定，其财产制是夫妻共同财产制，双方除对夫妻共同财产享有平等占有、处理权外，没有个人财产，这就决定了邓女不存在夫妻损害赔偿的物质基础和前提条件。因此，不能进行赔偿。

我国《婚姻法》第39条规定："离婚时，夫妻的共同财产由双方协议处理；协议不成时，由人民法院根据财产的具体情况，照顾子女和女方权益的原则判决。夫或妻在家庭土地承包经营中享有的权益等，应当依法予以保护。"该条对夫妻共同财产的分割仅仅做了原则性的规定。但随后最高人民法院出台的《婚姻法解释》(一)、(二)以及1993年出台的《关于人民法院审理离婚案件处理财产分割问题的若干具体意见》对夫妻共同财产的分割作出了详细具体的规定。

(一)分割的原则和方法

1. 分割的原则。共同财产的分割应当不损害国家、集体和他人的权益。根据《婚姻法》第39条以及其他法律规定，具体原则有：

(1)男女平等原则。男女平等原则是我国《婚姻法》的一个基本原则，在分割夫妻共同财产方面同样具有指导意义。男女平等原则要求在分割夫妻共有财产时，男女双方对共有财产享有平等的分割请求权，在数额上享有平等的请求权，不能因男女的性别差异而人为地对另一方的权利进行限制，尤其是不能限制女方的财产分割请求权。

(2)照顾子女和女方利益的原则。总体来说，妇女和儿童在社会中处于弱势的地位。为了保证离婚后妇女和儿童不因离婚而导致生活水平的严重下降，保证儿童能够在一个较为良好的环境中成长，在分割夫妻共同财产方面，应当向妇女和儿童的利益倾斜。

(3)照顾无过错方原则。一方因过错而造成离婚,有过错一方应当对此承担一定的责任。这里的过错是指一方有通奸、姘居、家庭暴力、遗弃等行为。通常情况下,过错方的行为会给无过错方带来一定的心理和生理伤害,本着公平正义的考虑,夫妻双方因离婚而分割夫妻共同财产时,应当本着照顾无过错方的原则进行。

《陈女诉刘男与他人同居要求离婚并要求过错损害赔偿案》〔1〕

【案情简介】

原、被告于1990年4月登记结婚,婚后感情较好,生有一名男孩。

后因被告有外遇,并与其同居,原告以感情上受到伤害、夫妻感情破裂为由,向县法院起诉,要求与被告离婚并抚养子女,在财产分割问题上要求照顾无过错方,同时要求被告赔偿给其造成损害的赔偿金5000元。

被告刘男同意离婚。但要求抚养子女,由原告负担子女抚养费。刘男不承认与第三人有同居关系。故要求在财产分割问题上,以照顾子女利益为原则,公平分配。

【审理判析】

县法院经审理认为:原告提出离婚,被告同意离婚,应准予离婚。对子女抚养问题,因其子女愿随被告生活,故应尊重子女的意见,原告应根据实际情况负担一定数额的子女抚养费。对于家庭财产分割,应根据双方的具体情况,本着照顾女方和无过错方原则予以考虑。被告在庭审中称有债务5000元,因无证据佐证,本庭不予确认。

对于原告主张婚姻过错损害赔偿的请求,因有证据证实,且法律有明确规定,故对该项请求,应根据被告的实际情况酌情考虑。判决准予原告陈女、被告刘男离婚;婚生男孩由被告抚养,原告每月负担子女抚养费30元,至其18周岁为止;现有家庭财产砖木结构房屋3间(包括水、电、暖)归原告所有,其余家庭财产归被告所有;被告给付原告赔偿金2000元。

【法理研究】

本案是适用离婚过错赔偿制度的一个典型案例。被告因与他人同居,有重大过错而导致婚姻破裂,因此,原告起诉要求离婚并要求被告给予离婚过错损害赔偿,被告被依法判决赔偿无过错的原告损害赔偿金2000元。

关于离婚过错损害赔偿问题,我国1950年《婚姻法》和1980年《婚姻法》都没有规

〔1〕 最高人民法院中国应用法学研究所编:《人民法院案例选》总第38辑,人民法院出版社2002年版,第83页。

定，这是2001年4月28日修改后的新《婚姻法》的新规定。其第46条明文规定，有过错导致离婚的，无过错方有权请求损害赔偿。这一规定赋予了无过错方在离婚时对过错方的离婚过错损害赔偿请求权，是立法为无过错的离婚当事人所设立的一项救济措施。法院依此条第2项判决有过错的男方赔偿无过错的女方损害赔偿金2000元，无疑是正确的。

(4)有利于生产、生活的原则。分割共同财产时应当考虑是否有利于生产和生活。

首先，不得破坏财产的使用价值和经济价值。

其次，要尽量使分割后的财产一如既往的发挥生产效能。例如，对一方工作和职业有帮助的工具、图书，应当分割给有需要的一方；对有特殊价值的财产，分割时应当考虑其来源；对共同承包和经营的项目，应当分割给有经营经验和能力的一方。对生活必需品的分割，应当考虑到双方当事人和子女的需要。

2. 分割的方法。分割夫妻共同财产时，双方可以进行协商，如果协商不成也可以直接向法院提起诉讼，由法院判决。

法院在分割财产时，一般会运用实物分割、价金分割、作价补偿等原则。实物分割是指双方在不影响财产功效的前提下，对物品进行分配；变价分割是指将夫妻共有物变卖或者拍卖，然后就所得价金在双方当事人之间进行分配；作价补偿是指将共有物归一方所有，对另一方补偿一定的价金。

(二)财产的认定与分割

根据《婚姻法》、最高人民法院出台的《婚姻法解释》(一)、(二)以及1993年出台的《关于人民法院审理离婚案件处理财产分割问题的若干具体意见》，对夫妻共有财产可以作如下认定和分割：

1. 夫妻两地分别管理、使用的婚后所得财产，应认定为夫妻共同财产。在分割财产时，各自分别管理、使用的财产归各自所有。

《单某以离婚判决中对争议财产的认定为据诉李某等分割以家庭成员之一名义购买的股票案》[1]

【案情简介】

1999年，被告李某以离婚为由将原告单某诉至区法院。该法院经审理作出民事判决，准予被告李某与原告单某离婚；并在该判决书中认定，1993年10月以被告单甲名义开户购买的市值5万余元的股票是用家庭收入购买的，属家庭成员共同财产，在本

[1] 最高人民法院中国应用法学研究所编：《人民法院案例选》总第41辑，人民法院出版社2003年版，第94页。

案离婚诉讼中不能合并审理,可另行起诉请求分割。故该案未对该股票作出分割处理。

原告单某与被告李某离婚之前,与两个子女即被告单甲、单乙(均有固定工作和收入)在一起生活,经济收入和其他财产没有分开。

以被告单甲名义开立的股票账户截止1999年11月8日有股票价值约23 000元;以单乙名义开立的股票账户有股票价值约28 000元。

2000年6月29日,原告单某又到区法院起诉称:1999年我与被告李某离婚时,你院的民事判决将以单甲名义开户的用家庭收入的钱购买的股票51 673.41元认定为家庭共有财产,不能合并审理,另案处理。现要求除给被告单乙6 673.41元外,其余部分三人均分,我应分得价值15 000元的股票,并要求将这些股票变为现金分割给我。

被告单甲答辩称:法院判决书只是在经查部分说股票是家庭共有财产,对此并未征求我的意见,故不同意原告的诉讼请求。

被告李某、单乙答辩称:我们未对股票分割主张权利,原告要求分割被告单甲的股票证据不足,请求驳回原告的请求。

【审理判析】

区法院经审理认为:在原告单某与被告李某的婚姻关系存续期间,以被告单甲名义开户购买的股票应认定系家庭成员共有财产,因双方对资金投入情况均未能举证,原则上应由各当事人均等享有。因股票价值处于不确定状态,原告要求分得15 000元现金不妥,故不予支持。法院将股票在三方当事人之间进行了分割。

【法理研究】

本案争议的标的是股票。被告单甲作为家庭共同生活中的一员,以其名义开户购买的股票是否属家庭共有财产,即原告及另两被告是否对以单甲名义购买的股票享有共有权,这是本案处理的关键问题。

从本案事实看,原、被告在共同生活中,只是以共同的收入购买股票,当事人之间并没有约定谁占有多少股票,而且发生争议后也都不能举证证明各自对争议的股票享有多少股的权利。在这种情况下,只能认定本案争议的股票属原、被告共同共有。本案原、被告对争议的股票所形成的共同共有关系,正是基于夫妻特殊身份和共同劳动。按照共同共有关系,他们对争议的股票不分份额地享有平等的所有权。

鉴于股票作为一种财产权利的凭证,其价值是随着股票市场的变化而变化的。股票价值有时高于购买股票时的股票价值,有时也会低于购买股票时的股票价值。如果法院选择变价分割方法处理股票财产权利分割问题,难以做到公平合理,甚至有可能损害一方当事人的合法权益。所以,法院以实物分割方式来处理,更为妥当。

双方所分财产相差悬殊的，差额部分，由多得的一方以与差额相当的财产补偿给另一方。

2. 已经登记结婚，尚未共同生活的。一方或双方受赠的礼金、礼物应当认定为夫妻共同财产，具体处理时应当考虑到财产来源、数量等情况合理分割。各自出资购买、使用的财物，原则上归各自所有；对按照习俗给付的彩礼，如登记后但确没有共同生活或者婚前给付并导致给付人生活困难的，当事人离婚时请求返还的，法院应当予以支持。

《元某因其父在与被告结婚前病逝诉吴女返还其父交付用于结婚购房的购房款案》〔1〕

【案情简介】

原告之父于1999年间认识了被告吴女，相处一段时间后双方确立了恋爱关系，为结婚准备购买住房，最后商定买被告之子的住房。为此，原告父亲先后给被告购房款56 000元，双方决定于2001年在此房结婚。但在婚期的前一日，原告父亲因病住院。原告父亲住院期间，原告同其父的同事一起去被告处索款，被告于同月16日、21日分两次给原告款共计10 000元，原告收到后向被告出具了收条。同月23日，原告父亲病逝。4月27日，原告在同事的陪同下又去被告家索款，并经有关领导进行调解未果。原告遂向区法院起诉，请求判令被告返还下余款46 000元。

被告吴女答辩称：其根本没得到过原告父亲的任何钱财。请求驳回原告的诉讼请求。

【审理判析】

法院认为：原告之父与被告相识后确立了恋爱关系，双方协商为结婚而购买被告之子的住房，并准备在此房结婚。原告之父给被告购房款共计56 000元。原告之父住院期间，原告已取回10 000元，余款46 000元尚在被告处。现原告之父病逝，购房结婚的目的不能实现，被告继续占有此款没有合法根据，被告获得的利益虽属既成事实，也不能受法律保护。被告否认收到此款并拒绝返还，侵犯了原告的合法权益，使原告的利益受到损失，原告请求返还46 000元购房款的请求有理，于法有据，被告负有返还不当得利的义务。

---

〔1〕 最高人民法院中国应用法学研究所编：《人民法院案例选》总第40辑，人民法院出版社2002年版，第96页。

【法理研究】

本案深层次的法律问题是，原告之父生前为与被告结婚而交付于被告用于购买结婚住房的款项，是否因原告之父在未结婚之前死亡而应认定为是原告之父的遗产。

这个问题不解决，无论是遗产占有返还，还是不当得利返还，都是无法确立的。在解决这个问题时，关键的问题是如何确定原告父亲付给吴女的56 000元钱。根据整个案件的情况，原告父亲付给吴女钱款是为了买房屋以供日后生活所用。通常情况下，可以被理解为一种附条件的赠与，即为了达到结婚目的而进行的赠与行为。在原告父亲去世后，这个目的已经不能达到，原告之父向吴女支付的钱款，吴女不能再予以占有，应当将其返还。因此，法院的做法是正确的。

3. 个人专属财产。一方以个人财产投资取得的收益，男女双方实际取得或者应当取得的住房补贴、住房公积金，男女双方实际取得或者应当取得的养老保险金、破产安置补偿费为共同财产。

4. 知识产权。婚姻关系存续期间，实际取得或者已经明确取得的知识产权的财产性收益为共同财产。

离婚时一方尚未取得经济利益的知识产权，归一方所有。在分割夫妻共同财产时，可根据情况，对另一方予以适当照顾。

5. 军人的伤亡保险金、伤残补助金、医药生活费属于个人财产。法院在审理案件时，涉及分割发放到军人名义下的复员费、自主择业费等一次性费用的，以夫妻名义关系存续年限乘以年平均值，所得数额为夫妻共同财产。所谓年平均值是指发放到军人名义下的上述费用总额按照具体年限均分得出的数额。具体年限为人均寿命70岁与军人实际入伍年龄的差额。

6. 有价证券。夫妻双方分割共同财产中的股票、债券、投资基金份额等有价证券以及未上市股份有限公司股份时，协商不成或者按市价分配有困难的，法院可以按照数量按比例分配。

《胡男诉黄女离婚及分割股票、中签股票抽签表纠纷案》〔1〕

【案情简介】

原、被告于1991年经人介绍认识后恋爱，1992年4月20日双方登记结婚。婚后初期感情尚好，未生育子女。后由于双方个性差异，未能建立起真正的夫妻感情，双方于

〔1〕 最高人民法院中国应用法学研究所编：《人民法院案例选》总第12辑，人民法院出版社1995年版，第71页。

1993年5月分居至今。1993年7月8日,原告以夫妻感情早已破裂为理由,向市南山区法院起诉,要求与被告离婚并分割夫妻存续期间共同购置的包括中签的股票抽签表在内的一系列共同财产。

【审理判析】

市南山区法院经对原、被告双方做调解工作,原告坚持离婚,被告也表示同意,双方当事人在1993年8月16日自愿达成调解协议,就不动产、股票、现金等财产进行了分割。

【法理研究】

本案中,主要的争议问题是离婚后的财产分割问题。近几年来,股票、基金等新型的财产形态开始走入到人们的生活中,甚至有些人将主要的财产都投入到股市中。这种情况的出现,为离婚时夫妻双方财产的分割问题提出了挑战。

法院在分割此类财产时,主要有以下几个问题:第一,如果双方不同意平均分割股票的,怎样确定股票的价格;第二,股市的配股问题怎样在夫妻之间进行分割;第三,中签股票的分割问题。本案所争议的问题,就是第三个问题。

股票作为财产的一种,在夫妻双方缔结婚姻时,没有就财产的归属作出明确约定的情况下,应当作为夫妻共有财产的组成部分。在夫妻双方离婚时,一般情况下,应当双方平均分配。但在分配时,如果双方不同意分割股票,而是希望就股票价款进行分割的,应当将股票变卖或者折价归一方所有;股市配股的股票属于原有股票价值的增值,应当在双方之间分割。在中签情况下,比较特殊。中签仅仅意味着,中签人可以以一定的价格买入一定数额的股票,通常情况下,中签的股票在上市或者重新开市后,会有比较大的溢价。因此,中签股票属于一种有期待性质的财产。这种财产如果是在夫妻关系存续期间发生的,应当属于夫妻共有财产。在离婚时,双方当然可以进行分割。因此,法院对本离婚案件的处理,是比较成功的。

7.夫妻共有的股权之分割。夫妻共同财产中以一方名义在有限责任公司的出资额,另一方不是该公司股东的,按照《公司法》中的规定处理。

8.夫妻共同财产中以一方名义在合伙企业中的投资。如果另一方不是该企业合伙人,当夫妻双方一致协议,将其合伙企业中的财产份额全部或者部分转让给对方时,按照以下情形分别处理:其他合伙人一致同意时,该配偶依法取得合伙人地位;其他合伙人不同意转让,在同等条件下行使优先受让权的,可以就转让所得进行分割;其他合伙人不同意转让,也不行使优先受让权,但同意合伙人退伙或者退还部分财产份额的,可以对退还的财产进行分割;其他合伙人既不同意转让,也不行使优先受让权,又不同意该合伙人退伙或者部分退还财产份额的，视为全体合伙人同意转让，该配偶取得合伙人地位。

9. 夫妻以一方名义投资设立独资企业的。夫妻在该独资企业中的共同财产的分割，应当按照以下情形分别处理：一方主张经营该企业的，对企业资产进行评估后，由取得企业一方给予另一方相应的补偿；双方均主张经营该企业的，在双方竞价的基础上，由取得企业的一方给予另一方相应的补偿；双方均不愿意经营该企业的，按照《个人独资企业法》的相关规定处理。

（三）离婚时住房问题的处理

住房问题是处理离婚问题的焦点。根据《婚姻法》以及相关司法解释，离婚时处理住房时可以遵循以下几点：

1. 由一方在婚前承租、婚后用共同财产购买的房屋。房屋权属证书登记在一方名义下的，应当认定为夫妻共有财产。当事人结婚后，父母为双方购置房屋出资的，该出资应当认定为对夫妻双方的赠与，但父母明确表示赠与一方的除外。离婚时住房为共同财产的，按照一般共同财产分割。

2. 住房为一方所有财产。婚后双方对婚前所有的住房进行过修缮、装修、原拆原建，离婚时尚未变更产权的，房屋仍然归产权人所有，增值部分中属于另一方应得的份额，由房屋所有权人折价补偿另一方；进行过扩建的，扩建部分的房屋应当按照夫妻共同财产处理；婚姻关系存续期间的住房为一方所有的，离婚时住房一般仍归原所有人。当事人结婚前，父母为双方购置房屋出资的，该出资应当认定为对自己子女的个人赠与，但父母明确表示赠与双方的除外。

3. 住房为"承租"公房的问题。最高人民法院在《关于审理离婚案件中公房使用、承租若干问题的解答》中规定：婚前由一方承租的公房，婚姻关系存续5年以上的；婚前一方承租的本单位的房屋，离婚时，双方均为本单位职工的；一方婚前借款投资建房取得公房承租权，婚后夫妻共同偿还借款的；婚后一方或双方申请取得公房承租权的；婚前一方承租公房，婚后因该承租房屋拆迁而取得房屋承租权的；夫妻双方单位投资联建或联合购置的共有房屋的；一方将其承租的本单位的房屋，交回本单位或交给另一单位后，另一单位另给调换房屋的；婚前双方均为租用公房，婚后合并调换房屋的，其他应当认定夫妻双方均可承租的情形。这些情况，夫妻双方离婚后，双方都可以承租公房。

《孙女在离婚后诉邓男要求将在离婚前共同租住的直管公房由其居住纠纷案》[1]

【案情简介】

被告邓男现住的房屋是市兴海路房管所所有的直管公房,原由孙女父母承租居住。1989年孙女与邓男结婚后,孙女父母搬出该房,由孙女、邓男夫妇居住。1992年,孙女、邓男与兴海路房管所重新签订了房屋租赁合同,承租人变更为孙女,各项费用由孙女、邓男夫妇支付。1994年,孙女与邓男经区法院调解离婚,孩子由邓男抚养。但当时双方未对租住的公房提出诉讼,法院也未作处理。双方离婚后,原租住的公房由邓男带着孩子一直居住。现因邓男所在单位已给其分配1间平房,孙女所在单位无法给其解决住房,孙女要求邓男搬出现住房,归其居住。

【审理判析】

区法院经审理认为:原、被告婚姻关系存续期间,原告父母搬出后,将该房有偿转让给原告,由原告租用,故该房使用权应为原告孙女。原、被告离婚后,被告因带孩子暂无住房,要求暂住,应予以支持。依法判决房管所出租的房屋之使用权归孙女;邓男暂住该房1年。

【法理研究】

本案是一起因离婚而引起的公房承租房纠纷案,很具有代表性。在我国部分城市,公民会以自己的名义从政府房屋管理部门承租一间或多间公房,公民对这些公房只享有使用权而不享有所有权。在发生离婚纠纷时,如何将公房使用权在双方之间进行分配,对双方的利益影响很大,必须谨慎处理。通常认为,不能仅根据公房租赁合同中所载明的租赁方来确定离婚后公房的使用权。

对于夫妻在婚姻存续期间,夫妻双方申请的公房,应当认定夫妻双方对所承租的公房有共同使用权,因此在离婚后确定公房的使用权时,应考虑到夫妻双方的经济条件,照顾到妇女和儿童的利益,综合确定具体应当由哪一方享有公房承租权。对于一方婚前所取得的承租房,婚后双方继续使用的,一般应当认定离婚后,由取得公房租赁权的一方继续享有使用权。当然,考虑到具体情况,在妥善处理双方争议、保护妇女儿童权益的情况下,也可以做出变通的做法。本案中,法院考虑到了具体情况,做出的判决是比较符合实际情况的。

---

〔1〕 最高人民法院中国应用法学研究所编:《人民法院案例选》总第13辑,人民法院出版社1996年版,第68页。

至于该承租房如何分配，有关司法解释规定：应当按照照顾抚养子女，同等条件下照顾女方、照顾残疾人或者生活困难的一方，照顾无过错一方的原则处理。

4. 住房为“部分产权”或尚未取得财产权的情况的处理。对于夫妻双方共同出资而取得“部分产权”的房屋，分得房屋购买权的一方，一般可以按照所得房屋产权的比例，依照离婚时当地政府有关部门公布的同类住房的标准价，给予对方至少一半价值的补偿。

《赵女购得单位出售的公房后诉陈男腾退离婚时由单位协调居住使用的房屋案》[1]

【案情简介】

赵女和陈男原来同属畜产品进出口公司职工。1988年年底，赵女和陈男结婚后共同居住使用由该单位分配的房屋。1993年省畜产品进出口公司分立为畜产品进出口公司和地毯进出口公司两个单位，赵女被分到畜产品进出口公司工作，陈男被分到地毯进出口公司工作，共同居住的房屋的产权则分归畜产品进出口公司所有。1994年，赵女、陈男夫妻双方因感情破裂，经区法院调解离婚，但对双方居住的公房未作处理。后经产权人畜产品进出口公司协调，房屋大间由赵女居住，小间由陈男居住。1996年，赵女参加本单位房改，以标准价优先购买此房屋。陈男也参加其本单位房改，单位给他分了一套房。据此，赵女要求陈男搬出房屋的小间，但陈男拒绝腾房。

【审理判析】

区法院经审理认为：双方涉讼房屋，是原告单位畜产品进出口公司的合法财产。赵女在1996年单位房改时，用标准价购得此房，取得该房的居住使用权。原告要求被告腾房，其理由正当，应予支持。被告在自己单位也购得住房，拒不腾出原告的房屋，显属无理，是一种侵占行为，不受法律保护。

【法理研究】

住房制度改革是我国的重大改革之一。正确、妥善处理好住房制度改革中出现的各种纠纷，以保障我国住房制度改革的顺利进行，是法院的一项重要工作。正确处理房屋腾退案件，必须查清房屋产权的归属。谁拥有产权，谁就有居住该房的权利，本案双方当事人结婚后居住在单位分配的公房内，只有居住权，没有所有权。双方离婚后，

---

〔1〕 最高人民法院中国应用法学研究所编：《人民法院案例选》总第31辑，人民法院出版社2000年版，第81页。

经产权人协调，双方各住一间，这是产权人行使房屋所有权的一种合法行为，有利于离婚后双方生活的稳定，是一种有益的尝试。同样，此时双方仍未取得该房屋的所有权。畜产品进出口公司既然是讼争涉及房屋的产权人，当然可以依法处分其财产。因此，畜产品进出口公司在进行住房改革时，将房屋以标准价出售给本单位职工赵女，是合法的。依此事实和房改政策，赵女已依法取得该房屋的部分所有权，即有限产权。陈男即无权居住在此房。所以，赵女让陈男腾房理由正当。法院应当给予支持。

离婚时双方对尚未取得所有权或者尚未取得完全所有权的房屋有争议且协商不成的，法院不宜判决房屋所有权的归属，应当根据实际情况判决由当事人使用。当事人取得该房屋完全所有权后，有争议的，可以另行向法院提起诉讼。

（四）侵犯共同财产的责任

《婚姻法》第47条规定："离婚时，一方隐藏、转移、变卖、损毁夫妻共同财产，或伪造债务企图侵占另一方财产的，分割夫妻共同财产时，对隐藏、转移、变卖、损毁夫妻共同财产或伪造债务的一方，可以少分或不分。离婚后，另一方发现有上述行为的，可以向人民法院提起诉讼，请求再次分割夫妻共同财产。人民法院对前款规定的妨害民事诉讼的行为，依照民事诉讼法的规定予以制裁。"本条对侵犯共同财产应承担的责任作出了详细的规定。具体而言，对于隐藏、转移、变卖、损毁夫妻共同财产的应当承担以下责任：

1. 少分或者不分共同财产。少分是指打破一般意义上的夫妻平均分配财产的原则。对夫妻共同财产实施不良行为的一方当事人不能分得夫妻财产，或者获得较其应得份额要少的份额。

《王女诉邱男在离婚时隐瞒对外债权再次起诉请求分割夫妻共同财产案》[1]

【案情简介】

原告王女与被告邱男于1989年登记结婚，1990年6月生育一女孩邱某。1997年，购买东风自卸车一辆，购车发票上记名被告之父邱甲，由被告之父邱甲找到县公路局领导，以邱甲名义与公路局签订了借户协议，该车借（入）户该局，但由被告邱男使用该车在公路局的工程施工中从事运输。2000年9月12日，原、被告协议离婚，双方达成如下协议：邱某由原告抚养，被告支付抚养费5万元，2000年12月31日支付2万元，2001年12月31日支付3万元，包括邱某自上初中至能自理生活的费用。

2001年，邱某起诉被告追索抚育费，原告才发现被告离婚时隐藏债权数额巨大，要

〔1〕 最高人民法院中国应用法学研究所编：《人民法院案例选》总第45辑，人民法院出版社2003年版，第90页。

求分得债权8万元。被告邱男答辩称并不存在隐藏共同财产的事实。要求驳回原告的诉讼请求。

【审理判析】

县法院经审理后认为：夫妻关系存续期间的经营收益，没有约定或约定不明确的，属夫妻共同财产。夫妻在家庭中的地位平等，对共同财产，有平等的处理权，禁止一方对另一方的侵占。《婚姻法》第47条第1款规定："离婚时，一方隐藏、转移、变卖、毁损夫妻共同财产，或伪造债务企图侵占另一方财产的，分割夫妻共同财产时，对隐藏、转移、变卖、毁损夫妻共同财产或伪造债务的一方，可以少分或不分。离婚后，另一方发现有上述行为的，可以向人民法院提起诉讼，请求再次分割夫妻共同财产。"本案被告对共同财产进行了隐藏，可以少分，原告要求分得8万元的请求过高，酌定分得6万元为宜。

【法理研究】

从本案原、被告在离婚时达成的协议内容来看，原告未分得任何财产，协议中涉及的夫妻共同财产全部分给了被告，从表面上和实质上都可以认为原告放弃了对协议载明的夫妻共同财产的要求。对此，原告也未表示反悔并要求撤销。所以，离婚协议中所表明的夫妻共同财产的处理，应是原告的真实意思表示。但是，不论原告在离婚时对夫妻共同财产的处理持何种态度，一旦在离婚生效后发现对方在离婚时有《婚姻法》第47条规定的行为之一的，就可以再次起诉要求分割该部分夫妻共同财产。只要经审理确认被告有该条规定的行为之一，就应当支持原告的诉讼请求，就该部分财产对被告不分或少分，甚至于判令被告赔偿原告应分得部分的财产损失。因此，县法院的处理是正确的。

2. 追偿。所谓追偿是指离婚后请求再次分割财产。如果离婚后，才发现对方有隐藏、转移、变卖夫妻共同财产的，或一方伪造债务的行为，可以向人民法院提起诉讼，请求再次分割夫妻共同财产。请求再次分割夫妻共同财产的诉讼时效为2年，从当事人发现之次日起计算。

此处的"离婚"包括行政离婚和诉讼离婚两种方式。"请求再次分割夫妻共同财产"应当区分不同情况处理：共同财产被"隐藏"和"转移"的，可以直接请求分割共同财产；共同财产被"变卖"的，如果买卖有效，只能就所得价金请求分割，如果买卖无效，则可以直接请求分割；共同财产被"损毁"的，仅能够要求损害赔偿损失；"伪造债务"的，可以请求非法占有人返还财产，在返还不能的情况下，可以请求赔偿损失。

《吴男诉傅女离婚后隐瞒转移夫妻共同财产案》[1]

【案情简介】

原、被告在婚姻关系存续期间，以陈某的名义购买了1辆五羊本田二轮摩托车并报车牌，车牌号码为：C－FF777，由被告使用。后原、被告因性格不合，被告傅女第一次向区法院起诉要求离婚，在离婚诉讼中，被告傅女称夫妻共同财产有：29寸彩色电视机1台、联邦椅、餐具桌各1套；原告吴男称夫妻共同财产有29寸彩色电视机1台、联邦椅、餐具桌各1套、五羊本田二轮摩托车（由被告使用，但未能提供充分的证据），被告傅女对五羊本田二轮摩托车始终未认可。

区法院第二次审理该离婚案时，被告傅女同意放弃对夫妻共同财产的分割。离婚后，被告傅女于2002年5月16日与陈某办理摩托车的过户手续；尔后，原告吴男发现被告傅女隐瞒转移了夫妻共同财产五羊本田二轮摩托车（车牌号C－FF777）1辆，于2002年7月向法院提起诉讼，要求被告傅女将隐瞒转移的摩托车归还原告所有。在诉讼中，本院委托市价格鉴证中心对该摩托车进行价格鉴定，结论：五羊本田二轮摩托车（车牌号C－FF777）价格为人民币9525元。

【审理判析】

法院认为，夫妻共同财产，在婚姻关系存续期间，双方有平等的使用权、处分权。原、被告对于夫妻关系存续期间共有的1辆五羊本田二轮摩托车（车牌号码C－FF777）有平等的处分权。离婚时，被告傅女对讼争的摩托车进行隐瞒后转移，违背诚实信用及平等处分的原则是错误的。根据我国《婚姻法》的规定，离婚后，一方当事人发现另一方当事人有隐瞒转移夫妻共同财产行为的，可以请求再次分割夫妻共同财产。因被告并未放弃对该讼争摩托车的分割，原告以被告自愿放弃夫妻共同财产分割为由，请求被告将五羊本田二轮摩托车（C－FF777）1辆归还原告所有，违背了平等处分原则，法院不予支持，该辆摩托车应合理分割；因被告在离婚时对讼争的财产隐瞒转移，应予少分；被告应分给原告该讼争摩托车价款的65%。

【法理研究】

本案的争议比较简单，主要的争议点在于：离婚时，一方隐匿、转移共同财产的处理问题。双方在离婚时，应当就夫妻共同财产进行清理，在确定总额之后，按照法律的规定进行分割。任何一方不得私自转移、隐匿在夫妻关系存续期间所获得的收入。依

[1] 最高人民法院中国应用法学研究所编：《人民法院案例选》总第48辑，人民法院出版社2004年版，第18页。

据《婚姻法》第47条之规定：离婚时，一方隐藏、转移、变卖、损毁夫妻共同财产，或伪造债务企图侵占另一方财产的，分割夫妻共同财产时，对隐藏、转移、变卖、损毁夫妻共同财产或伪造债务的一方，可以少分或不分。离婚后，另一方发现有上述行为的，可以向人民法院提起诉讼，请求再次分割夫妻共同财产。

既然本案中离婚时，被告傅女对讼争的摩托车进行隐瞒并转移，违背了法律，自应当承担责任。法院最后判决被告只享有35%的份额，比较符合法律的规定。

二、债务的清偿

《婚姻法》第41条规定："离婚时，原为夫妻共同生活所负的债务，应当共同清偿。共同财产不足清偿的，或财产归各自所有的，由双方协议清偿；协议不成时，由人民法院判决。"该条对夫妻债务的清偿提供了法律依据。

(一)共同债务的清偿

共同债务是指在婚姻存续期间为维持夫妻共同生活、经营活动，或者为了履行抚养义务、赡养义务、夫妻扶助义务等义务而所负债务。为了保护债权人利益，原则上，婚姻关系存续期间夫妻一方以个人名义所负债务应当是夫妻共同债务。除非夫妻一方能够证明与债权人明确约定为个人债务，或者能够证明债权人明知夫妻之间有关债务的约定。

《徐某诉沈某、付某返还判决由离婚一方负担的在婚姻关系存续期间的借款债务纠纷案》〔1〕

【案情简介】

沈某与付某原系夫妻。在婚姻关系存续期间，沈某为学开汽车，由付某出面，向徐某借款3500元。沈某和付某由法院判决离婚时，3500元债务由沈某负责偿还。此后，徐某多次向沈、付二人催要欠款，该二人互相推诿。付某称，我与沈某离婚时，债务3500元法院已判决由沈某负责偿还，对此欠款，我无偿还义务。沈某称，此钱是我学开车用的，但不是我直接借的，这笔钱只能由付某直接向我要。原告徐某向审理沈、付离婚案的同一法院区法院起诉，要求沈某立即偿还欠款，并偿付利息。该法院受理了此案，并追加付某为共同被告。

---

〔1〕 最高人民法院中国应用法学研究所编：《人民法院案例选》总第7辑，人民法院出版社1994年版，第91页。

【审理判析】

法院认为，二被告在婚姻关系存续期间所欠外债为共同债务，双方均有义务负责偿还。虽然离婚时法院判决该项债务由沈某负责偿还，但付某仍负有连带责任。故判决：被告沈某偿还原告徐某欠款3500元（本判决生效后30天内付清）；被告付某负连带责任。判决后，双方当事人均未上诉。

【法理研究】

我们认为，原审法院在本案中追加付某为共同被告，并判令付某对3500元债务负连带偿还责任，并不恰当。对本案被告主体的确认和判决，应以法院对沈某和付某离婚判决为依据。该判决结果，在准许沈某与付某离婚的同时，判决3500元债务由沈某负责偿还。因此，应由沈某一人承担偿还夫妻关系存续期间该笔共同债务的法定责任。付某与沈某解除婚姻关系的同时，对原共同债务已被依法免除还债义务，连带责任已不存在。本案判决由付某负连带偿还责任，等于对前沈某与付某离婚案判决中关于债务偿还责任决定的变更，此种变更方法不妥，不符合法定程序。

如果审理该案的法院认为原离婚判决中关于债务负担的判决有误，应依照审判监督程序提起再审，通过再审程序重新解决债务负担问题。

对于共同债务，夫妻之间应当承担连带责任。夫妻共同所负债务不因离婚、一方死亡免除，也不因当事人约定以及法院就份额的判决而改变。换言之，当事人的约定以及法院的判决仅在当事人双方之间具有约束力，对债权人没有效力，债权人可以向任何一方主张全部债权。任何一方在全部履行债务后，可以按照约定或法院判决所确定的份额向另一方行使追偿权。

（二）个人债务

与夫妻共同债务相对应的是个人债务，即非为共同生活所负的债务。个人债务应当由个人财产清偿。这里所谓个人债务包括婚前所负与夫妻共同生活无关的债务，婚姻关系存续期间夫妻一方以个人名义所负担的且能够证明与债权人明确约定为个人债务的债务，或者能够证明债权人明知夫妻之间有关于债务约定的债务。

最高人民法院关于《离婚案件财产分割问题的若干具体意见》中，将下列债务认定为夫妻的个人债务：

（1）夫妻双方约定由个人负担的债务，但是以逃避债务为目的的除外；

（2）一方未经对方同意，擅自资助与其没有抚养义务的亲朋所负的债务；

（3）一方未经对方同意，独自筹资从事经营活动，其收入确未用于共同生活所负债务；

（4）其他个人债务。

《蒋男以落款时间在先用纸印制在后的借条诉刘男偿还婚姻关系存续期间发生的债务被告虽自认但证据不能排除合理怀疑被驳回案》[1]

【案情简介】

2000年4月7日,原告蒋男向区法院提起诉讼称:1997年12月20日,被告刘男以建房需要一些钱为理由,向我借款20万元。借款1年多后,我找刘男要求还款未果。请求判令刘男归还20万元本金和利息。原告并向法院提交了一份落款日期为1997年12月20日,在黑色单联"鑫龙酒家点菜单"上所写的借条。借条内容为:"今借到蒋男人民币20万元整。借款人:刘男。"

被告刘男答辩称:此事属实。当时借钱是为了在金霞开发区建房和搞装修。借款时第三人不知晓。

第三人聂女经法院通知参加诉讼述称:原、被告之间的借款往来关系,其至诉讼时才知晓,被告从未向我提及此笔巨额债务。在此案受理之前,我诉被告的离婚诉讼中,被告在法庭的多次调查、询问及开庭审理中,均未提及此笔巨额债务。我与被告共同经营饭店达12年之久,营业收入逾百万元,1997年有账可查的纯利就有30余万元,根本无须借款建房。借条所用的纸张是鑫龙酒家黑色单联的点菜单,该菜单是在2000年2月才印制启用,而原告据以起诉的借条落款日期是1997年12月20日。原、被告向法庭陈述借钱当日的天气时,都回答的是"晴天,天气很好";而省气象台出具的1997年12月20日的天气实况为:阴天有时有小雨,雨量0.3mm。原、被告的说法存在自相矛盾的疑点,这都说明被告是虚构债务,试图在离婚诉讼中多占多分夫妻共同财产。请求法院对原、被告之间的债权债务不予认定。

【审理判析】

区法院经审理认为:原告蒋男与被告刘男之间的债权债务关系不能成立。原告提供的证据是被告所出具的借条,该借条的载体"鑫龙酒家点菜单"的印制、启用时间与借条所注明的时间存在矛盾,且原告在法庭调查中对借条出具的时间、过程的陈述自相冲突,原告用被告在1999年10月以后印制和启用的点菜单上写的借条证明1997年所发生的借款关系一事,对其矛盾未能作出合理解释。原告除该借条外没有其他证据证明该债务的真实发生。该借条作为原告据以起诉的主要证据存在严重瑕疵,其作为原告支持自己诉讼请求的主要证据缺乏真实性。为此驳回原告蒋男的诉讼请求。

---

〔1〕 最高人民法院中国应用法学研究所编:《人民法院案例选》总第41辑,人民法院出版社2003年版,第104页。

【法理研究】

本案是一起特殊的债务纠纷。这起债务纠纷发生在被告与第三人的离婚诉讼中，如果本案作出有利于原告的判决，便意味着，第三人有可能不能分得现有的30余万元的家庭存款。根据我国《婚姻法》的规定，在婚姻存续期间，双方为了家庭生活而负担的债务应当从夫妻共有财产中支出。换言之，如果本案第三人与被告在婚姻存续期间，为了家庭生活的需要，向原告举债。那么他们必须在夫妻共同财产中支付这笔债务。

但是，对于婚姻存续期间，夫妻一方个人所负担的债务，则不能从夫妻共同财产中支付。最高人民法院关于《离婚案件财产分割问题的若干具体意见》中，列出了认定为夫妻的个人债务的具体标准。只要符合其规定的债务，便不能在夫妻财产中支付。

因此本案的争议即在于，原告与被告均承认债务的存在，并试图在夫妻共同财产中支付此笔债务。但在处理这个问题时，却需要解决两个前提性条件：①债务是否存在；②债务是否属于夫妻共同债务以及能否在夫妻共同财产中支付。

本案审理中，经过质证和法庭调查，最终证明原告与被告不过是想讹诈第三人与被告的夫妻共同财产而已。因而法院所作出的判决无疑是正确的。

第三节　离婚对子女的效力

一、离婚后的父母子女关系

《婚姻法》第36条第2款规定："离婚后，父母对于子女仍有抚养和教育的权利和义务。"父母离婚后，子女无论随哪一方生活，仍然是双方的子女，法律关于父母子女之间的权利义务关系仍然适用。

《梁女诉邱甲、邱乙、邱丙赡养纠纷案》〔1〕

【案情简介】

原告梁女是三被告之继母。1963年3月原告与三被告之父邱某结婚时，邱甲16岁，邱乙11岁，邱丙9岁。邱甲、邱乙分别于1969年、1972年出嫁，邱丙于1974年招婿王某，同其父和继母共同生活。1988年，邱某病故，由原、被告共同埋葬。1989年4月，梁女和赵某再婚。同月18日，赵某、王某请村民王男作中人，写了一份《梁女、王某财

〔1〕 最高人民法院中国应用法学研究所编：《人民法院案例选》总第2辑，人民法院出版社1992年版，第51页。

产分配协议书》。协议书载明：于1989年年底，由王某付给梁女300元，此后家中财产与梁女无关；梁女婚后到赵家，生养死葬一切由赵某经管，与王某无关，王某不得异言。

梁女与赵某婚后，因不和睦，于1990年5月，经法院调解离婚。离婚后，梁女因无生活来源，向县法院起诉，请求被告邱丙等承担赡养义务，每年付给口粮500斤、生活费120元。

【审理判析】

县法院经审理认为：原告、被告继母女关系成立。1989年原告再婚时，虽与邱丙之夫达成生养死葬不再由邱丙承担的协议，但并未经法定程序解除继母女关系，此协议不具有法律效力。被告邱甲以其出嫁多年为理由，不愿承担赡养义务，理由不足。据此判决被告承担赡养梁女的义务。

宣判后，原告、被告均未提起上诉。后经回访，邱丙已将梁女接回家中生活，其他两女亦与梁女和睦往来。

【法理研究】

梁女和邱某再婚后，抚养和教育了邱甲等三姐妹长大成人，梁女与邱甲三姐妹之间形成了有抚养关系的继母女关系。这种关系，不能因梁女再婚而解除，即她们之间已形成的有抚养关系的继母女关系不能自然终止。梁女与赵某再婚又离婚后，因年迈且生活困难，要求邱甲三姐妹赡养，根据《婚姻法》第21条规定“子女对父母有赡养扶助的义务”的规定，梁女的要求是合法的。县法院按照法律规定，判决三个继女分别负担其继母的生活费用，是正确的。

《婚姻法》第36条的规定，不仅适用于生父母离婚后的父母子女关系，对于养父母离婚后的养父母子女关系也仍然适用。但继父母与继子女之间的关系比较特殊，需要以继子女是否建立起抚养教育关系以及是否成年为标准，区别情况分别对待。

对于继父母与继子女之间没有建立抚养教育关系的，继父母与继子女之间的关系随着婚姻关系的解除而消灭；对于继父母与继子女之间已经建立起抚养教育关系的，如果生母与继父、生父与继母离婚，子女尚未成年的，继父、继母停止抚养的，他们之间的父母子女关系自然消灭。如果继父、继母愿意继续抚养继子女的，在得到生父、生母同意的，拟制的父母子女关系仍然存在。已经建立起抚养关系的，子女已经成年的，继父母与继子女之间的拟制父母关系不消灭，继子女对继父母有赡养扶助的义务。

二、离婚后对子女的抚养

(一)离婚后对子女的抚养

离婚后，子女只能跟随父母一方生活，抚养关系必然发生变化。对于子女的抚养，离婚双方应当协商确定,对于不能协商确定的,人民法院可以判决解决。最高人民法院《关于人民法院审理离婚案件处理子女抚养问题的若干具体意见》,对父母无法对子女抚养问题达成协议的情形提出了具体的处理意见。

1.2周岁以下的子女。一般随母亲生活,离婚双方另有约定的除外。子女2周岁以下,有下列情形的,也可以随父亲生活:

(1)母亲患有久治不愈的传染性疾病或者其他严重疾病,子女不宜与其共同生活的;

(2)有抚养条件不尽抚养义务,而父亲要求子女随其生活的;

(3)因其他原因,子女确无法随母亲生活的。

2.2周岁以上的未成年子女。应当本着维护子女最大利益的原则,综合考虑父母双方的生活条件、身体条件和健康状况、文化素质、道德水平、与子女的感情等因素确定抚养方。有下列情形的,可以优先考虑:

(1)一方已经做绝育手术或因其他原因丧失生育能力的;子女随其生活较长,改变生活环境对子女健康成长明显不利的。

(2)无其他子女,而另一方有其他子女的。

(3)子女随其生活,对子女的成长有利,而另一方患有久治不愈的传染性疾病或其他严重疾病,或者有其他不利于子女身心健康的情形,不宜与子女共同生活的。

(4)父与母抚养子女的条件基本相同,双方均要求子女与其共同生活,但子女单独随祖父母或外祖母共同生活多年,且祖父母或外祖父母要求并且有能力帮助子女照顾孙子女或外孙子女的,可作为子女随父或母的优先条件予以考虑。

3.父母双方对10周岁以上的子女抚养问题发生争议的。应当考虑子女的意见。

4.夫或妻一方收养子女,对方没表示反对的。应与该子女形成事实收养关系的,离婚后,应由双方共同负担子女的抚养费;夫或妻一方收养子女,对方始终反对的,离婚后,应由收养方直接抚养该子女。

(二)离婚后子女抚养关系的变更

离婚后确认的直接抚养人并不是不能变更的。确定抚养人后,一定事由的发生可以导致抚养关系的变更。最高人民法院《关于人民法院审理离婚案件处理子女抚养问题的若干具体意见》规定,一方要求变更子女抚养关系有下列情形之一的,人民法院应当支持:

(1)与子女共同生活的一方因患严重疾病或因伤残无力继续抚养子女的;

(2)与子女共同生活的一方不尽抚养义务或有虐待子女行为,或与其他子女共同生活对子女身心健康确有不利影响的;

(3)10周岁以上的未成年子女,愿随另一方生活,该方又有抚养能力的;

(4)有其他正当理由需要变更的。

《张女、范男离婚后张女以无法胜任对孩子的教育职责为由诉范男变更子女监护权案》〔1〕

【案情简介】

原告张女与被告范男因感情破裂，于1997年5月经法院调解离婚，婚生子范某由原告张女抚养，因被告当时经济困难，不负担孩子的抚养费。2003年2月，原告以其自身多病、无抚养孩子的能力为由诉至区法院，要求法院将其子范某判归被告范男抚养。被告辩称自己是渔业公司的船员，从事远洋捕捞工作，出海时间不确定，经常一出海就是一两年甚至3年，职业不适合抚养孩子。而且现在公司暂停产放长假，每月只有生活费225元，无力抚养其子。

本案在调解过程中，法官从原告的陈述中了解到：原告要求变更抚养关系在很大程度上是因为其子范某厌学、偷东西等行为屡教不改，作为母亲感到难以教育这样一个不听话的孩子等原因所致。法院在征求范某的意见时，他表示父亲经常出海不在家，他愿意跟母亲一起生活。

【审理判析】

法院经审理认为，原、被告作为父母均有抚养子女的义务，原告要求变更抚养关系的根本原因是其难以胜任对子女的教育责任。法院确定子女的直接监护人应本着有利于子女生活及健康成长的原则。从原、被告的具体情况看，被告的职业决定了其工作时间的不确定性，对生活、学习需要教育引导的未成年子女是不适宜的。同时考虑到范某本人的意见，其一直跟随母亲生活，与母亲有着较深的感情，随原告共同生活更有利于他的身心健康和成长。综合考虑本案的实际情况，范某由原告直接抚养为宜，原告的诉讼请求不予支持。

【法理研究】

近些年来，因为离婚而带来的社会问题日渐为人们所关注，在单亲家庭中成长的子女尤其让社会关注。由于父母离婚，单亲家庭中成长的少年儿童在成长阶段容易产生一些心理阴影，有的甚至走上了犯罪道路，着实让人们遗憾。本案就是一个典型的因父母离婚而造成的扶养关系纠纷案件。

根据我国《婚姻法》的规定，夫妻双方离婚时，应当根据有利于未成年子女成长的原则，确定其监护人。10周岁以上的未成年人，在确定其监护人时，应当征得其意见。

〔1〕 最高人民法院中国应用法学研究所编：《人民法院案例选》总第48辑，人民法院出版社2004年版，第31页。

但是需要注意的是，离婚后，未成年人的监护人并不是一成不变的，在一定情况下，可以发生监护人的变更。最高人民法院《关于人民法院审理离婚案件处理子女抚养问题的若干具体意见》对此作了明文规定："一方要求变更子女抚养关系有下列情形之一的，人民法院应当支持：与子女共同生活的一方因患严重疾病或因伤残无力继续抚养子女的；与子女共同生活的一方不尽抚养义务或有虐待子女行为，或与其他子女共同生活对子女身心健康确有不利影响的；10周岁以上的未成年子女，愿随另一方生活，该方又有抚养能力的；有其他正当理由需要变更的。"

本案中，经过法院查明，原告之所以要变更对其子女的抚养关系，是因为其子女偷东西、异常顽劣。应当说，原告的这种行为是不负责任的。首先，从能够给未成年人提供较好的生活环境看，被告经常出海，不能够对子女提供全天候的周详照顾，而原告则不存在这个状况；其次，本案中的未成年子女与原告更有感情，也愿意同母亲一起生活。在这种情况下，如果仅仅因为未成年人的顽劣行为，就作出变更抚养人的决定，对未成年人的成长极为不利，将会加大未成年人的心灵创伤，不利于其将来的生活和发展。

因此，法院作出的判决是符合《婚姻法》规定的。

(三)离婚后，子女抚养费的负担与变更

1. 离婚后子女抚养费的数额。离婚后，一方抚养的子女，另一方应当负担必要的生活费、教育费、医疗费等费用的一部或全部，负担费用的多少和期限的长短由双方协议；协议不成时，由法院判决。

根据最高人民法院《关于人民法院审理离婚案件处理子女抚养问题的若干具体意见》：

(1)有固定收入的。抚养费一般可按照其月总收入的20%～30%的比例支付。负担两个以上子女抚养费的，比例可以适当提高，但是一般不能超过月总收入的50%。

(2)无固定收入的。抚养费的数额可以根据当年总收入或同行业平均收入，参照上诉比例确定；有特殊情况的，可适当提高或者降低上述比例。

2. 抚养费的给付期限与方式。

(1)抚养费一般给付至子女18周岁时止。16周岁以上18周岁以下的子女，以其劳动收入为主要生活来源，并能够维持当地一般生活水平的，父母可以停止给付抚养费。

已经满18周岁尚未独立生活的子女有下列情形的，父母又有给付能力的，应当负担必要的抚养费：属于尚在学校接受高中以学历教育的；因丧失劳动能力或未完全丧失劳动能力等非主观原因而无法维持正常生活的成年子女。

(2)抚养费原则上应当定期给付。有条件的也可以一次性给付。给付方从事农业或者其他生产经营活动没有固定收入的，可以按季节或者年度支付现金或实物；给付方无经济收入或者下落不明的,可用其财物折抵子女抚养费。

3. 子女抚养费的变更。离婚后,双方最初通过协议确定的抚养费数额以及由法院判决确定的抚养费数额并不是一成不变的。在特定事由发生时,可以变更抚养费的数额。

《婚姻法》第 37 条第 2 款规定:"关于子女生活费和教育费的协议或判决,不妨碍子女在必要时向父母任何一方提出超过协议或判决原定数额的合理要求。"

(1)子女要求增加抚养费的。有下列情形之一,父或母有能力支付的,应当予以支持:①原定抚养费数额不足以支付当地实际生活水平的;②因子女患病、上学,实际需要已经超过原定数额的;③有其他正当理由应当增加的。

(2)父或母要求减免抚养费的。负有支付抚养费义务的父或母,在发生一定事由下,同样可以要求减免抚养费的数额。具体情况有:

首先,负有支付义务的一方因丧失劳动能力,失去经济来源,确实无力按照原来的协议或者判决确定的抚养费数额给付。

其次,有给付义务的一方因犯罪被收监改造,无力支付抚养费;直接抚养方再婚,其配偶愿意负担继子女抚养费的一部或全部。

(3)抚养费的给付不能与变更姓氏挂钩。这里需要指出的是,负有给付抚养费的一方不能因子女变更姓氏而拒绝支付抚养费。同时,父或母不能因承担了给付抚养费的义务就擅自将子女的姓氏改成继父或继母的姓氏。

三、离婚后对子女的探望权

(一)婚姻法上探望权的规定

此处的探望权专指离婚后父母对子女的探视、看望的权利。夫妻双方离婚后,双方之间因婚姻而产生的身份关系解除。但是,父母与子女之间的亲子关系仍然存在,在法律上,父母仍然是未成年子女的法定监护人。对此,最高人民法院《关于贯彻执行〈中华人民共和国民法通则〉若干问题的意见(试行)》第 21 条明确规定:"夫妻离婚后,与子女共同生活的一方无权取消对方对该子女的监护权;但是,未与该子女共同生活的一方,对该子女有犯罪行为、虐待行为或者对该子女明显不利的,人民法院认为可以取消的除外。"

父母既然是未成年人子女的法定监护人,当然可以探视、看望由另一方抚养的未成年人子女,对此,另一方不得推诿、干涉,更不能故意制造各种事由阻碍探望权的实现。对此,《婚姻法》第 38 条第 1 款明确规定:"离婚后,不直接抚养子女的父或母,有探望子女的权利,另一方有协助的义务。"

(二)探望权的行使

关于如何行使探望权,我国法律上没有作明确的规定。一般情况下,双方对未成年子女探望权的行使,应当通过协议确定。对于不能通过协议处理的,法院可以通过判决或调解的方式确定。

但在行使探望权时，应当考虑到未成年人子女学习和生活的需要，考虑到未成年子女身心健康的发展。同时，在确定探望权时，也应当考虑到亲子之间的感情。对于直接抚养未成年人子女的一方阻碍另一方行使探望权的，另一方可以请求法院强制执行。

《叶男与陈女离婚后因孩子探望权纠纷诉陈女案》[1]

【案情简介】

原告叶男与被告陈女于2001年1月协议离婚。婚生子陈某随被告生活。原、被告在离婚时约定，原告享有探视权，每月探视小孩不少于4次。离婚后，原、被告双方在探视小孩的方式、时间上意见不一致，经常为此发生纠纷。

为此原告叶男向县法院起诉称：离婚后，被告以种种理由阻挠、推诿原告行使探视权，使原告的权利受到了严重影响。要求将探视时间定为每月2次，每次1~2天，且探视的方式也应做相应调整，并要求被告赔偿精神损失5000元。被告承认原告享有探视权，但否认原告所陈述的事实与理由。

【审理判析】

县法院认为，原、被告离婚后，双方对孩子都有抚养、教育的权利和义务。未与孩子共同生活的一方有探视孩子的权利，另一方有协助的义务。原告要求享有探视权的主张，应予支持。但原告要求赔偿精神损失5000元的诉讼请求，不符合最高人民法院《关于确定民事侵权精神损害赔偿责任若干问题的解释》的规定，不予支持。

【法理研究】

本案是一起涉及探望权纠纷的案件。探望权纠纷案件近些年来时常出现在媒体面前，引发了许多争议，在执行阶段也存在诸多问题和难点。这主要是由探望权的特点造成的。探望权是一种法定权利，我国《婚姻法》第38条第1款规定："离婚后，不直接抚养子女的父或母，有探望子女的权利，另一方有协助的义务。"在理解探望权时，需要注意以下几点：

1. 探望权的主体范围之扩大。我国《婚姻法》仅规定不直接扶养子女的父或母为主体，而没有规定子女是否有探视父或母的权利。但是在实践中，一般认为应当对《婚姻法》第38条的规定作扩张性解释，进而承认子女对已经离婚的父或母享有探望权。

---

〔1〕 最高人民法院中国应用法学研究所编：《人民法院案例选》总第48辑，人民法院出版社2004年版，第39页。

但是,对子女抚养有重大贡献的祖父母或外祖父母对子女是否有探望权,在理论上有争议。通常的观点认为,探望权仅仅存在于父母与子女之间,其他人不能享有。因此,祖母父或者外祖父母不能向有抚养权的一方主张探望权。

但是可以认为,应当承认对子女抚养有重大贡献的祖父母以及外祖父母的探望权。现实生活中,许多未成年人从出生起就跟随祖父母或外祖父母一起生活,形成了较为深厚的感情。如果一味否定这些人对未成年人的探望权,在道德伦理上难圆其说。

2. 享有抚养权的一方不能无故阻碍对方探望权的行使。在现实生活中,很多享有抚养权的一方,故意刁难、拖延对方探望权的实现。这是对探望权的严重损害,法律应当禁止。但是,目前对于纠正这种状况的方法,《婚姻法》上没有明确规定。实务中,虽然当事人可以提起执行程序,但是效果不甚理想。因此,在行使探望权时,离婚双方应当本着对未成年人有利成长的原则,妥善协调好有关探望的事宜。避免发生因离婚父母之间的矛盾,而伤害未成年人感情和权益的事情。

(三)探望权的中止与恢复

在特定情况下,法院可以暂时中止父母对子女的探望,待特定事由消灭后,探望权应当恢复。我国《婚姻法》第38条规定:"父或母探望子女,不利于子女身心健康的,由人民法院依法中止探望的权利"。最高人民法院《婚姻法解释(一)》第25条规定:"当事人在履行生效判决、裁定或者调解书的过程中,请求中止行使探望权的,人民法院在征询双方当事人意见后,认为需要中止行使探望权的,依法作出裁定。中止探望权的情形消失后,人民法院应当根据当事人的申请通知其恢复探望权的行使。"

第四节　离婚时的救济方式

一、离婚时的家务劳动补偿

"家务补偿"是"对实行分别财产制从事家务劳动的一方配偶离婚时的补偿"的简略说法。我国《婚姻法》第40条规定:"夫妻书面约定婚姻关系存续期间所得的财产归各自所有,一方因抚养子女、照料老人、协助另一方工作等付出较多义务的,离婚时有权向另一方请求补偿,另一方应当予以补偿。"这是《婚姻法》对家务补偿的规定。

根据上述规定,适用家务补偿的条件是:

1. 夫妻对于婚后所得财产进行了分别所有的约定。许可夫妻在婚后以约定的形式确定其所得财产的归属,是现代各国的通例。我国《婚姻法》也不例外。

但适用家务补偿的条件仅仅是夫妻双方对婚后所得财产进行约定,如果夫妻在婚前没有对婚后财产的归属进行约定,则不适用家务补偿的规定。因为,如果夫妻未对婚后财产归属进行约定,夫妻之间的婚后财产应当归夫妻共同所有,在离婚时,基本上等额分配财产，如此一来没有经济收入或经济收入少的一方实际分得了另一方所创造的财产，实际上，家务劳动便获得了补偿。

2. 夫或妻一方付出了较多的义务。取得补偿权的夫妻一方必须是付出了较多义务的一方，且是为抚育子女、照料老人、协助另一方工作付出较多。

3. 家务补偿只能在离婚时提出。不能在婚姻期间或者在离婚后提出。

二、离婚时对生活困难方的经济帮助

我国《婚姻法》第42条规定："离婚时，如一方生活困难，另一方应从其住房等个人财产中给予适当帮助。具体办法由双方协议；协议不成时，由人民法院判决。"该条是我国离婚经济帮助制度在法律上的具体体现。

通常认为，我国《婚姻法》上的离婚经济帮助制度并不是夫妻之间扶养义务在离婚后的延伸和表现，而是对生活困难一方的救助。经济帮助的目的在于，本着公平的原则，为了防止离婚一方在离婚后陷入困境，使离婚的另一方负有帮助一方摆脱困境的义务。

实施经济帮助的具体条件有：

1. 离婚时一方陷入困境。要求经济帮助的一方必须是在离婚时确有经济困难，且依靠其自身能力不能解决。如果在离婚时，一方没有困难，而是在离婚后的一段时间陷入困难，不能请求经济帮助。

2. 提供帮助的一方有负担能力。经济帮助的存在以提供经济帮助的一方有能力提供经济帮助为条件。

经济帮助的方式一般是金钱给付或者在个人房产中给予一定的帮助。在支付方式方面，既可以一次性给付，也可以持续一段时间的给付。具体方式，双方当事人可以进行协商，协商不成的可以要求人民法院裁判确定。

《赖女诉蔡男因其离婚经济困难应予经济帮助案》[1]

【案情简介】

原、被告系同村人，自小认识。1992年12月27日双方办理了结婚登记手续（登记时男方未达法定婚龄），并领取了结婚证，婚后感情一般。1993年赖女生育一女，取名小凤（先天性弱智）。1998年赖女生育一男，取名蔡某。随后，原、被告均到广东打工。被告怀疑原告有第三者，双方因此争吵、打架。

原告蔡男请求与被告离婚，理由为被告赖女殴打原告，夫妻双方经常争吵，被告还怀疑原告有第三者，导致夫妻感情破裂。并请求婚生二小孩由原告带领抚养；夫妻共

---

〔1〕 最高人民法院中国应用法学研究所编：《人民法院案例选》总第48辑，人民法院出版社2004年版，第22页。

同财产依法分割;共同债务共同承担。被告赖女表示不同意离婚。若原告一定要离婚,则要求原告给付被告10万元补偿金。

【审理判析】

原审判决认为,原、被告双方1992年12月27日登记结婚,虽然原告在登记结婚时未达法定婚龄,但现已达法定结婚年龄,符合结婚条件,可认定婚姻关系有效。原告有赌博行为,且与其他女子关系暧昧。因此,双方常争吵、打架,导致夫妻感情破裂,经调解无效应准予离婚。子女抚育问题应根据子女的权益和双方的情况解决。财产分割以照顾子女及无过错方为原则。判决双方离婚。

一审宣判后,赖女不服,向中院提出上诉。

赖女上诉要求被上诉人一次性支付经济帮助15 000元人民币。

被上诉人答辩称,上诉人要求经济帮助缺乏事实和法律依据,不属于没有生活来源、一方生活困难的情况,不符合经济帮助的法定条件,被上诉人做生意负债累累无能力给予经济帮助。

二审法院经审理查明,上诉人赖女对原审认定的事实,除对夫妻共同财产功放机一台有异议外,其余事实没有异议,本院对没有争议的事实予以确认。庭审中,上诉人陈述现两个孩子都由其带领,没有房子住,只好和父母一起住。被上诉人在外做生意有经济负担能力。上诉人在一审时因不同意离婚,没有提到财产和经济帮助问题,现同意离婚,要求经济帮助人民币15 000元,并要求分割夫妻共同债权。

二审法院综合分析认为,上诉人因经济困难,又无房居住,符合《婚姻法》规定的属于经济帮助的情形,上诉人主张要求被上诉人经济帮助15 000元理由充分,二审法院应予支持。

【法理研究】

本案比较复杂,涉及了三个问题:一是赖女与蔡男之间婚姻的效力问题;二是赖女与蔡男之间能否离婚的问题;三是离婚后,赖女是否能够得到离婚经济帮助的问题。对于这三个问题,应当作以下理解:

1. 赖女与蔡男之间的婚姻是有效的。虽然赖女与蔡男在结婚时,蔡男尚未达到法定结婚年龄,其与赖女之间的婚姻属于无效婚姻。但是根据《婚姻法解释(一)》第8条:"当事人依据婚姻法第10条的规定向人民法院申请宣告婚姻无效的,申请时,法定的无效婚姻情形已经消失的,人民法院不予支持。"因此,原告向法院申请宣告其与被告的婚姻无效,法院不支持其诉讼请求的做法是正确的。

2. 对于赖女与蔡男之间的婚姻,法院可以作出离婚判决。根据《婚姻法》第32条第2、3款规定:"人民法院审理离婚案件,应当进行调解;如果感情确已破裂,调解无效,应准予离婚。有下列情形之一,调解无效,应准予离婚:①重婚或有配偶者与他人同居的;②实施家庭暴力或虐待、遗弃家庭成员的;③有赌博、吸毒等恶习屡教不改的;④因感情不合分居满2年的;⑤其他导致夫妻感情破裂的情形。"

本案中,原告经常殴打被告,致使双方的感情破裂,因此,法院判决双方离婚,符合法律规定。

3. 关于赖女是否可以主张离婚经济帮助的问题。

我国《婚姻法》第42条规定:"离婚时,如一方生活困难,另一方应从其住房等个人财产中给予适当帮助。具体办法由双方协议;协议不成时,由人民法院判决。"在本案中,原告由于是残疾人而生活困难,是引起双方离婚的原因之一。因此,如果被告有能力,自应当向原告提供一定的经济帮助。

不过,需要注意的是,经济帮助仅仅在一定的期限内有效,离婚后,任何一方不存在对对方进行永久性帮助的法律义务。因此,如果在案件处理完毕后,原告以自己生活困难为由,要求被告提供经济帮助的,人民法院不予受理。

三、离婚时的损害赔偿

(一)离婚损害赔偿的概念

所谓离婚损害赔偿是指因夫妻一方的特定行为导致离婚的,他方可请求损害赔偿。对此,我国《婚姻法》第46条规定:"有下列情形之一,导致离婚的,无过错方有权请求损害赔偿:①重婚的;②有配偶者与他人同居的;③实施家庭暴力的;④虐待、遗弃家庭成员的。"

(二)离婚损害赔偿的法定性

从法律解释的角度看,《婚姻法》第46条不是概括性条款,所以在进行法律适用时不能对其进行扩大性解释。言外之意,请求离婚损害赔偿的要件只能是:

1. 有上述第46条规定的4种情形;

2. 是46条规定的4种情形导致了离婚的发生;

3. 主张离婚损害赔偿的主体只能是无过错方。

4. 承担离婚损害赔偿义务的只能是有特定过错的配偶。

此处的损害赔偿既包括物质损害赔偿也包括精神损害赔偿。在确定物质损害赔偿的数额时,根据《民法通则》的有关规定处理;在确定精神损害赔偿的数额时,根据最高人民法院《关于确定民事侵权精神损害赔偿责任若干问题的解释》的有关规定处理。

第七章　父母子女关系

第一节　父母子女关系概述

一、父母子女关系的概念和种类

(一)父母子女关系的概念

父母子女关系即亲子关系,是指因生育、收养、事实抚养而形成的最近的直系血亲关系。父母子女关系是家庭关系中的重要组成部分。理解父母子女关系应当注意以下几点:

1. 父母与子女之间的关系是最近的直系血亲关系。直系血亲关系,除父母子女关系外,还有祖父母与孙子女、外祖父母与外孙子女等,但父母与子女之间的关系是所有的直系血亲关系中亲等最少的、最核心的部分。

《李女诉李男拒绝承认自己是男婴生父案》[1]

【案情简介】

原、被告均系某乡某村未婚青年。2001年,被告到原告家向原告借农具,在归还原告农具时,原、被告发生了两性关系,此后连续数月,双方保持着两性关系。2001年农历8月27日,被告告诉原告其将外出打工时,原告告诉被告其已怀孕,被告当时不太相信,但对原告承诺怀孕了其会负责任,同时要求原告不得告诉其父母。被告于农历9月初外出打工之后,原告再没有被告音信。

2002年2月16日晚,原告即将分娩,在其母亲追问下,原告将实情告诉了母亲,原告之母即到被告家将原、被告的关系和原告即将分娩情况告知被告之母。2002年2月17日凌晨,原告生下一男婴,因原、被告两家均表示不要该男婴而被他人抱养。被告通过其兄李某得知原告生下一男婴且原告指认其为该男婴的生父后,于2月20日从打工处赶回家。在原告家里,被告听原告陈述其二人关系后没有否认其与原告有过性关系,但在其表兄叫出去交谈后,被告回屋就否认其是原告所生男婴的生父。原告遂向

[1] 最高人民法院中国应用法学研究所编:《人民法院案例选》总第51辑,人民法院出版社2005年版,第151页。

法院提起诉讼。

【审理判析】

法院经审理认为，根据《中华人民共和国民事诉讼法》（1991 年）第 64 条第 1 款规定，当事人对自己提出的主张有责任提供证据，本案原告、被告虽然有过性关系，但还不足以证明原告所生男婴与被告具有亲子关系。要确认本案的亲子关系，最充分、最真实的关键证据是亲子鉴定。但原告要完成该项举证，必须被告协助，提供血样进行鉴定，才能查明待证事实，被告没有法定事实与理由不应拒绝。所以，被告应该协助原告提供本案关键证据且能够协助，却拒不协助，妨碍了原告举证，根据公平正义和诚实信用的原则，从保护妇女、儿童的合法权益出发，原告举证不能的后果不应由原告承担，而应依法将举证责任转移给被告，被告在诉讼外和诉讼中拒绝进行亲子鉴定的事实，视为放弃举证权利，被告应对待证事实承担不利的法律后果。

最高人民法院《关于民事诉讼证据的若干规定》第 75 条的规定，“一方当事人持有证据无正当理由拒不提供，如果对方当事人主张该证据的内容不利于证据持有人，可以推定该主张成立”。本案原告虽然没有直接证据证明其所主张的事实，但依据目前原告提供的证据事实和被告拒不进行亲子鉴定及经法院合法传唤无正当理由拒不到庭的事实，根据社会生活经验和生活逻辑，可以得出原告主张事实的真实性远远高于被告否认事实的真实性。因此，依据经验法则和民事证据规定的证明标准，应认定原告主张的事实属实。故原告要求确认其所生男婴与被告具有亲子关系的诉讼请求理由充分，于法有据，应予支持。

法院依照《婚姻法》第 2 条第 2 款、第 25 条第 1 款、最高人民法院《关于民事诉讼证据的若干规定》第 2 条、第 7 条、第 75 条及《中华人民共和国民事诉讼法》（1991 年）第 130 条的规定，作出如下判决：确认被告为原告于 2002 年 2 月 17 日所生男婴的生身父亲。

【法理研究】

亲子鉴定结论并非认定亲子关系的唯一依据。本案原告所举证据显然不足以证明其主张，本案的原告、被告又非夫妻关系，但女方当事人已完成举证责任，并形成证据链条，男方当事人没有正当理由拒绝作亲子鉴定，被告拒绝亲子鉴定无正当理由，妨碍了原告举证，故本案适用法律推定予以判决是正确的。

毋庸置疑，作为直系血亲关系中亲等最少的、最核心的亲子关系得不到解决，本案民事纠纷双方当事人的其他一切权利义务的确定自无从谈起。

2. 父母子女关系包括自然血亲的父母子女关系和拟制血亲的父母子女关系。收养是形成拟制血亲父母子女关系的一种民事法律行为，其自然必须符合一定的要件，并且履行一定的程序，才能成立和生效，故其为要式法律行为。

《冯某等诉于女不是被继承人养女不能继承遗产案》[1]

【案情简介】

冯某等是被继承人蔡男的亲生子。蔡男与妻子离异时，冯某等均已成年，并均独立生活。1985年，蔡男认识了被告于女（当时于女16岁），因其单独一人生活，于女便有时帮助蔡做一些杂事。此后不久，于女进入蔡男家，为蔡男料理家务，照顾蔡男的生活。1987年，蔡男提出收养于女，于女表示同意，两人遂向有关单位提出办理收养关系的申请。蔡男所在单位经过审查，同意蔡男、于女办理收养手续，但双方未到公证处办理公证。1988年3月，蔡男与于女订立了遗赠扶养协议。协议约定：从即日起，于女的一切生活费用由蔡男承担；蔡男的生活由于女照顾；蔡男一旦去世，其全部遗产赠送给于女。该遗赠扶养协议经过了公证。1989年，蔡男因患重病留下偏瘫后遗症，生活不能自理，完全由于女照顾，直至蔡男于1996年4月去世。在蔡男生前，冯某等有时去其住处看望，并给予一定经济的扶助；蔡男病逝，其后事主要由冯某等操办。

随后冯某等与于女就蔡男的遗产产生争议。冯某等人诉称：我们有权以第一顺序法定继承人的资格继承父亲的房产。被告于女不是我们父亲的养女，她不是法定继承人，无权继承我们父亲的遗产。

被告于女答辩称：我不仅是被继承人蔡男的养女，而且还与蔡男订立了遗赠扶养协议，其遗留的财产应全由我继承。

【审理判析】

区法院经审理认为：被告于女在其将要成年时才进入被继承人蔡家生活，不能认为他们之间已形成了事实上的收养关系。尽管他们申请建立收养关系，并且得到有关单位的同意办理了收养手续，但最终没有办理公证，因此，也不能认为他们之间存在法律上的收养关系。尽管被告于女不能以养女身份继承蔡男的遗产，但其与蔡男订立的遗赠扶养协议合法有效，其有权根据该协议接受蔡男的全部遗产。三原告系被继承人蔡男的生子，根据我国《继承法》的规定，他们均属第一顺序的法定继承人。但是，蔡男在与于女订立的遗赠扶养协议中明确表示其死后所有遗产归于女，而遗赠扶养协议的效力又优于法定继承，这样，在于女不放弃接受遗赠财产的情况下，三原告实际不能分

---

〔1〕 最高人民法院中国应用法学研究所编：《人民法院案例选》总第31辑，人民法院出版社2000年版，第58页。

得遗产。

于女对此判决不服，向市中院提起上诉。请求法院确认其与被继承人蔡男间的收养关系。

二审法院经审理认为：上诉人于女与被继承人蔡男虽然未到公证部门办理公证，但双方在一起生活中形成收养的事实。而该收养事实发生在我国《收养法》公布实施之前，根据当时的政策和法律，应认为于女与蔡男之间形成了事实收养关系。于女与蔡男的亲生子冯某等三人均属第一顺序法定继承人，本应均享有对蔡男遗产继承的权利，但因蔡男生前已将其全部财产通过遗赠扶养协议表示归于女所有，且该遗赠扶养协议合法有效，受法律保护，事实上蔡男已无遗产供其亲生子继承。原审判决认定事实清楚，处理正确，只是在阐述理由部分未确认于女系蔡男的养女，但此并不影响本案实际处理的正确性，因此应予维持。

【法理研究】

于女是在我国《收养法》公布实施以前的1985年时进入蔡男家生活的，到1989年她以养女身份将户口迁至蔡男户下。1980年颁布施行的《婚姻法》仅笼统规定“国家保护合法的收养关系”，但对成立合法收养关系的条件和程序未作规定。为弥补立法的不足，国家公安部和司法部就收养问题作了一些具体规定。对一般收养的主体条件，规定收养人必须是有扶养能力的年满35岁的并没有子女的成年人，被收养人应是未成年人；对特殊形式的收养的主体条件，规定确实年老体弱又无子女的人，为了使其生活得到照顾，男方在55岁时，原则上可以收养一名相差20岁以上的未婚青年。

关于收养程序，司法部、公安部规定：收养关系经过公证即正式成立；凡由公安部门批准以收养人迁入户口的，也应视为收养成立。最高人民法院1984年8月30日《关于贯彻执行民事政策法律若干问题的意见》第28条规定：“亲友、群众公认，或者有关组织证明确以养父母与养子女关系长期共同生活的，虽未办理合法手续，也应按收养关系对待”。因此，在本案中，一审法院认为蔡男与于女之间不存在收养关系是不正确的。二审法院的认识是正确的。

3. 父母子女关系是一种法律关系。父母子女关系是基于血缘关系或特定的事实而发生，是一种法律关系，受婚姻家庭法的调整。调整亲子关系的法律规范的系统即是父母关系的法律规范的总和，也就是所谓亲子法，其无疑也是整个婚姻家庭法重要的组成部分。

《李某、王某偷盗幼儿未遂案》[1]

【案情简介】

1991年10月16日,李某到王某家中,邀王某一起到外地偷小男孩卖钱,讲明事成之后给王某1万元。同年10月21日,李某、王某二人到某村,在谈某的家门口,见谈某的母亲吴某带着孙子、孙女玩耍,便佯装过路搭车的模样上前搭讪。少许,李某趁吴某抱着孙女进屋之际,即对王某说:"把这孩子抱走",说完先行离去。王某随即抱起小男孩就跑。吴某出门来发现孙子不见了,便大声呼救,当地群众追赶到100米远处把男孩救下,并将李某、王某扭送到公安机关。

【审理判析】

市法院经公开审理后认为,被告人李某、王某以出卖获利为目的,偷盗幼儿,其行为已构成绑架儿童罪。当然,此案是依修订前的《刑法》作出的判决。依照现行《刑法》,绑架儿童已不是独立的罪名,它被并入拐卖妇女、儿童罪当中。无论如何,其都应予严惩。

【法理研究】

父母子女关系是一种法定关系,其受到法律的保护。在本案中,李某和王某故意实施违法行为,意图将男孩拐走,已经对男孩与父母之间的亲子关系造成了伤害,应当得到法律的严惩。应当注意的是,父母与子女之间亲子关系的产生,是需要一定条件的,其要么基于自然人的出生而产生,要么基于合法有效的收养而产生。通过购买、拐骗等非法手段而形成的与未成年人之间抚养关系,是不能被认定为亲子关系的,也不能产生父母子女关系的法律后果。

(二)父母子女关系的种类

父母子女关系的种类是父母子女关系法中的重要问题。根据我国《婚姻法》的规定,父母子女关系可以分为两类:

1. 自然血亲的父母子女关系。自然血亲的父母子女关系是基于子女出生的法律事实而产生,其包括婚生的父母子女关系和非婚生的父母子女关系。婚生父母子女关系是指在合法婚姻关系下,男女双方与其所生育的子女之间的社会关系。非婚生父母子女关系是指没有合法婚姻关系情况下,男女双方与其所生育的子女之间的社会关

---

[1] 最高人民法院中国应用法学研究所编:《人民法院案例选》总第3辑,人民法院出版社1993年版,第26页。

系。不论是婚生父母子女关系还是非婚生父母子女关系，亲子间血缘关系不能人为解除，除非一方死亡。倘若父母将子女送养他人，其效果仅仅消灭法律上的父母子女之间的权利义务关系，但自然血亲关系作为一种社会关系事实上仍然不可能被消灭。

现代出现的人工生育的子女，其与父母之间的关系则根据不同的情况，分为自然血亲的父母子女关系和法律拟制的父母子女关系。

《施某诉朱某离婚及双方书面同意的人工授精所生子女抚养案》[1]

【案情简介】

原、被告婚后3年未能生育，双方遂到医院检查，确认被告无生育能力。双方商量决定让原告到医院进行人工授精。1990年10月，双方到某医院递交了人工授精申请书，其中写明："我们承认人工授精后出生的子女就是我们的亲生子女"。该医院在与双方签订了人工授精协议后，对原告施行了人工授精术。1991年11月，原告生下一子。此后因被告酗酒、赌博，并打骂原告，双方产生矛盾。1994年9月，被告因招摇撞骗被公安机关劳动教养一年，并被单位开除公职，致使家庭收入减少，生活受到影响，夫妻矛盾日益激化。1996年2月，原告以被告经常酗酒、赌博及经常无故打骂她为理由，起诉到区法院，要求与被告离婚。

被告同意离婚，但要求享有全部共同财产。原告经施行人工授精所生之子与我无血缘关系，我不抚养也不负担抚养费。

【审理判析】

区法院经审理认为：夫妻间的矛盾加深，直至夫妻关系恶化，被告应负主要责任。现原告提出离婚，被告表示同意，应当认定双方夫妻感情确已破裂，应准予离婚。对于子女抚养问题，按双方的意见及本案的具体情况，由原告抚养为宜。对于子女抚养费问题，因被告无工作，靠救济为生活来源，可由其每月负担子女60元抚养费。对于财产分割，应按照顾抚养子女一方及保护妇女儿童的合法权益的原则处理。

【法理研究】

本案涉及了人工授精子女与父母之间的关系问题。最高人民法院1991年7月8日《关于夫妻关系存续期间以人工授精所生子女的法律地位的复函》指出："在夫妻关系存续期间，双方一致同意进行人工授精，所生子女应视为夫妻双方的婚生子女，父母

---

〔1〕 最高人民法院中国应用法学研究所编：《人民法院案例选》总第22辑，人民法院出版社1997年版，第74页。

子女之间权利义务关系适用《婚姻法》的有关规定。”

在本案中，原告施行人工授精术，是被告签字认可的。而且在被告签字认可的人工授精申请书上明确载明：“我们承认人工授精后出生的子女就是我们的亲生子女。”这种意思表示是原、被告的真实意思表示，不违反法律和社会公共利益，合法有效，自始即具有效力。此外，原告与被告行使有关人工授精的民事行为发生在其夫妻关系存续期间，经人工授精所生子女无疑是婚生子女。因此，经人工授精所出生的子女与原、被告之间形成父母子女关系是一个确定的事实。在原告与被告离婚时，被告主张其与人工授精子女没有血缘上的关系，因而不承担任何抚养义务，是没有法律根据的。区人民法院作出的判决是比较恰当的。

2. 法律拟制的父母子女关系。法律拟制的父母子女关系是指原本不存在自然的父母子女关系，但基于收养法律行为或事实抚养关系而人为地成立父母子女关系。法律拟制扶养关系主要指养父母子女关系和形成抚养关系的继父母子女关系。

养父母子女关系是基于收养行为而产生的父母子女关系。形成抚养关系的继父母子女关系是基于抚养的事实而形成父母子女关系。法律拟制的父母子女关系依法设立，也可因收养关系的解除和抚养关系的变化而予以解除。法律拟制的父母子女关系与自然血亲的父母子女关系在法律上有同等的权利义务关系。

《生父死亡后继母刘女诉生母杨女领回生女案》〔1〕

【案情简介】

被告杨女与熊男于1986年8月4日生育一女，取名熊某。1988年12月，被告杨女与熊男离婚，熊某归熊男抚养。1989年6月，原告刘女与熊男结婚，熊某一直随刘女和熊男共同生活。2002年6月27日，熊男去世。此后，原告刘女要求被告杨女将熊某领回抚养，被告杨女未予同意。为此，原告刘女于2003年6月4日向区法院提起诉讼称：其已无能力抚养熊某，要求被告杨女将生女领回抚养。

被告杨女答辩称：熊某一直与熊男和刘女生活，彼此之间建立了感情，现自己无固定生活来源及住所，又经常在外出差，抚养小孩的条件明显不如原告刘女，因此不愿意领回熊某，但愿意承担小孩的抚养费。

〔1〕 最高人民法院中国应用法学研究所编：《人民法院案例选》总第46辑，人民法院出版社2004年版，第81页。

【审理判析】

区法院认为：熊某系被告杨女与熊男所生子女，熊某与被告杨女所形成的血缘关系，不因被告杨女与熊男离婚而解除。熊某与原告刘女所形成的收养关系，是基于原告刘女与熊男结婚，继母收养继女所产生的。现熊男已死亡，熊男与原告刘女之间的婚姻关系自然解除。因此，原告刘女与继女熊某所产生的事实收养关系因婚姻关系的解除而自然解除，原告刘女不再承担熊某的抚养义务，熊某应由其生母杨女领回抚养。被告杨女以抚养小孩条件不如原告刘女，来抗辩其抚养小孩义务的理由，于法无据。原告刘女要求被告杨女领回其亲生女儿熊某并归其抚养，是合法的，本院予以支持。

【法理研究】

在本案中，存在两种父母子女关系：自然血亲父母子女关系；法律拟制父母子女关系。熊某与杨女之间是自然血亲父母子女关系，与刘女是法律上拟制的父母子女关系。这两种父母子女关系具有同等的法律地位，享有相同的权利、承担同等的义务。

从上述审理的结果看，法院认为：原告刘女与继女熊某所产生的事实收养关系因婚姻关系的解除而自然解除，原告刘女不再承担熊某的抚养义务，熊某应由其生母杨女领回抚养。这种看法是值得商榷的。熊某与原告刘女不仅是继母女的身份关系，而且在多年的共同生活中已经形成了事实上的抚养关系，产生了法律拟制的父母子女之间的权利义务关系。

根据《婚姻法》第27条和第21条的规定：继父母与受其抚养教育的继子女之间形成的拟制血亲关系，不因生父或生母去世而自然消除；受继父母抚养成人的继子女，也不得因生父或生母去世而拒绝赡养无劳动能力或生活困难的继父母。既然《婚姻法》第27条规定将拟制血亲关系置于自然血亲关系的同等法律地位。因此，当这两种法律关系发生冲突时，我们不能以自然血亲关系为第一位原则，确认生父母的抚养义务而否定继父母的抚养义务。

二、父母子女法律地位

我国《婚姻法》第21至第27条规定了父母子女关系的地位。具体内容主要有：

（一）父母对子女承担抚养的义务

我国《婚姻法》第21条规定："父母对子女有抚养教育的义务，父母不履行抚养义务时，未成年的或者不能独立生活的子女，有要求父母给付抚养费的权利。"本条规定表明，抚养子女是父母的义务，被父母抚养是子女的权利。

1. 抚养的内容和期限。抚养是指父母在经济物质和日常生活上对子女进行养育和照顾。父母除为子女支付必要的生活费、教育费、医疗费等费用之外，还应当在生活起居上照管子女。这些不仅是子女健康成长的物质基础，也是父母对子女履行义务的主要内容。

父母对子女的抚养期限一般是从子女出生至其成长至18周岁为止,法律另有规定的除外。根据最高人民法院《婚姻法解释(一)》第20条的规定,对于不能独立生活的成年子女,有下列情形之一的,如果父母仍然有给付能力,仍应当支付必要的抚养费:①尚在校接受高中及其以下学历教育的成年子女;②丧失或者未完全丧失劳动能力等非因主观原因而无法维持正常生活的成年子女。根据本条规定,在大学就读的成年子女不能再要求其父母承担抚养义务。

《刘某因成年后上学期间无收入诉父刘男增加抚育费》[1]

【案情简介】

刘男与王女在1992年3月经法院调解离婚,刘某随母亲王女生活,抚育费由王女自理。1992年7月,原告曾起诉到法院要求其父刘男给付抚育费,法院为此判决刘男每月给付原告40元抚育费。1995年10月,原告再次起诉要求其父刘男增加抚育费,又经法院判决刘男每月给付原告抚育费增至120元。现原告因在市电子仪表技术学校上学,学习、生活费用增加,原每月120元的抚育费不够学习、生活所用,遂向区法院提起诉讼,要求被告刘男增加给付其抚育费。被告刘男不同意给原告增加抚育费。

【审理判析】

区法院经审理认为:抚养子女是父母应尽的义务。现原告虽已成年,但尚在上学,没有经济收入,其母与被告仍需对其尽抚养义务。而原告之母现生活确有一定困难,被告应酌情增加抚育费。

【法理研究】

鉴于本案选自2000年的《人民法院案例选》,而根据当时的《婚姻法》,对于已经年满18周岁,但仍然在学校接受高等教育的子女,可以要求被告增加抚养费。理由是:抚养子女是父母应尽的义务。父母子女关系不因父母离婚而解除,即不能因离婚而解除父母对子女的法定义务,在子女生活自立之前,父亲应支付其抚育费用,而不受子女是否已成年的限制。

但是,2001年我国修订《婚姻法》后,根据最高人民法院出台的《婚姻法解释(一)》第20条的规定,年满18周岁的子女,只有在校接受高中以下学历教育的,才可以要求

---

〔1〕 最高人民法院中国应用法学研究所编:《人民法院案例选》总第32辑,人民法院出版社2001年版,第49页。

父母增加抚养费。因此,按照现在的法律,本案中的情况不再属于可以酌情增加抚养费的情况之内。被告对于原告的请求可以拒绝,法院当然也应当支持被告的主张。

2. 对于不履行抚养义务的父母的强制措施。对于未成年子女以及丧失劳动力的成年子女且其父母有给付能力的,父母应当履行抚养义务。如果父母不履行抚养义务,根据《婚姻法》第21条之规定,子女可以向父母请求支付抚养费。请求支付抚养费既可以通过父母所在单位协调解决,也可以直接向法院提起诉讼。对于恶意遗弃子女情节严重的,应当依"遗弃罪"追究其刑事责任。

《梁某诉梁男为其生父应承担抚养费案》[1]

【案情简介】

1993年10月,原告梁某的法定代理人梁女经别人介绍,与当时已婚的被告梁男相识,两人发生了性关系。同年11月梁女发现自己怀孕,当即告知梁男称梁男是胎儿之父。1994年6月24日,街道计划生育办公室以计划外怀孕为由,将梁女、梁男带至街道派出所调查处理。在派出所,梁女改称胎儿是与一香港男人甘男所怀,并与甘男一起在询问笔录上签名,两人遂被处以计生罚款。同年8月1日,梁女生下一男孩,即本案原告梁某,并在其出生证上填写生父为梁男。随后,梁女以梁某为梁男亲生儿子为由,要求其支付抚养费。梁男不同意负担梁某的抚养费。

【审理判析】

本案受理后,梁某到庭要求作亲子鉴定。经该院委托市刑事科学技术研究所鉴定,梁某与梁男、梁女之间存在亲子关系。1998年,市法院对此案进行了调解,原告法定代理人与被告双方达成协议,由被告梁男一次性支付给原告梁某抚养费(至18周岁)7万元,使此案终获解决。

【法理研究】

父母对子女的抚养义务是一种法定义务,父母不对子女履行抚养义务的,子女有权向人民法院提起诉讼,要求父母支付抚养费。本案经过亲子鉴定,已经证明原告为被告的亲生儿子。原告有权要求被告支付抚养费。父母向子女支付抚养费,可以按月支付也可以一次性给付。支付的金额应当考虑到当地的生活水平以及孩子成长的需

---

〔1〕 最高人民法院中国应用法学研究所编:《人民法院案例选》总第33辑,人民法院出版社2004年版,第54页。

要。在子女就学、生病等情况下，子女可以要求父母增加抚养费的数额。本案中，市法院的判决是符合法律规定的。

3. 通过任何手段残害婴儿的做法都是犯罪行为。《婚姻法》第21条第4款规定："禁止溺婴、弃婴和其他残害婴儿的行为。"父母抚养子女的责任开始于婴儿出生的事实。无论男婴、女婴还是婴儿是否具有先天残疾，父母都应当履行抚养义务，而不能逃避抚养义务，更不得作出残害婴儿的行为。

《郭女因生活困难故意杀害其子未遂案》[1]

【案情简介】

被告人郭女于1988年开始与有配偶的吴男非法同居。1991年10月，郭女随吴男到深圳工作并以夫妻关系共同生活，1992年2月，郭女生下了男孩吴某。1993年2月，郭女与吴男的关系开始恶化，同年10月吴男离开郭女母子去向不明。而后，郭女又失去工作，生活较为困苦，经多方寻找吴男均无法找到。随后，吴女自觉生活无着，无力抚养儿子，便萌发了让儿子给汽车撞死后自己另寻死路的动机。某日，郭女将其儿子吴某推向一辆正在行驶中的小汽车前，致使吴某被小汽车撞伤。

【审理判析】

区法院经公开审理认为，被告人郭女无视国家法律，故意剥夺他人生命，在实施犯罪过程中，因意志以外的原因而未得逞，其行为已构成故意杀人罪(未遂)。郭女归案后，能主动坦白认罪，确有悔罪表现，且属犯罪未遂，可依法予以减轻处罚。

【法理研究】

本案是一起母亲杀害幼儿的案件，实属罕见。被告人郭女出于将其子让汽车撞死后自己另寻死路的动机，故意把她亲生的儿子推向正在行驶中的汽车前，以致其子被汽车撞伤，其行为显然已构成故意杀人罪(未遂)，应当受到惩处。郭女犯罪的性质是严重的，但也具有法定的和酌定的从轻、减轻情节。

1. 动机情有可原。郭女的犯罪动机是在其母子二人被人遗弃，生活无着，走投无路的情况下产生的，本人没有前科，属于偶犯；

2. 后果不甚严重。郭女的行为仅给被害人造成轻伤，而且经过治疗已经痊愈，后

---

〔1〕 最高人民法院中国应用法学研究所编:《人民法院案例选》总第15辑，人民法院出版社1996年版，第6页。

果不甚严重，属于犯罪未遂；再次，案发后郭女能及时与他人一起送被害人到医院抢救，并能坦白认罪，确有悔改表现。

区法院考虑到以上这些具体情节，同时为了有利于对被害幼儿的抚养教育，以故意杀人罪（未遂）判处郭女有期徒刑3年，缓刑4年，是正确的。尽管从本案判处的结果来看，属于从轻处罚而不是减轻处罚。但无论如何，本案所涉及的各种社会关系，都需要而且也都有相应的法律规范对其予以调整，由此自然也就形成了各种各样的父母子女间的法律关系。

（二）父母对未成年子女有保护和教育的权利和义务

我国《婚姻法》第23条规定："父母有保护和教育未成年子女的权利和义务。在未成年子女对国家、集体或他人造成损害时，父母有承担民事责任的义务。"此条兼有亲权和监护的双层含义，具有重要意义。

1. 保护的内涵。这里所谓保护是指父母随时防范来自外界的、可能对未成年子女造成损害的各种危险。从另一个角度看，保护的含义内还包括当未成年子女的人身和财产受到他人的非法侵害时，父母可以以法定代理人的身份向侵害人提起诉讼。

《宋女等诉医院因工作失误将其亲子被他人抱走要求找回亲子案》[1]

【案情简介】

宋女于1995年11月29日在被告第三医院生下一男婴，取名佟某。同日，第三人曹女也在该院生一男婴，取名曹某。12月1日，该院医护人员给婴儿洗澡后抱回给原告时，宋女之母发现该婴皮肤与宋女所生男婴皮肤有异，但未明确提出此怀疑。1996年1月25日，佟某因支气管炎到市儿童医院就诊，在作血型化验时，发现其血型为AB型，与两原告血型不相联系。为此，原告持化验单向被告第三医院反映，并于1996年3月11日委托省公安厅做DNA亲子鉴定，鉴定结论为"佟某不是宋女所生"。但医院对此持怀疑态度。

佟男、宋女遂以第三医院为被告，于1996年5月6日向区法院起诉，要求确认自己与佟某是否存在血亲关系。该院受理后，委托上海市血液中心再作亲子鉴定，结论为："可以排除佟某与宋女、佟男有亲子关系。"原、被告双方在法院调解下达成一致意见：被告承担血亲鉴定等费用，并继续为原告寻找亲子。1997年6月、7月，为慎重起见，该院又两次委托上海市血液中心作亲子鉴定，结论为："可以排除佟某与佟男、宋女有亲子关系。不能排除曹某与佟男、宋女有亲子关系。可以排除曹某与曹男、曹女有亲子

---

[1] 最高人民法院中国应用法学研究所编：《人民法院案例选》总第32辑，人民法院出版社2001年版，第105页。

关系。不能排除佟某与曹男、曹女有亲子关系。”

同年11月29日,佟男、宋女再次向区法院起诉,要求第三医院寻找亲子并赔偿经济、精神损失合计7万元。该院受理后,依被告申请追加曹男、曹女为第三人参加诉讼。

【审理判析】

区法院经公开审理认为:通过省公安厅、上海市血液中心的四次鉴定结论,可以确定佟某与曹男、曹女夫妇,曹某与佟男、宋女夫妇之间具有血亲关系,因此原告及第三人应相互交换抚养的孩子。医院由于管理不善,造成佟男、宋女及第三人错养孩子,在此案中负有完全责任,因此,医院除应赔偿原告、第三人的经济损失外,还应赔偿因失职而对他们造成的精神损害。

【法理研究】

本案事实比较清楚,第三人民医院在医疗的过程中,没有尽到善良管理人的注意义务,致使原告与第三人在取回自己的亲生子女的时候发生错误。应当说,本案的发生和解决都具有一定的社会代表性,应当引起医疗部门的注意,在对患者进行医疗时,避免此类事件的发生。

在本案中,根据《民法通则》以及有关精神损害赔偿的司法解释,原告以及第三人要求第三人民医院赔偿损失并赔偿一定数额的精神损害赔偿金是于法有据的,人民法院应当支持。但是,在理解和处理本案的时候,必须要注意的一个理论问题是第三人民医院对原告和第三人的子女保护权和教育权的侵害。在处理此案中,人们为了诉讼的便宜,更愿意在民法的侵权行为中寻找获得法院支持诉讼请求的依据以及事实,容易忽视父母对子女保护权和教育权的侵害。我国《婚姻法》第23条规定:“父母有保护和教育未成年子女的权利和义务。在未成年子女对国家、集体或他人造成损害时,父母有承担民事责任的义务。”该条兼有亲权和监护的双层含义。在维护亲子关系受损的案件中,具有更重要的意义,而且本条在适用上,较侵权行为法的适用更直接。

在本案中,原告与第三人在人民医院分娩,在分娩后,便已经与自己的子女形成亲子关系。作为父母,他们有保护和教育自己子女的权利,任何人不得限制和剥夺。但是,由于医院的过错,使得双方对自己亲生子女的保护权和教育权受到了严重的侵犯。此种情况下,当事人不仅可以根据《民法通则》以及精神损害赔偿的有关规定提出损害赔偿之诉,也可以直接根据《婚姻法》第23条之规定,向法院主张权利。

2. 教育的内涵。所谓教育是指,父母应当在知识和品质上培养未成年子女,对未成年子女的行为和言论进行必要的约束。在教育子女时,父母有权利实施适当的惩戒,但是不能侮辱未成年子女的人格,更不能给未成年子女的身心造成伤害。

3. 父母对未成年子女承担民事责任。在未成年子女对国家、集体或者他人造成损害时,父母应当承担民事责任。《民法通则》第133条规定:"无民事行为能力人、限制行为能力人造成他人损害的,由监护人承担民事责任。监护人尽了监护责任的,可以适当减轻他的民事责任。有财产的无民事行为能力人、限制行为能力人造成他人损害的,从本人财产中支付赔偿费用。不足部分,由监护人适当赔偿,但单位担任监护人的除外。"最高人民法院《关于贯彻执行〈中华人民共和国民法通则〉若干问题的意见(试行)》第158条规定:"夫妻离婚后,未成年子女侵害他人权益时,同该子女共同生活的一方应当承担民事责任;如果独立承担民事责任确有困难的,可以责令未与该子女共同生活的一方共同承担责任。"上述两条规定较为清楚的规定了父母对未成年子女承担责任的范围。子女成年后,已经为完全民事行为能力人,父母不对其再承担民事责任。

《无民事行为能力人在幼儿园生活学习时致他人损害案》[1]

【案情简介】

某日,某村民委员会办的幼儿班下课后,当时未放学教师张女即离校回家,几个幼儿在教室里火炉旁烤火。张男玩火点燃了闫女身上的衣服,闫女带火跑出教室,被人发现后,将火扑灭并送回家中。医院治疗,诊断为:头、面、双上肢、侧胸烧伤,面积37%,深2度。闫女住院25天,因无钱继续治疗而出院。

原告闫女之父向法院提起诉讼,要求三被告村民委员会、张女、张男赔偿原告被烧伤所造成的全部经济损失。

【审判判析】

一审法院认为:被告村民委员会违反省教委关于农村学前班入学年龄应为5周岁的规定,在招收的9个幼儿中有8个不到5周岁,对造成闫女被烧伤事故应负主要责任。被告张女身为幼儿教师,擅自离开工作岗位,应负次要责任。被告张男虽年幼,但玩火烧伤他人,也应负次要责任。原告闫女未达入学年龄求学,在校烧伤自身也应负一定责任。

二审法院审理认为:旧寨村幼儿班是村委会所办,教师张女是村委会所聘,在校幼

---

[1] 最高人民法院中国应用法学研究所编:《人民法院案例选》总第2辑,人民法院出版社1992年版,第68页。

儿年龄均在4周岁以上,符合省教委关于有条件的农村也可以招收3周岁以上幼儿入园的规定,也符合国家教委的有关规定。根据《民法通则》规定,无民事行为能力人造成他人损害的,由监护人承担民事责任。幼儿班学生在家由父母监护,在校由学校监护。闫女受到伤害和张男给他人造成损害,均系在校期间发生,学校理所当然应该承担民事责任。

但致害人张男家长平时对子女教育不够,张男由平时爱玩火柴到烧伤他人有因果关系,故对此次事故的发生负有直接责任,由张男监护人张某付给闫女治伤费用。教师张女擅离职守,酿成严重后果,其失职行为应由村委会追究。

【法理研究】

本案涉及致害人的责任确定问题。为论述集中,此处只探讨无行为能力人的转承责任问题。

如前所述,凡无民事行为能力人致他人损害,其监护人都应承担民事责任,也就是说,监护人在这种情况下的民事责任,是由法律直接规定的,而与监护人对被监护人平时教育、管教是否足够无关。因此,本案一、二审法院认定无民事行为能力人张男致他人损害,应由其监护人张某承担部分民事责任,是适当的。但这不是由张某平时对张男教育不够这个事实原因决定的。

(三)子女对父母有赡养和扶助义务

赡养父母是成年子女的法定义务,成年子女应当履行。我国《婚姻法》第21条明确规定,"子女对父母有赡养扶助的义务"。

1. 赡养扶助的内容。赡养是指子女在物质经济和日常生活上为父母提供必要的生活条件。扶助是指子女给父母以精神和生活上的照料。赡养扶助的义务主体一般是成年子女。子女对年老体衰不能照料自己、丧失劳动能力或者没有生活来源的父母,应当自觉的履行赡养扶助义务,从而使其安度晚年。

2. 对拒不履行赡养扶助义务者的强制措施。《婚姻法》第21条第3款规定:"子女不履行赡养义务时,无劳动能力的或者生活困难的父母,有要求子女支付给赡养费的权利。"父母可以直接向子女索要赡养费,也可以请求有关组织予以调解,也可以直接向人民法院提起诉讼。

《伊男诉继子女荆大等及亲生女罗女赡养案》[1]

【案情简介】

原告伊男向县法院起诉称:认为被告等都不尽赡养义务,要求其履行赡养义务。而被告荆某等则认为自己都已经尽了赡养义务。

【审理判析】

县法院经审理查明:原告伊男与前妻高某于1960年6月4日离婚,婚生女罗女由高某抚养。自原告与前妻离婚后至今,原告与被告罗女无往来。

1980年底,原告进入耿女家庭,与耿女同居生活,双方于1985年2月9日登记结婚,双方无婚生子女。1980年底,原告与耿女开始同居生活时,被告荆大已毕业在家。原告与耿女登记结婚后,两人共同承担起被告荆二、荆三、荆四、荆五的抚养义务。

县法院认为:原告未抚养被告荆大,故被告荆大无赡养原告的义务,但对其母耿女有赡养义务,应承担其母生前所花费的医药费用及所欠的债务。被告荆二、荆三、荆四、荆五由原告夫妻抚养成人,原告与该四人系继父、继子女关系,该四人应对原告履行赡养义务,承担原告及其母耿女的医药费用和债务。鉴于被告荆二在其母耿女生前对原告夫妻履行了赡养义务,自应减轻其承担原告夫妻医药费和债务的责任。被告罗女在原告与其母离婚后,由其母抚养成长,但并不因父母离婚而消除双方之间的父女关系。因此,被告罗女仍负有赡养原告的义务。

【法理研究】

本案主要涉及了子女对自己父母的扶助和赡养义务。根据我国《婚姻法》,父母子女关系可以分为两大类:第一类是自然血亲的父母子女关系,也就是亲生的父母子女关系。这种父母子女关系,是基于出生事实而产生的父母子女关系,其既包括婚生的父母子女关系,也包括非婚生父母子女关系。在自然血亲的父母子女关系中,除因依法送养子女而解除外,不存在其他理由可以解除的情况。第二类是拟制血亲的父母子女关系。这种父母子女关系是基于收养法律行为或再婚后事实上存在着抚养关系而形成的父母子女关系,其既包括养父母和养子女的关系,也包括继父母和受其抚养教育的继子女的关系。拟制血亲的父母子女关系,可以人为地予以解除。

《婚姻法》第21条规定,子女对自己的父母有赡养扶助义务。一般在理论上认为,子女对于年迈体衰、丧失劳动能力、生活确实有困难的父母,应当履行赡养义务,从而

[1] 最高人民法院中国应用法学研究所编:《人民法院案例选》总第43辑,人民法院出版社2003年版,第86页。

使父母有一个相对稳定的生活环境。子女对父母的赡养扶助是无期限的，只要父母需要赡养扶助，子女就必须继续履行这一义务。和父母同居生活的子女，应依法履行赡养扶助的义务；和父母分居生活的子女，应根据父母的实际需要和自己的负担能力，给付适当的赡养费。在子女不止一人时，应根据“条件好的多负担，条件差的少负担”的原则，共同负担赡养费。

对于应当赡养父母的子女，如果不履行赡养义务，父母可以直接向其索要赡养费。这在自然血亲之间的父母子女关系之间是没有任何疑问的。但是，在继父母与继子女之间，该原则仅是有条件地来适用的。只有那些与继子女之间形成了抚养关系的继父母，才能适用上诉有关赡养的原则。我国《婚姻法》第27条规定：“继父或继母和受其抚养教育的继子女间的权利义务，适用本法对父母子女关系的有关规定。”

在本案中，被告荆二、荆三、荆四、荆五由原告夫妻抚养成人，原告已经对其尽了抚养和教育的义务，形成了抚养关系。原告在丧失劳动能力时，有权要求其赡养。但是，对于原告与耿女结婚时，已经独立生活的被告荆大，因为与原告之间没有形成抚养关系，因此，其没有对原告进行赡养的法定义务。此外，基于亲生父母子女的法律关系，除罗女外的其他被告，都有赡养其亲生母亲耿女的义务，对于其生母在世期间的医药费等生活、生存必须支出的费用，应当承担。

（四）父母子女有相互继承遗产的权利

《婚姻法》第24条规定：“父母和子女有相互继承遗产的权利。”继承权乃是基于特殊身份而享有的权利。根据我国《继承法》的规定，子女和父母互为第一顺序的继承人，相互享有继承权。父母包括生父母、养父母以及形成抚养关系的继父母。子女包括亲生子女、养子女及已经形成抚养关系的继子女。此处应当注意的是，子女被他人收养后，收养关系没有解除，养子女同其生父母在法律上没有关系，他们之间不存在继承关系。

《韩某等诉韩某某将原由父母承租的房屋使用权在父母死亡后自己承租时予以出售所得的收益应按继承分割案》[1]

【案情简介】

原告韩大、韩二、韩三与被告韩四系兄弟姐妹关系。1977年9月，双方父亲韩某所在单位市第三建筑公司调配给韩某一套一室半公房租住。当时家中人口有原告韩大、韩二、韩三、被告韩四及其父母共6人。1999年该公房被金昆房地产开发有限公司买

---

〔1〕 最高人民法院中国应用法学研究所编：《人民法院案例选》总第45辑，人民法院出版社2003年版，第100页。

断开发。2001 年 4 月,该公司给韩某按原面积在金色家园调配一套住房租住,由被告韩四与父母一起居住生活。2002 年 1 月 30 日,双方父母均因煤气中毒死亡。此后,经产权人金昆房地产开发有限责任公司同意,在房屋承租人名称未改情况下,由韩四继续承租。同年 4 月,韩四将此公产房使用权以 54 000 元出售给他人,并购买了另一地方的二室住房(使用权)。金昆房地产开发有限责任公司知晓韩四出卖其房屋使用权的事实,但未提出异议。

原告韩大、韩二、韩三知晓后,向区法院起诉:要求将卖房款 54 000 元由继承人 4 人继承分配。

被告韩四答辩称:父母死亡时遗留下来的住房是公房,不是遗产。父母对该房与产权人金昆公司的租赁关系,因父母死亡而终止。父母死亡后,其为合法承租人,有权调整住房。请求依法驳回三原告的诉讼请求。

【审理判析】

区法院经审理认为:原、被告父母死亡时遗留的是金色家园一套住房的使用权,如果被告继续在此居住,并不涉及继承问题。但被告如今将其父母住房使用权出售,将使用权转化成金钱,售房款 54 000 元构成了被继承人遗留下来的遗产,三原告要求依法继承 54 000 元售房款是合理的,应予支持。因被告一直同父母一起生活,并且尽了主要赡养义务,在遗产分配时被告应多分。

被告韩四对原审判决不服,提起上诉。

中院经二审认为:本案被继承人承租的公房在被继承人死亡时显然不是被继承人的个人财产,因此争执的房屋不是遗产。出售该公房的价款 54 000 元取得的时间是在被继承人死亡几个月后,而来源又非出售被继承人个人财产取得,且出售时房屋的实际承租人为上诉人韩四,故此 54 000 元不符合遗产的要件,不能作为遗产分割。遂撤销一审判决,驳回韩大、韩二、韩三的诉讼请求。

【法理研究】

根据我国《婚姻法》第 24 条的规定,父母子女之间有相互继承遗产的权利。根据《继承法》的有关规定,在没有遗嘱的情况下,各个法定继承人之间都享有平等的继承份额。因此,在被继承人没有合法有效遗嘱的情况下,其中一个继承人独自占有被继承人的遗产,属于侵犯其他法定继承人合法权利的行为,其他法定继承人当然可以提出异议,并向法院起诉,以维护自己的合法权益。

在本案中,一个非常关键的问题是,各个继承人所争议的“遗产”是否能够作为一个合法的继承标的在他们之间分配。根据《继承法》的规定,遗产是指被继承人在死亡时,遗留的个人财产。个人财产以外的由其支配的他人财产以及国家财产,不能作为遗产而被继承人继承。在二审中,法院认为被告所支配的财产不能算是被继承人的财产,因此不存在所谓的遗产纷争,进而驳回了起诉。市法院的这个做法是值得商榷的。从整个案情来看,被继承人所获得的住房属于一种承租房,市法院正是根据这个事实作出判决的。

然而,承租房一定不可以转让,也不能作为个人财产的一部分吗?对于这个问题,在理论上观点不是很统一。

有学者认为,城市居民所享有的承租房是一种福利待遇,应当承认承租人的所有权人地位,而且在很多城市,只要符合一定的条件,承租房也并非不能转让。实际上,在本案中,房地产公司的态度多少已经说明了一定的问题。因此,法院将本案中所争议的不动产不作为遗产处理,是存在一定问题的。

第二节 监 护

一、监护的概念与法律特征

监护,是为了监督和保护无民事行为能力人和限制民事行为能力人的合法权益而设置的一项民事法律制度,监护制度交织在民事主体制度、民事权利制度和亲属制度三个法律制度中。在监护制度中实施监督保护的人称之为监护人,被保护人的称之为被监护人。

根据监护范围的宽窄,监护可分为广义和狭义的两种不同解释。广义上的监护制度是指对一切未成年人和限制民事行为能力人及无民事行为能力人的人身和财产权益进行监督和保护的法律制度。该种规定父母是子女的法定监护人。我国《民法通则》第16条的规定即属于此种类型。

狭义上的监护制度是指对无父母或父母不能照护的未成年人,亦即不在亲权保护下的未成年人,以及其他限制民事行为能力人或无民事行为能力人的人身和财产权益进行监督和保护的法律规范的总和。该种法律制度排除了父母对未成年子女的人身和财产上的监督和保护的权利和义务内容,对此种权利义务另设亲权制度加以规定。

《徐某诉限制民事行为能力人葛某偿还初中时写下的欠条的欠款案》[1]

【案情简介】

徐某从事个体饮食业,葛某于1995年至1997年在中学上初中时,有部分时间在徐

---

〔1〕 最高人民法院中国应用法学研究所编:《人民法院案例选》总第33辑,人民法院出版社2001年版,第103页。

某处搭伙，葛某的父母经常为他交钱粮。1997 年 6 月 4 日，徐某告知葛某 2 年间其累计欠饭菜款共 4515 元，成品粮 572 斤，并要葛某同时写下了两张欠条，且言明数额小的欠条向葛某父母索要，数额大的欠条由葛某离校打工时予以返还。对这一情况徐某均没有告知葛某父母和学校老师。徐某持葛某所写的小额欠条向葛某父母索款时，葛某父母以饭账已结清为由拒绝给付从而引起纠纷，徐某于 1998 年 1 月持该两张欠条向法院起诉，要求葛某付清欠款 4515 元以及粮食 572 斤。

【审理判析】

法院经审理认为：葛某在读初中期间在徐某处搭伙时，为限制行为能力的未成年人，其从事的民事活动应与其年龄相适应。徐某对其服务的未成年人，应具善意和公平的心态来实施民事行为。

徐某在无老师和学生家长在场时，要求葛某书写欠条，让其离校打工后返还，既有悖于社会公德，也有碍社会对未成年人的关心帮助，徐某的行为带有明显的欺诈性质，故葛某此时书写欠条的行为属无效民事行为，因此对徐某的诉讼请求不予支持。

依据相关法条，判决葛某归还徐某成品粮 200 斤。后徐某不服，提起上诉。中院驳回上诉，维持原判。

【法理研究】

本案涉及限制民事行为能力人的民事行为是否有效及对限制行为能力人的监护问题。我国《民法通则》第 12 条规定："10 周岁以上的未成年人是限制民事行为能力人，可以进行与他的年龄、智力相适应的民事活动；其他民事活动由他的法定代理人代理，或者征得他的法定代理人的同意。"由于限制行为能力人的智力因个体差异而有很大差别，所以如何认定限制行为能力人所进行的民事活动是否与其年龄、智力状况相适应，须根据具体情况分析判断。

本案中葛某在徐某处搭伙及立欠据时，虽然已是十六七岁的初中学生，智力发育趋于成熟，但近 5000 元的欠款数额无疑是一笔较大款项的欠款，显然超出了其所能单独处分的范围；而且徐某始终未将欠款情况告知葛某的家长及老师，并要求葛某出具两张欠据。据此可以认定，葛某从事该行为时，已经超出了其作为限制民事行为能力人智力所能判断的程度。

既然认为在此种情况下应由其法定代理人，即他的父母代为行为，或者只有在征得其父母的同意后，才能立有效欠据。故对此既没有法定代理人的代理行为，又没有征得其代理人同意的民事行为，只能是效力待定的民事行为，法定代理人可以撤销这种行为。

保护一般是指对禁治产人或需要特殊保护的成年自然人的人身和财产权益的监督，或者是指对亲权人一方或双方不能实施亲权的未成年人的监护。而所谓保佐实际上有两种情况：一种与保护大致相同，只是用词和范围的区别；另一种是在特殊情况下，对实行监护受到阻碍时采取的一种补救，或是对特别的人，或一定的特别财产实行的监督和保护。

二、监护的功能和特征

（一）监护的功能

监护制度由来已久，在罗马法上就已经出现监护制度，该制度现在仍然为大多数国家的立法所确认。一般来说，监护制度的功能主要有：

1. 弥补无民事行为能力人和限制行为能力人的能力瑕疵。无民事行为能力人或限制行为能力人产生的原因有两种：一种是没有达到法定的年龄，不能从事一定的民事行为；另一种是由于人在心智上不健全，不能够从事民事活动。通过监护制度，法定监护人可以弥补这些人的意思能力，从而使他们也能够参加到社会生活种来。此外，通过监护制度还能够保护这些人的人身和财产权利免受伤害，使他们的合法权益得到最大程度的维护。可以说，弥补意思能力和保护无民事行为能力人和限制行为能力人，是监护制度的最重要功能。

《因玩牌发生冲突气枪伤人赔偿案》〔1〕

【案情简介】

1995年12月7日，9岁的龚某与13岁的靳某到11岁的熊某家去玩。三人在打牌过程中，因龚某与靳某作弊，熊某从家中储藏室拿出一把其父的气枪对准靳某射击，靳某躲过却击中龚某，子弹从其右眼窝进入左脑室，造成严重伤害。

于是，龚某的父母作为法定代理人以龚某的名义将熊某和靳某告上法庭，要求两被告承担赔偿责任。

【审理判析】

法院经审理认为：龚某、靳某与熊某三人在打牌玩耍过程中发生口角，熊某即用其父的气枪向龚某、靳某两人开枪，致使龚某受伤，对此应负主要责任。龚某、靳某两人因一起口角，应负次要责任。因龚某为无民事行为能力人，靳某与熊某为限制民事行为能力人，所以应当由他们的监护人承担责任。

---

〔1〕 中国高级法官培训中心、中国人民大学法学院编：《中国审判案例要览（1997年民事审判案例卷）》，中国人民大学出版社1998年版，第225页。

【法理研究】

从本案可以看出，在侵权当事人不是完全民事行为能力人的时候，他们的民事责任就应当由其监护人承担。但这也不是绝对的，若无民事行为能力人或者限制民事行为能力人自己有财产的，则应当先用其财产进行赔偿，不足部分再由监护人补足。

2. 维护社会正常秩序。未成年人和精神病人实施违法行为侵害他人利益时，由于其本身欠缺责任能力，无法直接承担民事责任，这样将使受害人的利益得不到充分的保护。有了监护制度，就可以监督和防止无民事行为能力人或限制民事行为能力人实施侵害他人的行为，或者由监护人负担其民事赔偿责任，从而维护社会的正常秩序。

《见义勇为损害赔偿案》[1]

【案情简介】

原告之子宋某与被告辛某同属一所小学三年级学生。2001 年 6 月 28 日下午，宋某、辛某、曹某三人相约到河边去游泳，当他们来到被告陈某经营的砂石厂内，看见有一水坑，辛某便下水开始游泳，此时曹某和宋某还未下水。当辛某游到水坑中央时，发现水坑里的水较深，便喊宋某来拉他，宋某听见后，便下水将辛某拉起，但自己却滑到深水处，曹某见状便到对面砖厂去找人施救，当宋某被救起时，已溺水身亡。经调解，原告和被告陈某于同年 7 月 10 日达成一致意见，约定由陈某一次性赔偿损失 12 000 元。协议签订后，陈某于第二天支付了 12 000 元。

2002 年 4 月 11 日，原告向法院起诉，要求被告砂石厂（审理中，原告申请将其变更为陈某）和被告辛某赔偿死亡补偿费 58 400 元、丧葬费 3400 元、误工费 240 元、交通费 500 元、精神损失费 10 000 元，共计 72 540 元，减去陈某已支付的 12 000 元，还欠60 000 余元。

【审理判析】

法院经审理认为：原告之子宋某为挽救他人生命而死亡，其行为已经相关部门确定为见义勇为行为，应当获得一定赔偿。被告陈某作为砂石厂业主，对其经营的场所负有管理和防范安全事故发生的义务，对采砂形成的水坑应当及时回填或采取相应警示标志以防止事故的发生，由于陈某的过错，导致本案损害事实的发生，故陈某应承担主要民事责任。原告作为监护人，在被监护人脱离监护的情况下，导致事故的发生，其

---

〔1〕 最高人民法院中国应用法学研究所编：《人民法院案例选》总第 48 辑，人民法院出版社 2005 年版，第 145 页。

本身存在一定过错，也应承担民事责任。被告辛某作为限制民事行为能力人，本身不具有过错，但其作为受益人可以给予一定补偿。

【法理研究】

这是一起因限制民事行为能力人见义勇为引起的人身损害赔偿纠纷案件，其特殊性在于归责原则的混合适用。

这是一起综合运用过错责任和公平责任确定当事人侵权责任的经典案例。本案中，法院判决被告陈某承担赔偿责任和原告承担责任的依据是过错责任原则，被告辛某承担补偿责任的依据则是公平责任原则，各种法律制度综合调整以达到维护社会正常秩序之目的。

3.代替社会保障的功能。我国社会保障体系尚不发达，对未成年人以及心智有缺陷的人的福利保护尚未系统完整地得以建立。因此，许多保障性的工作都不能不借助监护制度来得以实现。

《罗男申请宣告呈持续性植物状态的罗某为无民事行为能力人案》〔1〕

【案情简介】

申请人罗男与被申请人罗某系父子关系。申请人罗男陈述，2002年10月25日，被申请人罗某因发生交通事故，造成颅脑重度损伤。经诊断，目前呈持续性植物状态，完全不能辨认自己的行为。被申请人在抢救、治疗及出院后一直由其尽主要扶养、照顾义务。经法院法医鉴定认为，被鉴定人罗某目前认知能力丧失，无意识活动，参照有关规定，目前无民事行为能力。

【审理判析】

县法院经审理认为，被申请人罗某经鉴定目前认知能力丧失，无意识活动，参照有关规定，目前无民事行为能力。依法判决宣告罗某为无民事行为能力人；指定其妻林某为罗某的监护人。

【法理研究】

关于植物人（持续性植物状态）等因患病而丧失意识活动和行为能力的公民，如何

---

〔1〕 最高人民法院中国应用法学研究所编：《人民法院案例选》总第51辑，人民法院出版社2005年版，第144页。

在法律上为其行为能力定性，我国立法中没有明确具体的规定。但近几年来的司法实践中，要求对这类人的民事行为能力状况用法律程序予以宣告，向法院提出申请的案件不断出现。对此类人应否宣告以及宣告的法律依据的问题，因立法的空白，使得案件的处理较有难度，争议也较大。

通常情况下，只要申请人提出申请，并且被申请人符合无民事行为能力人的特征，就应当作出无民事行为能力人的宣告判决。因为，无民事行为能力人的本质特征在于"不能辨认自己的行为"。植物人属于因患病而陷入长久昏迷的人，其完全不能辨认自己的行为，故可以将其宣告为无民事行为能力人。

（二）监护的特征

监护具有以下法律特征：

1. 监护主体具有特定性。首先，被监护主体特定，必须是无民事行为能力人和限制民事行为能力人；其次，监护人特定。监护人必须是法定，或者通过遗嘱或由有指定权的社会组织在符合法定条件的人中指定。

《未成年人要求撤诉与其法定代理人代为提出的诉讼请求不一致案》[1]

【案情简介】

男孩史某11岁时其父母离婚，判由其母抚养。史母于其13岁时因车祸死亡，史某随其父史甲生活数日后便去了外祖父曹某之处，一直同外祖父母生活。史某母亲的遗产及事故处理确定给史某的生活费、抚养费等都暂由其外祖父曹某代管。

一年后的1996年，史某与其父史甲在本县一家律师事务所见面，史某表示愿意随父史甲生活，并要求其外祖父曹某将其母的遗产归还于己。史甲便以史某的法定代理人的身份起诉到县法院称：我儿史某应继承其母的遗产，都在其外祖父即被告曹某处。故要求被告返还我儿应继承的遗产，并要求抚养史某。

法院受理该案后，就在开庭审理之前，原告史某向法院要求撤诉，并表示自己一直同外祖父母生活，今后也愿意同其外祖父母生活，不同意由其父亲监护并管理其财产。史某外祖父母亦表示愿意对史某尽抚养和监护责任。

【审理判析】

法院认为：原告史某与其父史甲存在父子关系。原告的父母离异后，监护责任已随之改变。鉴于原告母亲死亡后，原告一直随其外祖父母生活，而且在事实上，原告的

〔1〕 最高人民法院中国应用法学研究所编：《人民法院案例选》总第26辑，时事出版社1999年版，第53页。

外祖父母已尽到了监护责任并履行了抚养义务。现原告表示愿随其外祖父母共同生活,应对其意思表示予以尊重。

故判决,鉴于原告法定代理人史甲提出由自己抚养原告史某,监护其财产,无事实根据,因此对其请求不予支持。

【法理研究】

本案的一个诉讼焦点即是原告史某要求随其父或其外祖父母共同生活的意思表示,是否能够具有法律上的效力。而要看该意思表示是否有法律效力,则取决于史某究竟具有什么样的民事行为能力。

根据我国《民法通则》第12条的规定:"10周岁以上的未成年人是限制民事行为能力人,可以进行与他的年龄、智力相适应的民事活动。"本案原告1996年起诉时已年满15周岁,依该条的规定属未成年人,是限制民事行为能力的人,依法可以进行与其年龄、智力相适应的民事活动。原告在一审审理时表示不愿随其父共同生活,也不同意其父监护其财产,其行为是与其年龄、智力水平相适应的。

既然这种民事行为与法不悖,符合《民法通则》第12条之规定,故其是有效的民事法律行为。所以,原告的意思表示能够成立,故法院应尊重原告的意思表示。

显然由本案的处理可见,不但被监护的主体是特定,其必须是无民事行为能力人和限制民事行为能力人;而且,监护人也是特定的。

2. 监护人必须具有监护能力。即监护人必须既具有完全民事行为能力,又拥有管教和保护被监护人的能力。

3. 监护法律关系的内容具有法定性。监护法律关系的内容即监护人的权利、义务和职责多由法律加以明确规定和限制,具有强行法的特色,不允许当事人自行约定或者改变法律规定的内容。

《曾甲等诉姑妈刘某返还遗产案》〔1〕

【案情简介】

1991年10月,曾甲、曾乙之母张女因病去世。1994年8月,曾甲、曾乙之父曾男也因病去世。曾男去世不久,原告的姑妈刘某将原告父母的遗产锁在原告父母原住房间内。原告的外婆田某曾多次找刘某归还被占的财产,均被拒绝。为此,两原告于1995

〔1〕 最高人民法院中国应用法学研究所编:《人民法院案例选》总第19辑,人民法院出版社1997年版,第72页。

年2月17日向县法院提起诉讼,要求被告刘某返还其父母的遗产。

【审理判析】

县法院经审理认为:原告曾甲、曾乙之父母先后于1991年10月和1994年8月去世,原告父母所留遗产应由原告曾甲、曾乙继承。被告刘某将遗产锁住至今是事实,应将遗产归还原告。经法院主持调解,双方当事人自愿达成如下协议:田某为原告曾甲、曾乙的监护人。原告父母所留遗产属于原告曾甲、曾乙所有。

【法理研究】

本案中,两原告是未成年人,在父母双亡后一直未确立其监护人,但实际上是随外婆田某一起生活,由其履行监护职责。对此,并未有人依法定程序对其监护人资格提出异议,按我国《民法通则》第16条的规定,外婆作为第一顺序的监护人,在实际上已经履行了监护人的职责,应当是两原告的符合法律规定的监护人。应当认为,两原告父母双亡后,其姑妈即被告刘某将遗产锁住不给,其实质是剥夺两原告的继承权,故在两原告的继承权受到他人侵犯时,田某完全有资格以两原告的法定代理人的名义对被告提起诉讼,而不是本案法律文书上所列的诉讼代理人。

由于两原告是被继承人的第一顺序的继承人,又是未成年人,其他人没有任何理由剥夺他们的继承权,侵占应由他们继承的遗产,或以任何借口阻碍他们的继承权的实现。因此,被告作为两原告的姑妈,以两原告的监护人未确立为理由锁住遗产不给,没有任何法律依据,依法应驳回,责令其返还占有的遗产。

三、监护的种类

监护依不同的标准可做不同的分类,具体内容如下:

(一)法定监护、指定监护、遗嘱监护与约定监护

根据监护设立的方式不同,可将监护区分为法定监护、指定监护、遗嘱监护与约定监护。

1.法定监护。法定监护,是指由法律直接规定监护人的监护。我国《民法通则》第16条规定的,由父母、祖父母、外祖父母、兄、姐担任监护人的监护就是一种法定监护。

《未征得父母同意让未成年人开车发生车祸分担赔偿案》[1]

【案情简介】

1996 年时张某 15 岁。黄某由于丈夫骑摩托车时受伤，其在未征得张某父母同意的情况下，就让张某开着农用三轮车去事故现场。结果在公路上调头时，张某的车与王某的三轮车相撞，致使王某车上的 4 人受伤住院治疗。交通大队对该事故进行了责任认定。认定书张某应对受害人进行赔偿，张某则以黄某在未经其父母同意的情况下指使未成年人开车，造成交通事故为由，要求黄某负担部分损失。黄某予以拒绝，张某遂诉诸法院。

【审判判析】

法院经过审理认为：张某系限制行为能力人，黄某在未征得张某父母同意的情况下，让张某开车为其服务，因此所发生的交通事故，由张某承担的赔偿责任，黄某应负担 60% 的责任；张某的法定代理人因对张某监护不严，也应负 40% 的责任。

【法理研究】

本案中事故发生时张某年仅 15 岁，是限制民事行为能力人。《民法通则》第 133 条规定："无民事行为能力人、限制民事行为能力人造成他人损害的，由监护人承担民事责任。监护人尽了监护责任的，可以适当减轻他的民事责任。"因此张某的父母作为其法定监护人理应对张某的行为负责。

但张某之所以出事，是由于监护人以外的人即黄某雇佣或是指使限制行为能力人张某来从事依其行为能力不能从事的行为而造成的，从本质上看，这是其借助限制行为能力人延伸和扩展了自己的活动范围，并由此而获得利益的行为。故依转承责任的理论，黄某自应对张某的行为承担相应的民事负责。

2. 指定监护。指定监护，是指没有法定监护人或法定监护人对担任监护人有争议的，由有关单位或人民法院依法指定监护人的监护。

3. 遗嘱监护。遗嘱监护，是指被监护人的父母以遗嘱方式选定监护人的监护。但这种遗嘱应符合下列条件：立遗嘱人须是被监护人的父母；立遗嘱人须享有亲权；遗嘱的内容和订立程序皆须合法。

4. 约定监护。约定监护，是指有监护资格的人之间协议确定由其中一个或数人行

[1] 最高人民法院中国应用法学研究所编：《人民法院案例选》总第 28 辑，时事出版社 1999 年版，第 127 页。

使监护职责的监护。根据最高人民法院《关于贯彻执行〈中华人民共和国民法通则〉若干问题的意见(试行)》第22条的规定,有监护资格的人之间协议确定监护人的,应当由协议确定的监护人对被监护人承担监护责任。但是,如果有监护资格的人之间以规避法律、推脱责任为目的而约定的,该约定无效,仍应由有监护资格的人负监护责任。

(二)单独监护与共同监护

按监护人的人数为标准,监护可分为单独监护与共同监护。

1. 单独监护。单独监护,即一人监护,是指仅由一个人充当监护人的监护。

《张女诉陈男服兵役不能实际抚养子女要求变更监护关系原审按特别程序审理再审按普通程序审理案》[1]

【案情简介】

原告张女与被告陈男于1988年结婚,1989年生育女儿陈甲。1995年,原告与被告协议离婚,女儿陈甲由陈男抚养教育。因陈男当时在部队服役,不能履行对陈甲的管理、教育的监护职责。当日,由陈男起草,双方又达成《离婚补充协议》,约定陈甲暂由张女代为抚养。后陈男不按协议给付抚养费,女儿陈甲于1997年回到其祖母家生活。因祖母家与陈甲所就读的小学相距较远,又隔一条河,上学不方便,加之祖母身体有病,故陈甲于1999年不再去学校上学。其祖母打电话告诉张女,张女便于1999年将陈甲接到身边,安排在自己任教的小学就近入学。其后,张女起诉至县人民法院,要求变更陈男对陈甲的监护,由自己行使监护权。

【审理判析】

县法院经审理认为:被告陈男现在部队服役,不能更好地对其女儿陈甲履行管理、教育等监护职责。随原告生活更有利于陈甲的健康成长,且庭审中陈甲表示愿随其母张女生活,原告请求监护陈甲应予以准许。

【法理研究】

此案是一起典型的夫妻离婚后,子女随一方生活,而另一方要求变更子女监护关系的案件。在确定未成年子女的监护权时,应当以最大限度的保护未成年人的权益为出发点,合理的确定离婚双方谁应当享有监护权。监护权确定之后,并非一成不变。根据客观情况的变化,尤其是离婚双方经济条件以及抚养条件的变化,监护权可以根

---

[1] 最高人民法院中国应用法学研究所编:《人民法院案例选》总第41辑,人民法院出版社2003年版,第89页。

据一方的申请进行变更。

本案中,在离婚之时,双方约定监护权由被告陈某行使,并不明显不当。但是在确定监护权之后,陈某由于正在服役不能够妥善照顾未成年人陈甲,甚至一度使得陈甲辍学在家,不能接受起码的义务教育。这种情况虽然不是被告有意为之,但是在客观效果上却是实实在在的侵犯了陈甲的权利。本着有利于未成年人成长的原则,张女要求法院变更监护权,是合情合法的。法院作出的判决是正确的。

2. 共同监护。共同监护,又称数人监护,是指两个或两个以上的人充当监护人的监护。父母对子女的监护是最典型的共同监护。

(三)对未成年人的监护与对精神病人的监护

按监护的对象不同,监护可分为对未成年人监护与对精神病人(成年人)监护。

1. 对未成年人的监护。对未成年人监护,是指对未达18岁周岁的人的监护。根据民法通则,未成年人不具有民事行为能力或者仅具有部分民事行为能力,需要受到监护人之监护。

2. 对精神病人(成年人)的监护。对精神病人的监护,是一种对经宣告为无民事行为能力或限制民事行为能力的成年人的监护。

四、监护人的设定

(一)未成年人监护人的设定

1. 未成年人的法定监护人。我国《民法通则》第16条为未成年人规定了4种法定监护人:

(1)未成年人父母。这种监护是基于亲权而产生的,即父母对未成年子女的监护因子女的出生而产生。

(2)近亲属。未成年人的祖父母;外祖父母;兄、姐。在未成年人的父母已经死亡或丧失监护能力时,由有监护能力的祖父母,外祖父母,兄姐担任监护人。

《唐男诉段女未经同意带走其未成年女儿侵犯监护权案》[1]

【案情简介】

原告唐男与被告段女之二姐段某系夫妻关系,双方结婚后生一女孩,取名唐某,现年两岁。唐某出生后,即由被告段女来家照看。1994年10月,原告唐男之妻段某下班后搭乘他人汽车回家,途中发生车祸致死亡。此后,被告段女仍继续在原告处为原告照看唐某。1995年3月,被告段女趁原告在学校上课之机,将唐某带回自己家中。此

〔1〕 最高人民法院中国应用法学研究所编:《人民法院案例选》总第19辑,人民法院出版社1997年版,第69页。

后，原告及亲友等多次找被告要求将唐某送回，均被被告段女拒绝。为此，原告向县法院起诉，要求被告段女将唐某送回。

【审理判析】

县法院以监护纠纷立案受理。该院经审理认为：原告是唐某的生父，依法是未成年人唐某的法定监护人，原告唐男的诉讼请求应予以支持。

【法理研究】

本案是一个典型的侵犯他人监护权的案件。根据《民法通则》第16条的规定，未成年人的监护人由父母来担任，只有父母不在或者父母不能担任监护人的情况下，才能由其他人担任监护人。唐某的母亲在死亡后，其父亲便是其唯一的法定监护人，除非其不适合担任监护人。从本案中的情况看，没有证据表明未成年人唐某的父亲，也就是原告不能担任监护人。因此被告无理由的将唐某带回自己的住处，侵犯了原告对自己子女的监护权，应当承担一定的责任。

本案具有一定的典型性。在现实生活中，很多未成年人都是由祖父母、外祖父母抚养长大的。这种隔代抚养确实体现了中华民族的传统美德，但是也容易出现一些问题。经常出现的情况是，一旦夫妻一方因病或意外身故之后，就会发生所谓的“监护权纠纷”问题，通常是抚养未成年的祖父母、外祖父母拒绝将未成年人交给女婿或儿媳抚养。这实际上就是一种侵犯他人监护权的行为。当然，在这种侵犯监护权的情况下，侵权人多是对未成年人宠爱有加，他们侵犯他人权利的出发点也多是善意的。因此，在处理这些案件时，应当注重调解和说服教育，并适当地照顾到双方当事人的感受。

(3)自愿担任监护人的。此种情况下，关系密切的其他亲属(如叔、伯、姑、姨、舅)或朋友自愿担任监护责任，经未成年人的父母所在单位或未成年人的住所地的居民委员会、村民委员会同意的，可以担任；

(4)未成年人父母的所在单位或未成年人住所地的居民委员会、村民委员会或民政部门。在没有上诉三种监护人的情况下，由以上社会组织机构担任该未成年人的法定监护人。民政部门可将该未成年人送到福利院，由福利院担任其监护人。

2. 未成年人的指定监护人。根据我国《民法通则》第16条，对担任监护人有争议的，由未成年人的父、母的所在单位或者未成年人住所地的居民委员会、村民委员会在近亲属中指定。对指定不服提起诉讼的，由法院裁决。

(二)对成年精神病人监护的设定

1. 对成年精神病人的法定监护。根据我国《民法通则》第17条，精神病人的法定监护人的范围是：

(1)配偶;

(2)父母;

(3)成年子女;即精神病人的已满18周岁的具有完全民事行为能力的子女;

(4)其他近亲属;包括精神病人的兄弟姐妹、祖父母、外祖父母和已经成年的孙子女和外孙子女;

(5)自愿承担监护责任的、关系密切的其他亲属和朋友;他们在精神病人所在单位或住所地的居民委员会、村民委员会同意后,可担任监护人;

(6)精神病人的所在单位或住所地的居民委员会、村民委员会或民政部门。

《隐瞒病史的精神病人婚后病发杀妻应由其监护人赔偿案》〔1〕

【案情简介】

蔡甲于1997年患神经强迫症入院治疗。好转出院后经人介绍与曾某恋爱,一年后登记结婚。自两人恋爱时起,蔡甲及其父蔡乙均从未将蔡甲得过精神病的事告诉过曾某。1999年元旦,夫妻二人一起回男方的老家探亲,当晚,蔡甲趁曾某熟睡之际,用砖头将其打死,之后服下安眠药自杀未果。公安局在侦察期间,经司法精神病医学鉴定,才知蔡甲属于"精神分裂症,无刑事责任能力"。其后双方父母因财产发生纠纷,诉至法院。

原告女方父母称蔡甲与其父蔡乙隐瞒精神病史,欺骗其女儿与其结婚,现蔡甲将其女儿杀害,依法应由其监护人蔡乙负责赔偿。蔡乙则辩称,并未有人询问过其子是否患过精神病,他没有告知的义务。而曾某才是其子蔡甲的第一监护人,故不应由他自己来负民事责任。

【审理判析】

法院认为:蔡甲为间歇性精神病人,其父蔡乙是他的法定监护人,应当履行监护职责。蔡甲、曾某自愿结婚,且蔡甲登记结婚时精神正常,其婚姻关系合法有效。蔡乙作为蔡甲的监护人,本应告之曾某蔡甲的精神病史却未告知,其承担的监护责任依法不能免除。但因蔡甲突发精神病,蔡父对甲的行为无法预见,亦无法控制,故可以适当予以减轻。至于曾某与蔡甲结婚时购置的财产,属夫妻共同财产,应各半享有,原告多拿走部分自应折价返还。

---

〔1〕 最高人民法院中国应用法学研究所编:《人民法院案例选》总第32辑,人民法院出版社2000年版,第127页。

【法理研究】

本案中蔡甲将曾某杀害，无疑已构成对其生命权的侵犯。但蔡甲在司法精神病鉴定中被认定为“精神分裂症”，属间歇性精神病人，是限制民事行为能力人。《民法通则》第133条规定：“无民事行为能力人、限制民事行为能力人造成他人损害的，由监护人承担民事责任。”在本案中无疑此民事责任应由蔡甲的监护人来承担。

《民法通则》第119条确认：生命侵权的间接受害人，即在法律条文中表述为“死者生前扶养的人”，对加害人享有损害赔偿的请求权。本案的法律难题是：对被告蔡甲在婚姻关系存续期间精神病发作杀死自己的妻子时，有无赔偿责任？如果产生赔偿责任，则谁才是监护人，即要由哪一位来承担此种民事责任？

由于蔡甲在婚前本来就患有精神病，自然其父在婚前无疑就是其监护人。从保护其子和他人安全的角度出发，蔡乙辩称自己没有告知义务显然不能成立。而在蔡甲杀死曾某前，曾某并不知蔡甲患有精神病，因此也就谈不上曾某有所谓受害人过错的问题了。至于曾某遇害以后，从法律上看，蔡乙仍又具有了加害人的监护人身份。根据我国《民法通则》第133条的规定，自然应对其子的侵权行为承担民事赔偿责任。

总之，鉴于曾某根本不知蔡甲有精神病，因而在法律逻辑上难以要求其承担对蔡甲的监护义务。相反，其父蔡乙隐瞒蔡甲的病史，应当注意，能够注意，而没有注意，才应以监护人名义来承担民事责任。所以在本案中，蔡乙作为加害人之父承担民事责任的理由，并不是应当将其视为是加害人婚后至加害行为发生时的监护人；而是鉴于其未履行告知义务所产生的自己责任。同理，正因如此，鉴于其对加害人的突发行为无法预见，无法控制，这才成为应适当予以减轻责任正当理由。

2. 对精神病人的指定监护。我国《民法通则》第17条规定：对担任监护人有争议的，由精神病人的所在单位或者住所地的居民委员会、村民委员会在近亲属中指定。对指定不服提起诉讼的，由人民法院裁决。

五、监护人的法律地位

监护人的法律地位是指监护人作为监护法律关系中的主体所能够享有权利和履行义务的资格。我国《民法通则》第18条规定：“监护人应当履行监护职责，保护被监护人的人身、财产及其他合法权益，除为被监护人的利益外，不得处理被监护人的财产。监护人依法履行监护的权利，受法律保护。监护人不履行监护职责或者侵害被监护人的合法权益的，应当承担责任；给被监护人造成财产损失的，应当赔偿损失。人民法院可以根据有关人员或者有关单位的申请，撤销监护人的资格。”

由此可见，在我国监护人的法律地位是权利和义务相统一的，监护人既享有一定的权利，也承担一定的义务。

第三节 亲 权

一、亲权的概念与特征

亲权是指父母对未成年子女在人身和财产方面的管教和保护的权利和义务。亲权源于罗马法的家父权和日尔曼法的保护权。现代民法上的亲权是父母对未成年子女以教养为目的,在人身和财产方面的权利和义务的统一。目前,在我国《婚姻法》中没有确立亲权的概念及制度,但不少学者提出我国应建立亲权制度。从亲权的概念出发,亲权具有以下特点:

1. 亲权是权利和义务的统一。亲权是权利义务综合体,具有权利义务的双重性。亲权既是父母对未成年子女的权利,未成年子女应服从父母的教养和保护,同时,也是父母对未成年子女应尽的义务,不得随意抛弃、转让和非法剥夺。

2. 亲权是只存在于父母与未成年子女之间的关系。亲权也只能在子女未成年阶段行使,父母与成年子女之间不存在亲权。因此,亲权的行使具有期限性。

3. 亲权的设立以保护未成年子女的根本利益为目的。亲权是以保护未成年子女的人身权益和财产权益为亲权的出发点。

《某居民委员会申请撤销丁男的监护人资格案》〔1〕

【案情简介】

丁某系丁男与张女之子,生于1984年1月。1996年丁男与张女离婚,丁某由丁男抚养,张女每月支付100元抚育费。在离婚后的最初半年中,丁男尽到了相应的抚养义务及监护责任。后丁男经常采用打骂、罚跪、挨饿、赶出家门等方式对丁某进行虐待,且平时在生活上不关心丁某,亦不准丁某祖母关心照顾丁某,甚至将抹布扔进丁某和其祖母食用的排骨汤内。丁某在中学学习期间,丁男以丁某上课打瞌睡,不服从其管教为由,曾多次将丁某从课堂上拉回家中,剥夺丁某受教育权。中学领导及丁某的班主任曾多次对丁男进行善意的劝阻和批评,但丁男依然我行我素。1999年9月,丁男以丁某报考市高级技术中学(以下简称技校)未征得其同意为由,两次撕毁了丁某的入学通知书,并不让丁某到校上课。后在妇联、学校、居委会的共同努力下,丁某才至技校报到学习。丁男随即又赶至技校吵闹,并强行将丁某关在家中,致丁某旷课10多天。后丁某被迫退学,失学一年。后经区妇联等部门与技校协商及丁男得知该技校是全市最好的技校且有大专班,在丁男再三保证不干扰丁某正常学习和要求恢复丁某学

〔1〕 最高人民法院中国应用法学研究所编:《人民法院案例选》总第44辑,人民法院出版社2003年版,第91页。

籍的情况下，丁某复学。但复学不久，丁男又以丁某不服从监护为由到学校吵闹，不让丁某上学，撕毁丁某的练习本，拿走丁某的书包，甚至将丁某强行拖出学校，仅2001年就达五六次。

2001年11月12日，居委会以丁男的行为严重损害了丁某的身心健康，侵害了丁某作为未成年人的受教育权为理由，根据《民法通则》有关监护的法律规定，向区法院提出申请，要求撤销丁男对丁某的监护资格。

【审理判析】

区法院审理后认为：居委会提供的23位证人，均系丁男住所地周围邻居，所作证词与区妇联、中学、技校的证词能相互印证，具有证明力和可信度，本院对居委会起诉称丁男自1996年离婚后，对丁某进行体罚，长期不履行抚养、教育的法定义务及阻挠丁某受教育的事实予以认定。丁男在庭审中称其已尽监护人责任及对丁某有打、饿、冻、赶出家门等系丁某有不良行为所致，因其未提供充分证据印证，本院不予采信。丁男是丁某的法定监护人，理应保护丁某的身体健康，照顾其生活，管理和保护其财产，对其进行教育，维护其合法权益，履行相应的监护职责。对其认为的丁某的不良行为，丁男未能采取说服教育、正确引导的方法，而是采用打、饿、冻、赶出家门等方式对丁某进行体罚，损害了丁某的身心健康；在丁某九年制义务教育及在技校学习期间，丁男不顾学校和有关部门的劝阻，撕毁丁某的入学通知书、损坏学习用品，并多次将丁某从学校拉回家中，强行拿走丁某的书包，侵犯了丁某的受教育权。

综上，丁男的上述行为明显对被监护人不利，故其已不再适宜担任丁某的监护人。根据居委会的申请，撤销丁男对丁某的监护资格。

【法理研究】

本案是一起典型的撤销不合格的监护人的案件。根据《民法通则》第18条的规定，对于给被监护人的人身和财产造成损失的，法院可以撤销其监护人的地位。在本案中，丁男屡次打骂丁某，并且多次到学校影响丁某的学习生活，已经严重的侵犯了丁某的人身权利和受教育的权利。因此法院撤销丁男的监护人资格是合理合法的。

监护制度的设计目的在于保证未成年人的人身和财产不受到损害，并照顾到他们健康的成长。虽然，父母不仅是未成年子女的监护人，还是其亲权人，从而在照顾、教育、管教未成年子女方面享有一定的权利。但是这些权利都应当从维护未成年子女成长和发展的角度行使，而不能滥用对子女的惩罚权，更不能虐待子女、遗弃子女。我国《婚姻法》第3条明确规定："禁止家庭成员之间的虐待和遗弃。"从本案中的情况看，丁男已经构成了对丁某的虐待。这种行为已经严重地触犯了法律，应当得到法律的制裁。

本案中，另外一个需要注意的问题是如何确定合理惩戒和虐待之间的界限。无论是法律还是一般的社会认知，都承认父母在管教子女方面享有一定的惩戒权。也就是说，父母在约束子女的行为时，可以惩戒，甚至可以行使一定程度的体罚措施。然而，需要注意的是，这种惩戒和体罚必须在合理的范围内，即这些行为不能造成对未成年人人身权利和人格尊严的侮辱。那种“棍棒底下出孝子”的观念，在当代完全可以被认为是一种虐待行为。当然，在教育子女时，我们主张说服教育和积极引导的原则。那种动辄打骂的教育方式，不仅不利于未成年人的身心成长，而且也容易给亲子关系带来永久性的伤害。

二、行使亲权的原则

各国婚姻家庭法在规定亲权制度时，规定了亲权行使的原则，一般有：

1. 保护未成年子女的合法权益原则。亲权的设立和行使均应以保护未成年子女的合法权益为出发点，父母对未成年子女行使亲权的根本目的就在于为未成年子女的人身权益和财产权益提供保护。

2. 父母共同行使亲权原则。未成年子女的父母是未成年子女的当然亲权人，因此，应由父母对未成年子女共同行使亲权。父母共同行使亲权，不仅表现在亲权由父母双方平等地享有，而且强调亲权作为整体的权利，由父母共同行使，除特殊情况外，不能由父或母分别享有。

3. 严禁滥用亲权原则。父母在行使亲权时，应依法进行，不得滥用亲权。因父母的过错而造成未成年子女的权益损害的，应承担民事责任，并依法可被剥夺其亲权。

三、监护制度与亲权制度

按狭义监护概念进行立法的国家是明确区分亲权和监护的。在传统民法理论中，监护制度是亲权制度的延长或补充。在没有亲权人或虽有亲权人但无管理财产能力时，才设立监护。亲权制度与监护制度颇为类似，都包括对无民事行为能力人和限制民事行为能力人人身和财产两方面的保护和管理，但两者仍存在着许多区别。

1. 亲权的成立是以亲子关系为基础。亲权人对子女负有抚养义务；而监护人与被监护人之间则无此种特定的身份关系，因而监护人对被监护人一般不负抚养义务。

2. 亲权人对其子女的财产进行处分的限制比较宽松。并享有该项财产的用益权；而监护人处分被监护人财产的权利则受到法律的严格限制，并且监护人不享有被监护人财产的用益权。

3. 亲权因亲权人与其子女的血亲关系自然取得。无须经过特别批准，只有在某些法定条件下才受到限制；而监护权则必须经过法定程序才能取得。

4. 监护人因监护活动有请求一定报酬的权利。而亲权人则不得因行使亲权而索酬。

5. 监护的制约严格。监护开始时，监护人应对被监护人的财产进行清理造册，监护人对该项财产的情况负有报告的义务;而对亲权的行使则无此限制。

我国《民法通则》将亲权制度与监护制度合二为一,规定父母是未成年子女第一顺序的法定监护人。没有将亲权制度与监护制度予以区分。

四、亲权的主体、客体及内容

(一)亲权的主体

亲权人,即行使亲权的权利义务主体。一般情况下是父母双方,这里的"父母"包括生父母、养父母、与继子女形成抚养关系的继父母。但在一些例外情况下,亲权的主体发生一定的变化。具体情况主要是:

1. 亲权主体的变更。在婚姻关系存续期间,父母一方自然死亡、宣告死亡或宣告失踪、被宣告为无民事行为能力人或限制民事行为能力人时,未成年子女的亲权由另一方行使。

《王女因已结扎和生活条件改善要求将原由祖父抚养的孩子由其抚养诉蔡男变更实际抚养案》[1]

【案情简介】

1985年8月,原告王女经人介绍与被告之子蔡某自愿结婚。婚后,因原告有一定程度的痴呆,做农活、家务均需他人指教,家中生活无调算,生活较为困难,夫妻感情一般化。原告与蔡某于1986年7月生一女孩蔡甲,于1988年生一女孩蔡乙,于1991年生一男孩蔡丙。原告生下蔡丙后做了结扎手术。1993年7月,原告之夫蔡某病故。此后,原告家庭生活比以前更为困难,原告无法维持四口之家,于同年9月回娘家生活,3个小孩留在被告处由被告抚养。

1993年11月,原告经人介绍与刘男结婚。原告与刘男结婚后,夫妻和睦,但因原告已结扎,不能再生育,故希望从被告处要回小孩自己抚养。因被告不同意,原告即以被告年老体弱家庭经济困难,无法继续抚养小孩;本人现生活富裕,有抚养孩子的能力,且本人已无生育能力为理由,向县法院提出起诉,要求抚养3个孩子。

【审理判析】

县法院经审理认为:原告要求抚养小孩符合《婚姻法》的有关规定,其请求应受法律保护。但鉴于原告患有一定程度的痴呆症,其抚养3个小孩的能力有限;而被告则有抚养小孩的能力。因此,从本案实际情况出发,为有利于小孩的健康成长和保护妇

---

〔1〕 最高人民法院中国应用法学研究所编:《人民法院案例选》总第12辑,人民法院出版社1995年版,第81页。

女儿童的合法权益,法院主持双方当事人进行了调解。调解协议约定,蔡甲由原告抚养,蔡乙和蔡丙由被告抚养。

【法理研究】

本案中关键的问题是,谁对三个未成年人享有亲权?

一般认为,只有未成年人的父母才是未成年人的亲权人,因此,除了未成年人的父母之外,其他人不能够行使亲权。在本案中,虽然原告在智力上有一定的障碍,但这不是剥夺原告亲权的必要充分条件。在原告生活困难,没有经济来源的情况下,本着有利于未成年人成长的原则,可以由其他人来行使监护权,从而限制原告的亲权。然而,原告再婚之后,生活美满,经济富裕,已经完全有能力照顾、抚养三个未成年子女。此时再以其他理由来限制原告的亲权是没有道理的。

在本案中,最终审理的结果是双方通过协议而达到的,其直接的后果就是使三个姐弟分属于两个家庭进行抚养。这种处理方式值得商榷。从未成年人成长的角度看,人为地分裂具有手足之情的三姐弟,对他们的成长未必有利,也不利于他们之间亲密感情的建立和发展。本文对这种做法,持否定态度。正确的做法是,在不分裂三个姐弟的情况下,对成年人之间的权利和义务进行协调。如果在各方利益不能完全协调的情况下,应当以牺牲成年人的利益方法,来保全三个姐弟的最大利益,这其中就包括他们一起共同成长、共同建立、发展亲密感情的预期利益。

2. 父母离婚时,离婚父母仍是未成年子女的亲权的主体。但从亲权的行使方便考虑,未成年子女的亲权原则上由亲自抚育子女的一方行使,重大问题则由父母双方共同协商。

3. 亲权的中止。在父母婚姻关系存续期间,一方因客观原因如长期在外、下落不明、重病、服刑等不能行使亲权时,由另一方行使亲权。

4. 亲权的转移。父母一方被依法剥夺亲权时,由另一方行使亲权;子女被父母送养的,养父母成为该子女的亲权人,生父母的亲权消灭。只有收养关系依法被解除后,未成年子女与生父母的亲权才能重新恢复。

5. 父母离婚后再婚的,除生父母为子女的亲权人外,与继子女形成抚养关系的继父或继母也成为继子女的亲权人。我国《婚姻法》第27条第2款规定:“继父或者继母和受其抚养教育的继子女间的权利和义务,适用本法对父母子女关系的有关规定。”

《陈甲在养母去世后诉养父胡男给付抚养费纠纷案》[1]

【案情简介】

胡男与陈女原系夫妻。1986年6月，双方共同收养一名弃婴取名陈甲，并一直在陈女母亲陈乙处生活，陈女每月付给一定的抚养费。1989年6月，胡男与陈女协议离婚，双方协议陈甲由陈女抚育。同年12月，陈女与唐男结婚，陈甲仍在其外祖母处生活，陈女每月付40元生活费。1992年8月，陈女落水身亡。因胡男、唐男均不愿承担抚育陈甲的义务，陈甲无生活来源，其外祖母陈乙作为法定代理人于1993年2月向县法院起诉，要求被告胡男给付抚养费。

【审理判析】

县法院经审理认为：被告胡男系原告陈甲养父，有抚养原告的义务。原告养母身亡后，其无生活来源，应由被告胡男承担抚养的责任。判决后，胡男以其与陈甲之间没有收养关系，不应承担抚养义务，陈甲应由唐男抚养为由上诉，请求二审法院予以改判。

中院经审理认为：胡男与陈女婚姻关系存续期间收养陈甲是事实。在胡男与陈甲之间形成的收养关系，不因胡男与陈女离婚而解除。被上诉人陈甲尚未成年，又无生活来源，要求养父给付抚养费是合法的。唐男与陈女结婚时间较短，且陈甲一直未与唐男一起生活，没有形成有抚育关系的继父女关系，上诉人要求改判，无法律依据，原审判决正确。

【法理研究】

本案涉及了养父母与养子女以及继父母与继子女之间的关系。本案中，陈甲是在胡男与陈女夫妻关系存续期间共同收养的，因此，在陈女、胡男与陈甲之间已形成了收养关系。我国《收养法》第23条规定，“自收养关系成立之日起，养父母与养子女之间的权利义务，适用法律关于父母子女关系的规定”。我国《婚姻法》第36条第1、2款规定：“父母与子女间的关系，不因父母离婚而消除。离婚后，子女无论由父方或母方抚养，仍是父母双方的子女。离婚后，父母对子女仍有抚养和教育的权利和义务。”因此，即使陈甲的父母离婚，他们与陈甲之间仍然存在父母子女关系。当陈甲没有生活来源时，当然可以要求其养父胡男承担抚养义务。

至于陈甲与唐男之间的关系。我国《婚姻法》第27条第2款规定：“继父或继母和

---

[1] 最高人民法院中国应用法学研究所编：《人民法院案例选》总第9辑，人民法院出版社1994年版，第67页。

受其抚养教育的继子女间的权利和义务,适用本法对父母子女的有关规定。"陈女在与唐男结婚后,陈甲一直与其外婆一起生活,从来没有与唐男一起生活,他们之间没有形成事实的抚养关系。因此,他们之间不存在可以要求唐男承担抚养义务的继父母与继子女之间的关系。因此,法院认定唐男不承担抚养义务,是正确的。

(二)亲权的内容

亲权的内容是亲权制度的核心,主要包括人身方面的亲权和财产方面的亲权两个方面的内容。

1. 人身方面的亲权。人身方面的亲权主要内容有:

(1)抚养教育权。父母对未成年子女享有抚养教育的权利和义务。父母应承担未成年子女的生活费、营养费、医疗费、教育费以及同人格发展有关的其他的必要费用,为保障未成年子女健康成长提供必要的生活条件。

(2)管束保护权。父母应对未成年子女的人身安全和身心健康进行足够保护,防止或排除来自外界的非法危害,并以良好的道德品质教育、约束未成年子女,使未成年子女身心能够健康成长。

(3)惩戒权。为保证对未成年子女的管束,父母在法律许可的范围内可以对未成年子女行使惩戒权,以帮助未成年子女矫正不正确的态度和行为。但父母行使惩戒权时,不能损害子女人格,也不得侵害子女的人身安全和身心健康。

(4)子女交还请求权。当未成年子女被他人非法诱骗、拐卖、隐匿或扣留时,父母有权请求交还子女,必要时也可请求当地公安部门进行协助,也可以直接向人民法院提起诉讼。

《杨女未交费留下出生的婴儿出院后诉某医院将其婴儿送他人收养要求返还孩子案》[1]

【案情简介】

1992 年 8 月,怀孕的原告杨女在市医院产下一女婴。1992 年 9 月,杨女遗弃自己所生育的非婚生女婴,离开医院。此后,医院经多方寻找杨女未果,承担起喂养婴儿的责任。同年 10 月,婴儿的奶奶常女曾到医院看望婴儿,并作出了"杨女的婴儿如在 10 月 7 日不来领取。则送别人领养,同意医院处理"的书面承诺。

医院在喂养女婴 69 日以后,因杨女及其家人既未补充住院费、手术费、医药等费用,亦未再来与医院协商有关女婴的事宜,医院在获得市民政局关于"该女婴由医院自

---

[1] 最高人民法院中国应用法学研究所编:《人民法院案例选》总第 36 辑,人民法院出版社 2001 年版,第 65 页。

行处理”的口头授权后，将婴儿作为弃婴送给他人收养。

杨女从1994年开始，多次到医院协商返还婴儿的事宜未果，于1999年向市法院提起民事诉讼，要求医院返还孩子。

被告医院答辩称：“杨女”当时已遗弃自己的孩子，医院曾按其留下的地址多方寻找“杨女”无果，在婴儿的祖母书面承诺由医院处理婴儿的情况下，将符合送养条件的婴儿送给他人收养是合法的。由于“杨女”非医院上签名“杨女”本人，且两者住所地和身份不同，因此我院认为杨女在本案中不是适格的原告，故要求法院驳回原告的诉讼请求。

【审理判析】

市法院审理认为：原告杨女于1992年8月在被告处剖腹产下女婴，住院时报假姓名、假籍贯，住院至同年9月8日，没有交齐住院费、手术费、医疗费等费用就离院而去，遗弃婴儿，属违法行为。医院在原告遗弃婴儿以后，喂养婴儿69日，经市民政局口头授权“自行处理”后，才将婴儿作为弃婴处理，送给他人收养，其送养行为有效。原告弃婴后反要求医院返还婴儿并赔偿调查取证费、误工费、精神赔偿费及承担诉讼费，显属无理，法院不予支持。

【法理研究】

本案所涉及的内容比较复杂。杨女作为婴儿的母亲，其享有包括抚养教育、约束管教、返还子女请求权等权利；这种权利是受到法律保护的，任何单位和个人不得随意侵犯。本案中，杨女在生下女儿后，擅自遗弃，没有履行作为母亲的应尽义务，是一种违法的行为。但是，杨女的这种行为是否必然使得医院送养婴儿的行为合法呢？

应当认为不能认为杨女的这种行为必然使得医院送养婴儿的行为合法。其理由在于：

首先，婴儿的奶奶不是亲权人，也不是法定监护人，其无权作出将婴儿送养的决定。

其次，医院不能仅仅根据民政局的“自行处理”决定，就将婴儿送给他人。因为，各个地方民政局并不具有剥夺父母对子女亲权的权力。

我们认为，针对本案的情况。医院应当首先以杨女为被告，要求其领回子女。只有确实不能找到婴儿的亲生父母的情况下。医院才能根据《收养法》的有关规定，送养婴儿。这样做比较符合我国的立法精神，也符合《宪法》上保护母亲的规定。

(5)与身份行为有关的法定代理权和同意权。未成年子女是无民事行为能力人和限制民事行为能力人，不能独立地行使身份行为，必须由父母代理进行。因此，未成年子女的职业许可、被收养等身份上的行为应当由父母代理或经过父母同意。未成年子女的合法权益受到侵犯时,父母也应以法定代理人的身份要求侵害人停止侵害、赔偿损失等。

(6)赔偿义务。未成年子女损害他人利益的,父母作为未成年人的亲权人应承担赔偿责任。

2. 财产方面的亲权。财产方面的亲权主要有:

(1)同财产相关的代理权和同意权。原则上,无民事行为能力的未成年人不能实施任何法律行为,限制民事行为能力的未成年人只能从事与年龄相适应的法律行为。因此,他们在处理财产时,一般要由其父母代理行使或经其父母同意后行使。父母在行使财产行为的代理权时,应维护未成年子女的合法权益,除考虑未成年人利益外,不得擅自处分未成年人财产。

(2)管理权。对于未成年子女享有的财产,由其父母对该财产行使管理权。管理权主要以财产价值保存和增加为目的,不涉及变更财产性质的利用行为及改良行为等一切事实上和法律上的行为。父母对未成年子女的财产行使管理权时,应以与处理自己事务同样的注意进行管理,因父母未尽此注意义务而造成未成年子女财产损害的,父母应承担赔偿责任。同时,第三人非法侵害未成年子女的财产时,父母可以以法定代理人的身份请求返还原物或请求排除第三人的侵害,恢复其对该财产的管理权。

(3)用益权。在维护未成年子女财产权益的前提下,父母有合理地利用、支配未成年子女财产的权利。由此所得到的收益原则上归未成年子女所有,但该收益可以用于该子女的养育费、财产的管理费以及家庭的其他必要开支。

(4)处分权。原则上,父母对未成年子女的财产不能进行处分。但在充分考虑子女利益的情况下,可以对未成年子女的财产行使处分权。此外,未成年人对他人的人身和财产造成损害的,父母可以从未成年子女的财产中优先支付。

(三)亲权的客体

亲权的客体是亲权权利义务共同指向的对象。学者们的观点主要有三种:

1. 未成年子女说。此种观点认为,亲权的客体是未成年子女。

2. 身份利益说。其认为,亲权作为身份权的一种,其客体是父母与未成年子女间基于身份关系而产生的特定利益。

3. 人身、财产两分说。其认为,亲权的客体分为两部分。亲权人身方面的客体是受亲权保护的未成年子女的人身,亲权财产方面的客体是未成年子女的财产。目前,第三种观点为我国学者之通说。

五、亲权的丧失、中止、恢复和消灭

(一)亲权的丧失

亲权的丧失是指父母因法定事由而丧失行使亲权的资格。通常认为,丧失亲权的法定事由主要有:

1. 严重虐待遗弃。父母一方或双方对未成年子女实施犯罪行为如遗弃、强奸、虐待等，严重侵害未成年子女的利益。

2. 滥用亲权。严重侵害未成年子女的人身和财产权益。

3. 严重不履行亲权义务。不履行亲权义务要达到严重程度。

4. 教唆犯罪。教唆、引诱未成年子女犯罪，或与未成年子女共同犯罪。

5. 其他。指由于其他重大事由，经法定程序或人民法院宣告而丧失亲权。

(二) 亲权的中止

亲权的中止，是指亲权人因事实上原因或法律上原因不能行使亲权时，依法宣告其亲权中止，当中止亲权事由消失时，仍恢复其亲权的制度。一般来说，亲权终止的主要情况有：

1. 父母一方或双方被宣告为无民事行为能力人或限制民事行为能力人；

2. 父母一方或双方存在客观原因如重病、长期在外等暂时无法行使亲权。

(三) 亲权的恢复

亲权的恢复是因事实原因和法律原因而丧失或中止亲权的父母，在法定条件下恢复亲权的行使。恢复亲权的条件一般是丧失或中止亲权的事由消灭，经利害关系人的申请，由人民法院宣告或经法定程序恢复父母对未成年子女亲权的行使。

(四) 亲权的消灭

亲权的消灭是指因一定的法定原因的出现，使亲权无须履行或无法履行，亲权不复存在。亲权消灭的主要原因有：

1. 子女成年；

2. 子女死亡；

3. 父母一方或双方死亡，死亡方消灭对未成年子女的亲权；

4. 收养关系成立，生父母消灭对亲生子女的亲权；

5. 收养关系解除，养父母消灭对养子女的亲权；

6. 其他原因导致亲权的消灭。

第四节 子 女

子女可以分为婚生子女、非婚生子女、养子女和继子女。本节主要讨论与婚生子女、非婚生子女、继子女有关的法律问题。与养子女有关的法律问题在第八章进行讨论。

一、婚生子女

(一) 婚生子女的概念和要件

婚生子女是指婚姻关系成立后，妻受孕所生的子女。婚生子女应当具备以下条件：

1. 父母之间有婚姻关系存在；

2. 须是生父的妻分娩所生；

3. 其受孕是在婚姻存续期间；

4. 须生母的夫的血统。

(二)婚生子女的法律地位

婚生子女自出生时与其父母形成父母子女法律关系。父母有对子女履行抚养教育的义务。子女成年后对父母有赡养和扶助的义务。父母有保护和教育为成年子女的权利和义务。父母和子女之间有相互的继承权。

《郑某诉孙某因生理缺陷离婚和通奸所生之子抚养案》〔1〕

【案情简介】

1977 年,原、被告双方未经登记而结婚,初期双方感情尚可。后因双方一直未生育,经检查,被告没有生育能力。1984 年,原告因与他人通奸怀孕生育一子,该子跟原、被告一起生活。三四年后,被告得知此事真相,双方即开始为此事经常争吵,并发展到动手打架。被告也逐渐形成酗酒的习惯。1995 年,原告离家出走。1996 年,原告向县法院起诉请求离婚,合理分割财产,孩子由被告抚养,其承担抚养费。

被告答辩称:由于我没有生育能力,原告乱搞两性关系,才生育了一子。现双方没有和好可能,但我不同意离婚,也不抚养孩子,不承担抚养费。所欠外债应各自偿还。

【审理判析】

县法院认为:原、被告虽未办理结婚登记手续,但已形成了事实婚姻。双方虽结婚多年,但一直未建立起真挚的夫妻感情。加之被告没有生育能力,原告同他人生育子女后,更伤害了夫妻感情。原、被告感情确已破裂,已无和好可能,原告提出离婚,应予支持。被告虽与原告所生子共同生活,但双方之间没有法定权利义务关系,而且该子又愿意随原告生活,故应由原告抚养该子和负担抚养费为宜。

【法理研究】

本案的最大难题在于一方与他人通奸怀孕所生的孩子由谁抚养,抚养费由谁承担?

受法律保护的父母子女关系主要有:生父母子女关系、继父母子女关系、养父母子

---

〔1〕 最高人民法院中国应用法学研究所编:《人民法院案例选》总第 21 辑,人民法院出版社 1997 年版,第 65 页。

女关系。在这些父母子女间关系中，父母子女关系不因婚姻关系的解除而解除。父母双方离婚后，仍有对其子女抚养和教育的义务，不因子女由谁抚养、子女抚育费由谁给付而改变。

在本案中，被告没有生育能力，这是原、被告共同承认的事实，因此，该子同被告不可能形成生父子关系。虽然，该子是在原、被告婚姻关系存续期间出生，但其不属于收养，又不属于继父母与继子女之间的关系。此外，该子女是原告同他人通奸怀孕所生的事实，被告是在该子三四岁时才知道。这种情况下，本案的情况与民间的"借种"行为有本质的区别，虽然"借种"行为是一种陋习，不值得我们倡导，但是，该种行为长时间的为人们所接受，在处理案件时，需要给予一定的考虑。本案中，原告与他人之间的通奸行为，已经严重的损害了被告的心理，使得其已经不可能与该子女形成任何父母子女关系。此种情况下，法院判决仅由原告自己承担抚养费，不仅符合法律的规定，也是比较符合社会生活实际的。

二、人工授精与婚生子女

人工授精技术是人类生殖手段的延长，能够满足不能生育子女的妇女哺育子女的需要。在技术上，人工授精是采用人工的方法取出精子或卵子，然后用人工方法将精子或授精卵注入妇女子宫，从而使其受孕。按照人工授精而生育的子女一般被称为"试管婴儿"。目前，人工授精技术已经成熟并被广泛地应用在医学临床。

人工授精问题涉及了伦理道德、婚姻、血统、法律等相关问题。在人工授精过程中，所使用的精子和卵子来自于夫妻双方，那么所生子女的血缘便来自于父母双方，一般不会产生太大问题。然而，如果人工授精所使用的精子和卵子不是完全来自夫妻双方，必然会出现一方不是血亲的情况，由此而产生的问题比较复杂。目前在司法实践中已经出现了因人工授精而引发的纠纷。

最高人民法院(1991)民他字第12号函指出："在夫妻关系存续期间，双方一致同意进行人工授精，所生子女应视为夫妻双方的婚生子女，父母子女之间的权利义务关系适用于《婚姻法》的有关规定。"该回复明确了人工授精子女的法律地位，对司法实践具有重要的指导作用。

《严某诉汤某离婚及人工授精子女抚养案》[1]

【案情简介】

严某和汤某于1978年登记结婚。婚后因多年不育，经医院检查，汤某无生育能力。

---

〔1〕 最高人民法院中国应用法学研究所编：《人民法院案例选》总第20辑，人民法院出版社1997年版，第84页。

1984年下半年,严某与汤某通过熟人关系到某医科大学附属第一医院实施人工授精手术二次,均未成功。1985年初,经人介绍,二人找到某厂医务室一退休医师,又实施人工授精手术三次。不久,严某怀孕,于1986年1月生育一子。之后,双方常为生活琐事发生争吵,加上分居两地,致使夫妻关系紧张。

严某于1996年向区法院起诉。要求与被告离婚;孩子由我抚养,被告承担孩子抚养费;在各自住处的财产归各自所有。

汤某辩称:夫妻双方感情确已破裂,若能维持还是以和为好,若原告坚持要离,也同意与原告离婚。孩子由我扶养教育,抚养费全部由我承担。若原告坚持要抚养孩子,则孩子的抚养费全部由原告承担,因孩子并非我所亲生,与我无血缘关系。原告做人工授精手术时,我虽在场,但并非同意,故我不应承担抚养费。财产分割同意原告意见。

【审理判析】

区法院受理后认为:原、被告双方感情确已确裂,经法院调解和好无效,双方均表示同意离婚,可予准许。孩子系双方一致同意实施人工授精所生,应视为婚生子女。孩子现已超过10周岁,经征求孩子意见,其愿随母亲生活。

【法理研究】

本案的最主要问题不是双方能否离婚问题,而是双方通过人工授精而生育子女的地位问题。人工授精作为一种辅助生育手段,为许多不孕不育的夫妻带来福音,但因此而带来的纠纷也不断发生。我国现行《婚姻法》就人工授精而生育的子女问题,没有做具体明确规定。但是,最高人民法院在1991年7月8日《关于夫妻关系存续期间以人工授精所生子女的法律地位的复函》中指出:"在夫妻关系存续期间,双方一致同意进行人工授精,所生子女应视为夫妻双方的婚生子女,父母子女之间权利义务关系适用《婚姻法》的有关规定。"

本案中,双方先后几次实施人工授精,而且在实施人工授精时,汤某均在场。即使夫妻双方有矛盾,汤某仍然按时支付抚养费。因此,现在其否认当初同意原告做人工授精手术,并藉此拒绝承担对孩子的抚养义务,是没有道理的,法院当然不能支持其请求。根据上述复函的精神,孩子应视为原、被告夫妻双方的婚生子女,其与原、被告之间的权利义务关系应与亲生父母子女之间的权利义务关系一样得到承认和保护。因此,汤某应当承担对子女的抚养责任。

三、非婚生子女

（一）非婚生子女的概念

非婚生子女是婚生子女的对称，是指没有合法婚姻关系的男女所生的子女。非婚生子女包括：未婚男女所生子女、已婚男女与第三人发生性行为所生子女、无效婚姻当事人所生子女等。

（二）非婚生子女的法律地位

《婚姻法》第25条规定："非婚生子女享有与婚生子女同等的权利，任何人不得加以危害和歧视。不直接抚养非婚生子女的生父或生母，应当负担子女的生活费和教育费，直到子女能独立生活为止。"可见，根据我国法律规定，非婚生子女与婚生子女的法律地位相同，有关父母子女之间的权利义务关系，如抚养教育、管教保护、赡养扶助和遗产继承等，适用于非婚生子女与其生父母之间。当非婚生子女的生父母不尽抚养义务时，非婚生子女有权要求生父母给付抚养费，直至非婚生子女独立生活为止。

《张氏姐妹诉生父钮某承担抚养义务纠纷案》〔1〕

【案情简介】

李女与张男结婚后，因张男无生育能力，双方没有子女，李女便找到钮男协商生育子女。商定后，李女与钮男先后生育张甲、张乙两个女孩。对此，张男是知情的。两女孩和李女、张男夫妇共同生活。1993年4月，张男起诉要求与李女离婚，并以两原告不是其所生和经济困难为理由，拒绝抚养两原告。为此，原告为抚养问题，由生母李女作法定代理人，向县法院起诉，要求生父钮男尽抚养义务。

钮男承认其是两原告的生父。但对抚养问题要求与两原告的生母李女商量解决。

【审理判析】

县法院经审理认为，被告钮男是原告张甲、张乙的生父，又有经济条件，根据《婚姻法》第19条"非婚生子女的生父，应负担子女必要的生活费和教育费的一部或全部，直至子女能独立生活为止"的规定，钮某应对其子女尽抚养义务。

【法理研究】

本案涉及了非婚生子女的认定问题。非婚生子女是指没有合法婚姻关系的男女所生的子女，包括已经结婚但是与他人所生的子女。从本案的情况来看，李女与钮男

---

〔1〕 最高人民法院中国应用法学研究所编：《人民法院案例选》总第10辑，人民法院出版社1995年版，第58页。

先后生育张甲、张乙都属于非婚生子女。钮男作为生父,其未成年子女要求其承担抚养责任,于法有据,法院应当支持其诉讼请求。但是,本案中,另外一个关键的问题是,如何确定张甲、张乙与张男之间的关系。从法院审理的情况看,其认为张男不是两原告的生父,因此,可以不承担任何抚养责任。这种观点值得商榷。从血缘关系上看,张男与原告之间不存在任何血缘上的亲子关系,也没有履行任何的收养手续,他们之间基本不具备要求抚养与被抚养的法律关系。

但是,本案中,一个需要注意的细节问题是,张男对于李女与钮男的行为是知晓的,在婚姻期间也一直履行对两原告的抚养责任。这种情况下,一概认定张男与原告之间没有任何关系,恐怕与长期以来形成的事实关系不符,也不利于未成年人的成长。因此,本书认为,这种情况下,可以要求张男承担一定的责任。

四、继子女

(一)继父母与继子女的概念和类型

父母一方死亡的或父母离婚的,已无配偶之父或母再行与他人结婚的事实形成继父母与继子女关系。子女称父母的再婚配偶为继父或继母,夫或妻称其再婚配偶的子女为继子女。

一般来说,形成继父母与继子女关系的原因有以下几种情况:

1. 父或母再婚时,继子女已经成年并已经独立生活,继子女没有与继父母共同生活,也没有得到继父母的抚养教育。这种继父母继子女关系,彼此之间不产生法律上的权利义务关系,属于姻亲关系。

2. 父或母再婚时,继子女未成年或未独立生活,抚养费和教育费由生父母负担,并没有与继父或继母共同生活,也没有受到继父或继母的抚育。这种继父母继子女关系,彼此不负法律上的权利义务,仍属于姻亲关系。

3. 父或母再婚时,继子女未成年或未独立生活,由继父或继母给付全部抚养费或分担部分抚养费,或者抚养费主要由生父或生母提供,但与继父或继母共同生活,继父或继母对继子女给予生活上的照顾与抚育。这种继父母继子女关系,产生法律拟制的父母子女关系,适用《婚姻法》有关父母子女关系的规定。

4. 继父或继母经生父母同意,在依法办理收养关系后,继父或继母与继子女之间形成养父母养子女关系。该子女与共同生活的生父母一方仍为直系血亲关系,而与没有共同生活的另一方的权利义务关系于收养成立之后消除。

(二)继子女与继父母关系的法律地位

《婚姻法》第27条规定:"继父母与继子女间,不得虐待或歧视。继父或继母和受其抚养教育的继子女间的权利和义务,适用本法对父母子女关系的有关规定。"由此可见,形成抚养关系的继父母与继子女之间,适用父母子女之间的权利义务关系;未形成抚养关系的继父母与继子女之间,则不存在父母子女关系。

继父或继母与继子女之间形成抚养关系后，适用父母子女关系的规定。继父或继母应抚育和管教继子女，受继父或继母抚养成人的继子女应当赡养扶助继父或继母。在继父或继母死亡后，继子女不仅可以依法继承继父或继母的遗产，而且当生父母死亡时，仍有权继承生父母的遗产。继父或继母也同样有权继承生子女和继子女的遗产。但是，即使继子女与继父或继母形成抚养关系，但与不和其共同生活的生父或生母之间仍然存在父母子女之间的权利义务关系。因此，继子女继父母在抚养、赡养、继承等各方面上，均存在双重的权利义务关系。

没有形成抚养关系的继父母继子女之间，仍是姻亲关系，彼此不是法律意义的父母子女关系。

《刘女诉宋男离婚但其结婚时带来的亲生女愿由继父抚养案》[1]

【案情简介】

原告刘女与被告宋男于1988年登记结婚。宋男系再婚，刘女结婚时带有一名非婚生女宋甲(1987年10月15日出生)。婚后，刘女于1990年生一女宋乙。婚姻关系存续期间，双方因性格不和及生活琐事经常发生矛盾，刘女于1997年10月离家出走，双方分居至今。宋甲也一直随宋男生活，由宋男对其抚养教育。后刘女诉至区法院要求离婚，并要求抚养长女宋甲。

宋男答辩同意离婚，子女由谁抚养尊重孩子的选择同意。

在审理中经征求宋甲、宋乙二人意见，均表示愿随宋男一起生活。宋男亦同意抚养宋甲、宋乙。

【审理判析】

区法院经审理认为：婚姻关系应以感情为基础，刘女因婚后与宋男性格不和等原因，自1997年长期离家不归，双方分居多年，夫妻感情确已破裂。现刘女要求离婚，宋男亦同意离婚，本院准许。

对于子女抚养问题，应本着有利于子女身心健康和保护子女合法权益的原则处理。因刘女对子女长期不尽抚养义务，宋甲又表示愿意由宋男抚养，根据子女意见和宋男的意见，宋甲、宋乙由宋男抚养为宜。

---

〔1〕 最高人民法院中国应用法学研究所编：《人民法院案例选》总第45辑，人民法院出版社2003年版，第96页。

【法理研究】

本案主要涉及三个法律问题:一是继父母与继子女形成父母子女权利义务关系的条件;二是继父母继子女间的权利义务与父母子女间权利义务的区别与联系;三是继父母离婚时,如何确定对继子女的抚养。

1. 继父母与继子女之间形成父母子女关系的条件是双方形成抚养关系。形成抚养关系的继父母与继子女存在父母子女关系;否则,不存在父母子女关系,继父母与继子女之间便不存在任何权利义务关系。在如何认定抚养教育关系成立方面,我国立法没有明确具体的规定。在审判实践中,通常根据以下两种标准来认定抚养教育关系成立与否:

(1)继子女与继父母长期共同生活,继父或继母负担了继子女生活费和教育费的一部或全部,继子女受继父或继母的抚养教育;

(2)继子女的生活费和教育费虽主要由生父或生母负担,但与继父或继母长期共同生活,继父或继母对继子女进行了生活上的照料和教育。

根据这两个标准,本案中,在宋甲生母刘女与其继父宋男生活十几年,其生母离家出走后,其继父宋男仍然承担起了抚养教育宋甲的义务。应当认定他们之间形成了抚养教育关系,形成了父母子女间的权利义务。

2. 形成抚养教育关系的继父母继子女间的权利义务,等同于父母与子女间的权利义务。我国《婚姻法》第27条规定:"继父母与继子女间,不得虐待和歧视。继父或继母和受其抚养教育的继子女间的权利和义务,适用本法对父母子女关系的有关规定。"因此,即使继父母离婚后,他们对与之形成抚养教育关系的继子女仍然享有抚养权;而与此相对应,继子女既可以选择要求亲生父或母抚养,也可以要求继父或继母抚养。

3. 无论是生父母之间离婚,还是继父母之间离婚,在确定子女由谁抚养时,都应当遵循有利于子女身心健康和成长的原则。根据《婚姻法》第27条以及最高人民法院《关于人民法院审理离婚案件处理子女抚养问题的若干意见》第13条的规定,继父母离婚后,与继父母形成抚养教育关系的继子女,既可以由继父母抚养,也可以由生父母抚养。对于继父母不同意抚养的,继子女应当由生父母抚养。

本案中,宋男与刘女离婚时,判决宋甲由继父宋男抚养,是因为宋甲长期受宋男的抚养教育,双方已经形成抚养教育关系。另外,刘女离家出走对宋甲不尽抚育义务,造成母女感情已经疏远。并且,在宋男与刘女离婚诉讼中,宋甲提出愿意由宋男抚养,不同意由其生母抚养,宋男也表示愿意抚养宋甲,故宋甲由宋男抚养比较有利。从保护宋甲的合法权益及有利于其身心健康成长出发,法院最后判决宋甲由宋男抚养是恰当的。

(三)继父母继子女关系的解除

1. 没有与继父或继母形成抚养关系的继子女。他们在生母与继父或生父与继母离婚时，原则上该姻亲关系因离婚而解除；在生父或生母死亡时，其与继父或继母之间的姻亲关系是否解除，应当尊重当事人意愿以及当地的习惯。

2. 与继父或继母形成抚养关系的继子女。他们在生母与继父或生父与继母离婚时，其与继父或继母之间的法律拟制的父母子女关系能否解除？最高人民法院《关于人民法院审理离婚案件处理子女抚养问题的若干具体意见》第13条规定："生父与继母或生母与继父离婚时，对曾受其抚养教育的继子女，继父或继母不同意继续抚养的，仍应由生父母抚养。"可见，对于已形成抚养关系的继父母子女，在生父与继母或生母与继父离婚时，若继子女仍是未成年或不能独立生活的，只要继母或继父不同意继续抚养继子女的，则由生父母领回以尽抚养义务，继父母子女间所形成的法律拟制的父母子女关系解除。

3. 如果继子女是由继父或继母抚育成人且已独立生活，在继父或继母与生父母解除婚姻关系后，是否解除形成抚养关系的继父母子女关系？根据1986年最高人民法院《关于继母与生父离婚后仍有权要求已与其形成抚养关系的继子女履行赡养义务》的批复精神，尽管继父与生母、继母与生父因离婚而解除婚姻关系，但继父或继母与继子女所形成的抚养关系没有消灭，有负担能力的继子女仍应对曾经长期抚育他们的年老体弱、生活困难的继父或继母履行赡养扶助义务。可见，成年继子女在继父或继母与生父母离婚后，只要其没有作出解除的意思表示，这种形成抚养关系的继父母子女关系仍然存在。

4. 与继父或继母形成抚养关系的继子女，在生母或生父死亡时，继父母子女关系是否解除？根据最高人民法院（1987）民他字第44号《关于继父母与继子女形成权利义务关系能否解除的批复》的规定："继父母与继子女已形成的权利义务关系不能自然终止，一方起诉要求解除这种权利义务关系的，人民法院应视具体情况作出是否准予解除的判决或调解。"可见，已形成抚养关系的继父母子女关系不因生父或生母的死亡而自然地终止，当继子女未成年时，与继子女共同生活的继父或继母仍应继续抚养继子女。

《姬某诉姬男、姬女解除继父子女关系纠纷案》[1]

【案情简介】

1978年，原告姬某与被告姬男、姬女之母王女结婚（均为再婚），王女与前夫生的二女一子也随其与原告共同生活。当时，长女即被告姬女12岁；次女姬二女9岁；子即被告姬男5岁。原告与王女靠微薄的工资共同抚养这3个孩子。到1987年，王女因有精

〔1〕 最高人民法院中国应用法学研究所编：《人民法院案例选》总第13辑，人民法院出版社1995年版，第64页。

神分裂症，独自离家出走。原告经多方寻找，仍不知其下落。1989 年，原告向当地法院起诉，要求与王女离婚。法院依照法定程序，缺席判决准予原告与王女离婚，王某的上述 3 个孩子仍由原告抚养。此后，二被告相继参加了工作，有了固定的工资收入。

在此期间，王女的次女去内地自谋工作。原告在与王女离婚后又再行结婚，女方与其前夫婚生的一个未成年男孩也随其母与原告共同生活。原告与王女离婚后，原告与二被告的关系由不融洽发展到非常紧张，被告不止一次地以打骂方式对待原告。原告感到与被告已无法共同生活，向市法院起诉，要求与被告解除继父子女关系，并要求被告偿还其抚养被告十几年所支出的全部费用。

被告姬男、姬女同意与原告解除继父子女关系，并同意给付原告 1000 元作为抚养他们多年的补偿费。

【审理判析】

市法院经审理认为：被告随其母亲与原告共同生活，受原告抚养了 10 多年，与原告已形成抚养关系，应该对原告尽赡养扶助的义务，以使原告在生活上有依靠，在精神上得到安慰。但被告对原告非但不尊敬、关心，反而以打骂的粗暴行为对待原告，这是不道德的行为，应该受到谴责。

考虑原告与被告继父子女关系已经恶化，难以继续共同生活，原告要求与被告解除继父子女关系，被告也同意，应予准许。而被告应当向原告支付 1500 元的赔偿费。

【法理研究】

本案主要是争议是否能够解除继父母子女之间的关系。继父母与继子女之间的关系分为两种情况：一是形成抚养关系的继父母子女关系；一是没有形成抚养关系的继父母子女关系。我国《婚姻法》第 27 条规定：“继父或继母和受其抚养教育的继子女之间的权利义务，适用本法对父母子女关系的有关规定。”形成抚养教育关系的继父母子女关系，是否能够解除此种关系以及解除此关系所依据的具体程序，我国《婚姻法》没有具体规定。一般认为，继父母与继子女之间解除关系应当遵循《收养法》的规定。

我国《收养法》第 25 条规定：“收养人在被收养人成年以前，不得解除收养关系。”第 26 条规定：“养父母与养子女关系恶化，无法共同生活的，可以协议解除收养关系。”根据这两条规定，准许收养人与被收养人解除收养关系，需同时具备两个条件：一是被收养人已经成年；二是养父母与养子女关系恶化，已无法共同生活。形成抚养关系的继父母子女关系要想解除他们之间的关系，应当符合《收养法》上的这两个条件。

对于原告一方提出与被告解除继父子女关系，被告应否给原告补偿抚养他们期间支出的生活费和教育费？根据我国《收养法》第 30 条第 1 款的规定：“收养关系解除后，经养父母抚养的成年子女，对缺乏劳动力又缺乏生活来源的养父母，应当给付生活费。因养子女成年后虐待、遗弃养父母而解除收养关系的,养父母可以要求养子女补偿收养期间支出的生活费和教育费。"本案被告虽然没有虐待、遗弃其继父,但是无论从法理还是情理上,原告都可以要求被告补偿他抚养被告期间支出的生活费和教育费。因此,法院的做法是正确的。

第八章　收养关系

第一节　收养制度概述

一、收养的概念及特征

（一）收养的概念

所谓收养是指，收养人、被收养人依照《收养法》的规定，成立拟制父母子女关系的民事法律行为。领养他人子女的人为收养人，即养父母；被他人收养的人为被收养人，即养子女；将子女送给他人抚养的，称为送养人。收养制度是亲属制度的组成部分。收养直接在养父母和养子女之间形成拟制血亲的亲子关系。

《赵女诉张男解除继母子权利义务关系案》[1]

【案情简介】

张男的生母去世后，其父张甲于1978年与原告赵女结婚，当时张男年仅5岁，即随父与赵女共同生活，赵女承担了抚养张男的义务。但张男在结婚成家后，不仅不对赵女尽赡养义务，反而经常辱骂、殴打赵女，致使双方关系恶化。经多次调解无效，赵女在与张男之父仍存在婚姻关系的情况下，向县法院起诉，要求解除与张男之间的收养关系，并要求张男偿付收养期间她为他支付的生活费、教育费1万元。

被告张男答辩称：赵女将我抚养长大成人，尽了一个母亲的义务，这是事实。现双方之间闹矛盾，主要是我不尽赡养义务，这是我的错误。但我们之间已形成拟制血亲关系，不能解除继母子关系。

【审理判析】

县法院认为：原、被告之间已构成收养关系，被告负有赡养原告的义务。现被告经常辱骂、甚至殴打原告，致使双方关系恶化，且经调解难以维持收养关系，原告坚决要

---

〔1〕 最高人民法院中国应用法学研究所编：《人民法院案例选》总第21辑，人民法院出版社1997年版，第68页。

求解除收养关系，应依法解除。被告成年之后不仅不尽赡养义务，反而虐待原告，被告应支付收养期间的生活费及教育费。

张男不服此判决，上诉至市中院，请求撤销原判，维持继母子关系。在二审过程中，经法院主持调解，当事人双方自愿达成协议：赵女与张男继续维持继母子关系。

【法理研究】

一审法院对本案的处理是欠妥的。

本案中，原告与被告的父亲结婚时，被告只有5岁。原告与被告在长时间的共同生活中，形成了事实上的抚养关系，他们之间已经形成继父母与继子女之间的关系，这是没有疑问的。但是，原告与被告之间是否也形成了收养关系呢？根据《收养法》的有关规定，要想成立收养关系，必须符合一定的条件和程序，否则不产生任何收养法上的法律效力。但需要注意的是，目前，在我国的司法实践中，仍然有条件地承认事实收养。事实收养是指没有履行与收养有关的手续，收养人与被收养人便以父母子女名义生活，而当地的群众又认可的收养。

在本案中，原告与被告之间的关系仅仅是因婚姻而形成的父母子女关系，不存在《收养法》上的收养关系，也不存在事实上的收养关系。因此，原告向法院提起诉讼要求解除收养关系，是不能得到支持的。

我国《婚姻法》第27条规定："继父母与继子女之间不得虐待或歧视。"本案中，原告可以基于此条向法院提起诉讼，以维护自己的合法权益。但无论如何，原告要求解除与被告之间收养关系的主张是不能成立的。

在法律意义上，父母子女的关系基本可以分为三种类型：除了基于自然血亲形成的子女关系和基于抚养关系而形成的父母子女关系，主要是继父母与继子女之间的关系；就是基于收养而形成的父母子女关系，其属于拟制血亲。

（二）收养的特征

收养具有以下法律特征：

1. 收养是一种民事法律行为。收养是设立民事法律关系的行为，属于民事法律行为的一种。收养行为是通过收养关系当事人的意思表示一致，在收养人和被收养人之间建立父母子女关系的民事法律行为，其目的在于产生拟制的父母子女之间的民事权利义务关系，终止原有的父母子女关系。收养法律行为应当满足一般民事法律行为的生效要件，任何民事法律行为生效要件的瑕疵都会导致收养行为的失效。

2. 收养是设立或变更亲属身份和民事权利义务关系的行为。收养是当事人根据法定条件和程序，在没有自然血亲关系的收养人与被收养人之间形成准自然血亲间关系，其将导致亲属身份关系以及基于亲属身份而产生的民事权利义务发生变动和移转。随着收养关系的建立，被收养人与其生父母之间的自然血缘关系在法律上被切断，由此而产生的民事权利义务也归于消灭。收养行为属于身份法上的行为，具有解除生父母子女关系和建立养父母子女关系的效力。

3. 收养的结果是成立法律拟制血亲关系，其可依法解除。收养所设立的收养人和被收养人之间的父母子女关系是一种法律拟制的血亲关系，其可依法律行为而产生，也可依照法律行为而人为地解除。

《戴某、陆某诉戴男解除收养关系案》〔1〕

【案情简介】

戴某、陆某系夫妻，1961 年收养戴男为子。被告成年后，除因琐事有矛盾外，与养父母关系尚可。后双方为房屋问题产生矛盾，关系恶化。1999 年，原告戴某、陆某诉至法院，以被告对父母极不尊重，好逸恶劳不愿工作，为房屋又无理取闹为由，要求解除收养关系，房屋由其自行解决。对此，被告戴男辩称，虽被原告收养，但从小就自食其力，现原、被告关系不睦系陆某之女挑起，如原告要解除收养关系，则要求解决被告住房问题。

【审理判析】

法院认为，养父母与成年子女关系恶化，无法共同生活的可以要求解除收养关系。戴某、陆某在与戴男共同生活中因住房问题引起双方关系不睦，戴某、陆某要求解除收养关系，依法予以支持。

【法理研究】

本案中，原被告双方在被告成年后感情尚可，但是后来由于房子问题而发生纠纷，致使关系恶化。这种情况下，原告可以要求解除收养关系。法院的做法是符合法律规定的。

收养行为生效后，收养人与被收养人之间即形成了拟制的血亲关系，他们之间的关系适用《婚姻法》上的有关父母子女关系的规定。但收养人和被收养人确立收养关系后，并非一成不变。一般来说，被收养人在成年后，如果双方关系恶化，不能继续共同生活的，双方可以解除收养关系。但收养作为一种法律行为，除了需符合一般的法律行为生效要件外，尚需完成特殊的实质要件以及形式要件。在解除收养关系后，被

---

〔1〕 参见北大法意网，http://www.lawyee.net/Case/Case_Display.asp? ChannelID = 2010103&KeyWord = &RID = 24254.

收养人应当向收养人支付一定的抚养、教育补偿费。

4. 收养只发生在无直接血缘关系或非直系血亲的自然人之间。收养的目的在于设立父母子女关系，其只能发生在原本没有直接血缘关系或非直系血亲的亲属关系的主体之间。此外，收养属于亲属身份变更的行为，故也只能发生在自然人之间，自然人以外的权利主体，不具有收养人和被收养人的身份。至于福利院对儿童的收养，只产生法律上的监护问题，福利院和儿童之间不产生任何亲属关系，故不是收养制度中的收养关系。

5. 收养是一种要式法律行为。收养涉及了当事人的人身和财产利益，同时也涉及社会公共利益。所以，收养在我国为要式法律行为，需要受到国家法律的规范和调整。在我国，收养必须进行登记。

《张女诉高甲、张乙、杨丙收养纠纷案》〔1〕

【案情简介】

张女与被告高甲原系夫妻；被告张乙、杨丙系夫妻。1999 年 3 月张女与高甲自愿离婚，双方所生之子高大、高二由高甲自行抚养。1998 年，高甲以生活困难、无力抚养为由，未经原告张女同意，擅自将次子高二送给被告张乙、杨丙收养，高甲并从中收取人民币现金 5000 元。被告张乙、杨丙收养高二后，未到当地民政部门办理有关收养手续。2000 年，张女知道此事后，即向法院起诉，要求解除收养关系。

【审理判析】

法院认为，收养应当遵循平等自愿原则，并不得违背社会公德。有特殊困难无力抚养子女的，须生父母双方共同送养。收养人收养与送养人送养，须双方自愿，并应当向县级以上人民政府民政部门登记。收养关系自登记之日起成立。

本案中，被告高甲未经原告张女同意，在张女不明知的情况下，擅自将高二送养给被告张乙、杨丙，亦未到人民政府民政部门登记，该收养行为无效。因此，原告张女要求确认被告高甲与张乙、杨丙所形成的收养行为无效并予以解除的诉讼请求，理由正当、充分，予以支持。

【法理研究】

在本案中，张乙、杨丙夫妻在收养高二时，没有进行登记，属于一种无效收养。本案中，另一个需要注意的情况是，高甲在送养高二时，没有征得张女的同意，这本身就

〔1〕 参见北大法意网，http://www.lawyee.net/Case/Case_Display.asp? RID = 18687&KeyWord = .

是一种违法行为。

1. 根据我国《收养法》，对于送养子女的，不论父母双方是否已经离婚，必须同时作出送养的决定。

2. 父母都是未成年子女的亲权人。

本案中，高甲未经过张女的同意就擅自将高二送与他人抚养，属于对张女亲权的侵害。因此，法院作出收养关系无效的判决是正确的。

我国《收养法》明确规定，收养必须到民政部门进行登记。可见，收养是一种要式法律行为，要想收养行为有效并得到法律的强制力保护，必须符合法律所设定的形式条件。没有进行登记的收养关系，一般不被承认，当然也就不能得到法律的保护。但在现实生活中，事实收养在审判实践中还是被有条件地承认。

6. 收养不同于寄养。我国《收养法》第17条规定："孤儿或者生父母无力抚养的子女，可以由生父母的亲属、朋友抚养。抚养人与被抚养人的关系不适用收养关系。"这一条实际上规定的就是一种寄养关系。

寄养与收养行为的主要区别在于：

(1)收养的结果是法律拟制了父母子女关系。收养成立后，在养父母与养子女之间产生准自然血亲关系，消除养子女与生父母之间的权利义务关系。寄养没有这个特征，被寄养人虽然不在父母身边生活，接受父母的照顾，但他们之间的自然血亲关系仍然存在，并没有被切断。

(2)收养有法律条件上的限制。收养设立后将变更身份关系，只有符合法定的形式条件和实质条件而建立的收养关系才能发生预期的法律效力；而寄养是父母抚养方式的一种变通，法律对此一般不做限制。

《王女诉李男支付子女寄养费用案》〔1〕

【案情简介】

1980年9月，李男与滕女登记结婚，1981年生一男孩儿李某。滕女产后患精神病生活不能自理，无力抚养婚生子李某，经亲属协商，1981年10月，李男在未征得妻子滕女同意的情况下，把李某送到王女家寄养。此时，王某已登记结婚近5年，并生育一子一女，均随其共同生活。1982年，李男与滕女登记离婚，离婚时双方协议孩子李某由男方抚养。但李某一直在王女处生活。1987年，李某的户口落在原告王女家的户口上，并被登记为次子。之后，李某一直随王女生活至今。1999年，原告王女诉至市法院，以

〔1〕 参见北大法意网，http://www.lawyee.net/Case/Case_Display.asp?RID=21085&KeyWord=.

当时未办理收养手续,多年来与李某形成的是寄养关系为由,要求李男支付抚养李某的生活费和教育费。

【审理判析】

法院认为:被告李男在妻子患精神病,不能直接对婚生男孩儿李某履行抚养义务期间,把其寄养在原告王女家生活,是一种委托代养行为。收养关系的成立不但要符合实质要件,还必须符合形式要件,即履行一定的收养手续,收养关系才能成立。被告李男与原告王女未依法订立书面收养协议;未办理收养公证;未向民政部门办理收养登记,亦未经李某母亲的同意。况且王女当时已有两名子女并健康成长,无须收养他人子女,而是出于亲属关系为被告李男代养子女,且实际支付了生活费和教育费。因此,被告辩称收养关系已经成立,无事实和法律依据。李男不服一审判决,提起上诉。

中级法院认为:被上诉人与李某之间在长期的共同生活中始终以母子相称,称上诉人李男为三叔,并于1987年将李某的户口落到被上诉人户口本上,登记的与户主关系是次子关系;同时群众邻居与亲属也大多认为是"给",即送给被上诉人,因此李某与被上诉人之间虽未办理收养手续,但已经形成了事实上的收养关系,应按收养关系对待。

【法理研究】

本案涉及了收养和寄养的区分问题。

收养和寄养都是将自己的子女放在他人处抚养,但是收养和寄养最大的区别在于,收养使得抚养人和被抚养人之间产生了拟制的血亲关系,他们之间的关系适用婚姻法上的父母子女关系;但是寄养不产生这样的关系,寄养人与被寄养人之间不产生任何拟制的血亲关系,其与亲生父母之间的关系也不会因为存在寄养而发生任何变化。

在处理本案时,关键的问题是怎样看待王女与李某之间的关系。从案件的具体情况看,李某自从出生时起就跟随王女生活,而且从小到达都一直认为王女是自己的亲生母亲,而一直将自己的生父认为是"三叔",并且在户籍上,李某也一直作为王女的家庭成员出现。这种情况下,应当将王女与李某之间的关系认定事实收养为宜,而不应认定寄养。

二、收养的种类

按照不同的标准,收养可以分为不同的种类。

(一)完全收养和简单收养

按照被收养人与生父母之间的权利义务关系是否完全终止为标准,收养可以分为完全收养和简单收养。

1. 完全收养。完全收养是指收养关系成立后，被收养人完全解除与其生父母之间的权利义务关系。我国《收养法》只承认完全收养，即收养关系成立后，被收养人与其生父母之间的权利义务关系即消灭。

2. 简单收养。简单收养又称不完全收养，是指被收养人在与收养人建立父母子女关系的同时，与其生父母之间仍然保持父母子女关系。

(二) 共同收养和单独收养

按照收养人的人数的标准，可以将收养分为共同收养和单独收养。

1. 共同收养。共同收养是指夫妻双方收养子女的行为。如我国《收养法》规定，夫妻不得单方收养子女。

2. 单独收养。单独收养是指收养人为一人的收养，主要是指无配偶的收养。

(三) 私法收养和公法收养

1. 私法收养。私法收养是指公民依照民事法律规定实施的收养行为，它直接发生亲属关系的改变或转移。这是各国普遍采用的收养形式。

2. 公法收养。公法收养是指国家设立的儿童福利机构或社会慈善机构依法收留养育孤儿、弃儿，这种收养不发生法律上的亲属关系转移，福利院和慈善机构与儿童之间也不发生任何亲属关系。公法上的收养不在本章的讨论范围内。

(四) 法律收养和事实收养

以收养是否依法成立为依据，可将收养分为法律收养和事实收养。

1. 法律收养。依照法律规定的实质要件和形式要件而成立的收养为法律收养。

2. 事实收养。符合法律规定的实质要件，当事人以父母子女关系长期共同生活，周围群众也认为是父母子女关系，但未办理收养手续的收养为事实收养。我国有条件地承认事实收养。

《黄甲诉被告卢乙、黄丙确认收养案》〔1〕

【案情简介】

卢乙、黄丙1987年抱养黄甲，户口本上原、被告系父子、母子关系。12年来，原、被告的亲戚、朋友以及邻居也认为原、被告系父子、母子关系，但未办理收养手续。后卢乙、黄丙离婚，黄甲生活无着，遂诉至法院，请求法院确认其与二被告的收养关系，并支付抚养费。对此，卢乙表示认可，但黄丙辩称，在抱养黄甲时，我不同意，不承认存在收养关系。

---

〔1〕 参见北大法意网，http://www.lawyee.net/Case/Case_Display.asp?ChannelID=2010103&KeyWord=&RID=17978.

【审理判析】

法院认为，原、被告的父子、母子关系是亲友和群众公认的，且原、被告长期共同生活，特别是该法律关系发生在《收养法》颁行之前，故其虽未办理收养手续，也应按收养关系对待。

被告黄丙辩称，被告卢乙把原告抱养回家，没同其商量，因举证不力，不予支持，且在被告黄丙知道被告卢乙抱养原告后，也未提出异议。原告诉讼请求中要求被告支付抚养费，与本案不是一个法律关系，另案处理。

【法理研究】

所谓“事实收养”是指那些符合收养的实质要件，收养人与被收养人长期以父母子女身份生活，周围群众认可，但没有办理登记的收养关系。

事实收养在《收养法》颁布之前，在我国曾经广泛的存在。但1992年《收养法》生效以后，我国只是有条件的承认事实收养。对于应当在什么条件下继续承认事实收养，我国法律没有明确的规定。一般认为，应当综合客观事实情况来确定，对于已经建立亲密的父母子女感情，当地群众又认为收养人与被收养人为父母子女关系的，宜要求收养人到登记机关补正收养登记，而不宜认定收养为无效。这对收养人与被收养人的利益的保护都是有利的。

（五）有效收养和无效收养

以收养行为是否符合法律要件而产生法律效力为标准，将收养分为有效收养和无效收养。

1. 有效收养。符合法律规定的要件，能够产生法律效力的收养为有效收养。

《陈女诉曾甲解除养母子关系理由不成立被驳回案》[1]

【案情简介】

原告陈女于1954年收养被告曾甲为子，当时被告出生才1个多月。1959年元月和1963年7月，原告又先后生育曾乙和曾丙二子。1989年被告结婚后，因其妻与原告关系不融洽，与曾乙不和，遂与原告分灶吃饭，每月支付原告赡养费30元，但仍与原告共同居住。由于住房紧张，被告与曾乙之间常为此问题发生争吵，有时甚至动手打架。

---

〔1〕 最高人民法院中国应用法学研究所编：《人民法院案例选》总第8辑，人民法院出版社1994年版，第64页。

1991 年，原告要求被告一家搬出另找地方居住，被告不同意，为此，曾乙夫妇与被告再次发生斗殴。事后，被告一家三口人便不敢在原处居住，在外搭盖一简便房居住，同时也停止向原告支付赡养费。

1992 年 2 月，原告以被告就业后不尽赡养义务，向区法院起诉，要求解除与被告之间的收养关系。被告不同意解除收养关系。

【审理判析】

区法院审理认为：原、被告之间的收养关系是合法有效的。现双方产生矛盾的原因，在于住房紧张、兄弟不和及婆媳关系不融洽，但并未导致养母子关系恶化和事实上的解体，且被告在长时间里履行了赡养养母的义务。原告以被告不尽赡养义务和住房紧张为理由，要求解除养母子关系，理由不足，不予支持。

【法理研究】

本案是在《收养法》通过颁布后受理，并于该法施行后审结的。1992 年 3 月 26 日《最高人民法院关于学习、宣传、贯彻执行〈中华人民共和国收养法〉的通知》第 2 条规定："《收养法》施行后发生的收养关系，审理时适用《收养法》。《收养法》施行前受理，施行时尚未审结的收养案件，或者《收养法》施行前发生的收养关系，《收养法》施行后当事人诉请确认收养关系的，审理时应适用当时的有关规定；当时没有规定的，可比照《收养法》处理。对于《收养法》施行前成立的收养关系，《收养法》施行后当事人诉请解除收养关系的，应适用《收养法》。"通知中的此点规定，是关于人民法院如何适用《收养法》的规定，也即《收养法》对其施行前发生的收养关系有无溯及力的规定。

本案收养关系发生在《收养法》施行之前，原告诉请解除收养关系也是在《收养法》施行之前，是人民法院于《收养法》施行前受理，施行时尚未审结的收养案件。按照上述规定，本案应适用当时的有关规定；当时没有规定的，比照《收养法》处理。所以，本案所适用的法律不应是《收养法》，应当适用最高人民法院(1984)法办字第 112 号《关于贯彻执行民事政策法律若干问题的意见》第四部分"收养问题"的规定。

对于养父母要求与养子女解除收养关系的实质条件，《收养法》的规定与上述"收养问题"的规定，基本是一致的，都是以"关系恶化，无法共同生活"为解除收养关系的实质条件。因此，本案虽不应适用《收养法》，而适用了上述"收养问题"的规定，但两者的法律原则及尺度是一致的，在衡量同一法律问题的标准上是一致的，在问题处理的实质上并无差异。如果本案应适用《收养法》，只应适用其中第 26 条，而不应同时还适用第 1 条。因为第 1 条的规定，是关于收养法立法目的的规定，不能用来解决实体问题。

本案原告要求解除收养关系的理由，是被告就业后不尽赡养义务，受被告之妻打骂;家中住房不够,不能接纳被告一家回来居住;养母子关系已经恶化。但经法院查证,婆媳不和是事实,但并无打骂之事;被告在长时间里履行了赡养义务,只是于诉讼前,因住房问题与弟打架之后,搬出另居才停付赡养费。原被告产生矛盾的原因,在于住房紧张、兄弟不和及婆媳关系不融洽,但并未导致养母子关系恶化。因此,原告要求解除养母子关系,理由不足,经法院判决,驳回了诉讼请求。从另一方面来看,原告是需要赡养的老人,被告在诉讼期间也一再表示要更好地履行赡养义务,也说明双方关系并未恶化到无法共同生活的程度。因此,法院判决驳回原告的解除养母子关系的诉讼请求,理由是充足的。判决后,原告未上诉,进一步说明法院的判决结果是合适的。

2. 无效收养。不符合法律规定的要件,不能够产生法律效力的收养即为无效收养。但在事实收养方面,一般认为,对于仅仅没有履行收养形式要件即登记的情况下,对于已经形成亲子关系且又为当地人民群众所承认的收养关系,不宜直接认定为无效收养,应当允许收养人与被收养人补正收养的形式要件,从而使事实收养关系成为一个有效的收养。

(六)生前收养和遗嘱收养

1. 生前收养。生前收养是指收养人生存在世期间收养子女,建立法律拟制血亲的行为。

2. 遗嘱收养。遗嘱收养是指收养人利用遗嘱方式确定其养子女的行为。由于遗嘱收养侧重于继承和传宗接代,不利于未成年人的养育和保护,各国收养法一般均采用生前收养。

三、我国收养法的基本原则

我国收养法的基本原则贯穿于整个收养法、对整个收养法具有指导作用。我国《收养法》第 2 条规定:"收养应当有利于被收养的未成年人的抚养、成长,遵循平等自愿的原则,并不得违背社会公德。"第 3 条规定:"收养不得违背计划生育的法律、法规。"这两条法律规定构成了我国继承法的基本原则,具体而言,我国收养法的基本原则有以下四项:

(一)有利于被收养的未成年人的抚养、成长,充分保障其利益的原则

我国《收养法》第 4 条的规定:"下列不满 14 周岁的未成年人可以被收养:①丧失父母的孤儿;②查找不到生父母的弃婴和儿童;③生父母有特殊困难无力抚养的子女。"收养制度的首要目的和主要功能在于保障未成年人的健康成长,使被收养的未成年人能够在正常、健全的家庭中健康成长。为了达到该目的,我国《收养法》第 5 条至第 9 条对收养人的资格作出了严格的规定,第 20 条还明确规定:"严格禁止买卖儿童和借收养名义买卖儿童。"

(二)平等自愿原则

在收养关系中,收养关系的当事人法律地位平等,他们建立或解除收养关系的意

思表示是自觉自愿的。收养是设立亲属身份关系的民事法律行为，当事人之间须在平等的法律地位上通过协商而达到一致的意思表示，以此建立收养关系，任何一方不得强迫另一方建立收养关系。

《收养法》第11条规定："收养应经过收养人和送养人的双方自愿，若被收养人年满10周岁以上，必须征得被收养人的同意。"这正是收养关系平等自愿原则的体现。此外，《收养法》第26条还对解除收养关系作出了明确规定："收养人在收养人成年以前，不得解除收养关系，但收养人、送养人双方协议解除的除外，养子女年满10周岁以上的，应当征得本人同意。"

（三）不得违背社会公序良俗原则

收养既涉及收养关系当事人之间的利益，也同社会公序良俗相关，收养行为应遵循社会公序良俗的原则。对此我国《收养法》作出了较为明确的规定。

我国《收养法》第9条规定："无配偶的男性收养女性的，收养人与被收养人的年龄相差40周岁以上。"《收养法》第26条规定："收养人虐待、遗弃等侵害未成年养子女合法权益的，送养人有权要求解除收养关系，……。"此外，为了稳定收养关系，《收养法》第22条还规定："收养人、送养人要求保守收养秘密的，其他人应当尊重其意愿，不得泄露。"

（四）不违背计划生育原则

计划生育是我国的基本国策，也是我国《婚姻法》的基本原则。由于收养涉及未成年人的抚育问题，容易被一些人滥用，从而达到计划外生育的目的（通常的目的是为了生育男孩）。因此，我国《收养法》第3条明确规定："收养不得违背计划生育的法律、法规。"在具体条文上，《收养法》还严格限制了被收养各方面的条件：只有无子女和年满30周岁的人才可以收养，一般只能收养1名子女，送养人不得以送养子女为由违反计划生育规定再生育子女。

第二节　收养关系的成立

收养关系合法成立，须具备两个条件：①收养关系当事人本身应当符合法律规定的条件，这是收养关系成立的实质要件；②应当依法律规定履行一定的程序，这是收养关系成立的形式要件。只有同时具备这两个方面的条件，收养关系才具有法律效力，达到当事人所追求的法律效果。

一、收养成立的实质条件

（一）一般收养关系的实质条件

1. 收养人的条件。《收养法》第6、8、10、11条对收养人的资格作出了规定。根据这些规定，收养人应具备的实质条件有：

（1）无子女。这里的"子女"包括婚生子女、非婚生子女、养子女和与继父母形成事实抚养关系的继子女。“无子女”则是指作为收养人的夫妻一方或双方没有上诉所称的任何子女。

(2)有抚养教育被收养人的能力。收养的主要目的在于使未成年的被收养人能够在健全、完整的家庭中健康成长,因此,收养人应当有抚养教育被收养人的能力。这种“抚养教育能力”客观上要求收养人必须是完全民事行为能力人,同时在经济条件、道德品质、身体健康上也符合具有抚养教育被收养人的条件。经济状况不佳、道德品质恶劣或者身体健康情况不适合收养子女的,不能收养子女。

(3)年满30周岁。我国《收养法》规定,年满30周岁的公民可以收养子女。对于夫妻共同收养子女的,夫妻双方均应达到年满30周岁。未满30周岁的公民不能收养子女。这样规定的基本考虑是:一般情况下,30周岁以上的公民,事业和心性趋于成熟和稳定,能够建立较好且稳定的收养关系,并为被收养人提供较好的生活环境。

(4)未患有医学上认为不应当收养子女的疾病。收养人患有精神疾病或其他严重疾病,例如烈性的传染病,不能治愈的传染性疾病等将直接影响被收养子女的健康成长。同时,患有精神疾病或其他严重疾病的,多数丧失劳动能力,没有相应的经济来源,难以为被收养人的健康成长提供良好的环境和条件。在法律上,这些人被认为不适宜收养子女。

(5)其他条件。除此之外,收养法还规定了一般收养关系成立的其他条件。《收养法》第8条第1款规定:“收养人只能收养1名子女。”第9条规定:“无配偶的男性收养女性的,收养人与被收养人的年龄应当相差40周岁以上。”第10条第2款规定:“有配偶者收养子女,须经夫妻共同收养。”收养人若想收养子女,还须满足这些条件。

2. 被收养人的条件。根据《收养法》第4条和第11条规定,被收养人应具备以下条件:

(1)应是不满14周岁的未成年人。法律确定被收养人年龄的上限,主要的考虑是稳定所建立的收养关系。不满14周岁的少年儿童,自身不能独立生活,需要他人的抚育,较容易与收养人建立亲密的父母子女感情。所以,我国《收养法》第4条规定被收养人必须是未满14周岁的未成年人。

(2)不能得到生父母的抚养。被收养人不能得到生父母的抚养,才需要他人收养。这些人包括三种情况:其一,丧失父母的孤儿;其二,查找不到生父母的弃婴和儿童;其三,生父母有特殊困难无力抚养的子女。

至于如何认定第一和第二种情况,我国民政部在《关于办理收养登记种严格区分孤儿与查找不到生父母的弃婴的通知》(1992年8月12日)中指出:“孤儿”是指父母自然死亡或者被人民法院宣告死亡的不满14周岁的未成年人。“查找不到生父母的弃婴和儿童”是指父母或其他监护人丢弃而脱离家庭或监护人的未满14周岁的未成年人。

(3)收养年满10周岁以上的未成年人应当征得被收养人的同意。

3.送养人的条件。根据《收养法》第5、10、11、12、13、18、19条的规定，送养人必须符合以下条件：

(1)生父母作为送养人时。送养人应具备：

第一，有特殊困难无力抚养子女。

第二，生父母送养子女的，须双方共同送养。

即使是父母已离婚，对子女的送养也必须由生父母协商同意后共同送养。生父母一方下落不明或查找不到的，可以单方送养，但是生父母一方死亡的，生存一方要求送养未成年子女时，死亡一方的父母（即未成年子女的祖父母或外祖父母）有优先抚养的权利。

第三，生父母不得以送养子女为理由来违反计划生育规定再生育子女。

《王男诉陈男、李女解除收养关系纠纷一案》[1]

【案情简介】

2002年，原告王男夫妻生育一对儿女（系双胞胎），由于其生活困难，无力抚养，经人介绍将双胞胎中的儿子送与被告陈男、李女夫妇抚养。2002年农历11月，被告到原告老家将儿子抱回抚养。被告陈男、李女夫妇生育有二女，收养原告儿子时未到民政部门办理登记。被告抚养期间，原告曾先后几次到被告处探望儿子，被告也曾抱着收养的儿子到原告家走亲戚。2004年3月，双方因为探视权问题发生争执，原告诉至本院要求解除收养关系。

【审判分析】

法院认为：被告陈男、李女并不具备法律规定的收养人的条件，且原被告双方送养收养时没有向县级以上政府民政部门登记，因此，原被告双方的收养行为无效。鉴于被告陈男、李女夫妇将原告的儿子抱回实际抚养1年有余，为抚养孩子付出了较大的精力、财力，在作为亲戚走动期间，被告出于对原告的帮助，给予原告4400元的困难帮助。因此，原告应当适当补偿被告在实际收养期间支出的生活费用及其他费用。

【法理研究】

父母对子女的义务是一种法定义务，除非出现特殊的困难，父母不得擅自将自己的子女遗弃或者送与他人抚养。对于如何理解特殊困难，我国法律没有明确规定。一般认为，父母的特殊困难专指父母因为生理或心理的原因不适宜照顾、抚养子女。而

[1] 参见北大法意网，http://www.lawyee.net/Case/Case_Display.asp?RID=103473&KeyWord=.

不是指经济上、工作上,以及个人发展前途上的困难。因为,为人父母者,必须为了抚养子女而承受这种损失,其不能因为抚养子女会给自己的良好工作前途或生活品质带来影响而将子女送与他人抚养。因此,在理解特殊困难时,应当做狭义理解而不能作广义性的理解。

在本案中,原告之所以将自己的子女送与被告抚养,是因为经济上有困难。但是,我们必须看到,原告的经济困难并没有达到难以维系的地步,其所谓的“困难”仅仅是一种相对的困难,这并不能成为将子女送与他人收养的条件。因此,原告与被告之间的收养是无效的。

(2)生父母以外的监护人送养孤儿时。送养人应具备:

第一,未成年人的生父母均已死亡时,监护人送养孤儿的,应征得有抚养义务的人的同意。有抚养义务的人不同意送养,监护人不愿意继续履行监护职责的,按照《民法通则》规定变更监护人。

第二,未成年人的父母均不具备完全民事行为能力的,该未成年人的监护人不得将其送养,但父母对该未成年人有严重危害可能的除外。

(二)特殊收养关系的实质条件

1. 收养三代以内的同辈旁系血亲的子女。《收养法》第7条规定,亲属间收养三代以内同辈旁系血亲的子女,可以不受到下列限制:

(1)生父母有特殊困难无力抚养的子女。

(2)无配偶的男性收养女性,收养人与被收养人的年龄相差40周岁以上。

(3)被收养人不满14周岁。但是,收养人仍然应具备抚养教育被收养人的能力,而且必须无子女。但华侨回国收养三代以内同辈旁系血亲的子女时,可以不受收养人无子女的限制。

2. 收养孤儿、残废儿童或者查找不到生父母的弃婴和儿童。《收养法》第8条第2款规定:“收养孤儿、残废儿童或者社会福利机构抚养的查找不到生父母的弃婴和儿童,可以不受收养人无子女和收养一名的限制。”本条实际上是规范公法上的收养关系的。

3. 继父母收养继子女。我国《收养法》第14条规定“继父或继母经继子女的生父母同意,可以收养继子女……”,继父或继母在收养继子女时,不受下列限制:

(1)作为送养人的生父母有特殊困难无力抚养子女。

(2)符合一般收养的要求但年龄放宽10岁。收养人无子女,有抚养教育被收养人的能力,未患有医学上认为不应当收养子女的疾病,年满30周岁。

(3)被收养人不满14周岁。

(4)收养1名子女。

但继父或继母收养继子女时,应征得生父母双方同意,并符合一般收养关系所应具备的其他条件。

二、收养成立的形式条件

收养当事人应履行法定的程序,才能建立有效的收养关系。根据我国《收养法》的规定,收养的法定程序是依法进行收养登记。在当事人自愿或要求的情况下,也可以签订收养协议和进行收养公证。《收养法》第15条第1款规定:“收养应当向县级以上人民政府民政部门登记。收养关系自登记之日起成立。”由此可见,收养登记是收养关系有效成立的必经程序。《中国公民收养子女登记办法》对收养登记作了具体规定。

(一)办理收养登记的机关

办理收养登记的机关是县级人民政府。按照被收养人的情况不同,具体登记机关是:

1. 社会福利机构所在地的收养登记机关。收养社会福利机构抚养的查找不到生父母的弃婴、儿童和孤儿的,在社会福利机构所在地的收养登记机关办理登记。

2. 弃婴和儿童发现地的收养登记机关。收养非社会福利机构抚养的查找不到生父母的弃婴和儿童的,在弃婴和儿童发现地的收养登记机关办理登记。

3. 被收养人生父母或者监护人常住户口所在地。收养生父母有特殊困难无力抚养的子女或者由监护人监护的孤儿的,在被收养人生父母或者监护人常住户口所在地(组织作为监护人的,在该组织所在地)的收养登记机关办理登记。

4. 被收养人生父或者生母常住户口所在地的收养登记机关。收养三代以内同辈旁系血亲的子女,以及继父或继母收养继子女的,在被收养人生父或者生母常住户口所在地的收养登记机关办理登记。

(二)办理收养登记的程序

收养登记的程序分为三个步骤:申请、审查和登记。

1. 申请。在办理收养登记手续时,应由收养当事人亲自到收养登记机关办理成立收养关系的登记手续。夫妻共同收养子女的,应当共同到收养登记机关办理登记手续,若一方因故不能亲自前往的,应当书面委托另一方办理登记手续,委托书应当经过村民委员会或者居民委员会证明或者经过公证。

2. 审查。收养登记机关接受当事人提出的收养申请后,应当依法在30日内对收养申请进行严格审查。

3. 登记。经过审查后,收养登记机关对符合收养法规定条件的,为当事人办理收养登记,发给收养登记证,收养关系自登记之日起成立;对不符合《收养法》规定条件的,不予登记,并对当事人说明理由。

收养协议不是收养关系成立的必经程序。《收养法》第15条第3款规定:“收养关系当事人愿意订立收养协议的,可以订立收养协议。”此外,第4款还规定:“收养关系当事人各方或者一方要求办理收养公证的,应当办理收养公证。”因此,收养协议和收养公证都可以产生收养的效力。

《龚甲、张乙与被告龚丙、裴丁解除收养关系纠纷案》[1]

【案情简介】

原告龚甲、张乙系夫妻关系，龚甲与被告龚丙系堂兄弟。被告龚丙、裴丁1990年登记结婚后因为不孕，一致决定收养龚甲、张乙夫妇的子女。1998年，原告张乙在县医院生育一子，取名龚某，出生后即由被告龚丙、裴丁收养，但未到民政部门办理合法的收养手续。2002年7月，被告龚丙与裴丁协议离婚，并约定龚某由龚丙抚养。但因龚丙工作忙，对外应酬多，对龚某缺少照顾，被告裴丁在管教中也有一定难度。为了有利于龚某的健康成长，龚甲要求解除龚某与二被告之间的抚养关系。

【审判分析】

法院认为，二原告生育龚某后自愿将其送养给二被告抚养，根据相关法律的规定，二被告结婚后因不孕，可以收养二原告的子女。但根据《收养法》的规定，收养应当向县级以上人民政府民政部门登记，收养关系自登记之日起成立。可是二被告在婚姻关系存续期间共同收养二原告的子女未能按照法律的规定履行相应的登记手续，故二被告与龚某之间形成的事实收养关系不受法律的保护，二原告要求解除龚某与二被告的收养关系，其请求符合法律的规定，予以采纳。

【法理研究】

本案中，法院认为被告与龚某之间的事实收养无效，这种观点是值得肯定的。

根据我国《收养法》的规定，收养为一种要式的法律行为，需经过登记，收养才能具有法律效力。但是我国仍然有条件地承认事实收养。因此，法院直接根据没有办理收养登记就确定被告与龚某之间的收养无效是没有经过审慎的考虑的。在这种情况下，本书认为应当撤销被告与龚某之间的收养关系，而不宜认定被告与龚某之间的事实收养关系无效。

对于没有办理收养登记的收养，不能一概地认定无效，如果送养人和收养人之间对于收养问题没有任何争议，仅仅是因为没有办理登记，宜补办登记从而使得双方之间已经存在的收养关系生效，而不宜认定此种情况无效。对于送养人与收养人双方没有登记，随后又就收养问题发生争议的，应当在充分考虑到被收养人的利益，以及收养人与被收养人之间建立的亲子感情等因素，综合确定是应当补正登记还是应当确认收养无效。本案中，收养人因为经常应酬，疏于对被收养人的照顾，法院因此确认收养无效，是有道理的。

---

[1] 参见北大法意网，http://www.lawyee.net/Case/Case_Display.asp?RID=85370&KeyWord=.

三、涉外收养的条件和程序

(一)涉外收养的概念

涉外收养是指收养人为外国人的收养。我国《收养法》第21条对涉外收养作出了原则性规定:“外国人依照本法可以在中华人民共和国收养子女。外国人在中华人民共和国收养子女,应当经其所在国主管机关依照该国法律审查同意。收养人应当提供由其所在国有权机构出具的有关收养人的年龄、婚姻、职业、财产、健康、有无受过刑事处罚等状况的证明材料,该证明材料应当经其所在国外交机关或者外交机关授权的机构认证,并经中华人民共和国驻该国使领馆认证。该收养人应当与送养人订立书面协议,亲自向省级人民政府民政部门登记。收养关系当事人各方或者一方要求办理收养公证的,应当到国务院司法行政部门认定的具有办理涉外公证资格的公证机构办理收养公证。”

涉外收养的具体程序依照《外国人在中华人民共和国收养子女登记办法》办理。

(二)外国人在中国收养子女的程序

1. 签订书面协议。《外国人在中华人民共和国收养子女登记办法》第9条规定:“外国人来华收养子女,应当与送养人订立书面收养协议。协议1式3份,收养人、送养人各1份,办理收养登记手续时收养登记机关收存1份。书面协议订立后,收养关系当事人应当共同到被收养人常住户口所在地的省、自治区、直辖市人民政府民政部门办理收养登记。”由此可见,外国人在中国收养子女应必须同时签订书面收养协议和办理收养登记。

2. 办理收养登记。外国人在中国收养子女,须经过申请、审核、登记三个环节。

(1)申请。外国人在华收养子女,应当通过所在国政府或者政府委托的收养组织(以下简称外国收养组织)向中国政府委托的收养组织(以下简称中国收养组织)转交收养申请,并提交收养人的家庭情况报告和证明。除此之外,还必须提交:跨国收养申请书,出生证明,婚姻状况证明,职业、经济收入和财产状况证明,身体健康检查证明,有无受过刑事处罚的证明,收养人所在国主管机关同意其跨国收养子女的证明,家庭情况报告(包括收养人的身份、收养的合格性和适当性、家庭状况和病史、收养动机以及适合于照顾儿童的特点等)。这些材料和证明必须是收养人所在国有权机构出具,经其所在国外交机关或者外交机关授权的机构认证,并经中华人民共和国驻该国使馆、领馆认证。

(2)审查和登记。涉外收养登记机关应当对收养人所提交的材料和证明进行审查,审查所签订的涉外收养书面协议是否符合我国《收养法》和外国人经常居住国的法律。若发现问题,可以进行调查和了解,以保证涉外收养的合法性。对于符合涉外收养条件的,应为当事人办理收养登记,发给收养登记证书。收养关系自登记之日起成立。收养登记机关应当将登记结果通知中国收养组织。

需要注意的是,《外国人在中华人民共和国收养子女登记办法》第12条规定:“收养关系当事人办理收养登记后,各方或者一方要求办理收养公证的,应当到收养登记地的具有办理涉外公证资格的公证机构办理收养公证。”根据本条规定,可见收养公证并非是涉外收养关系依法成立的必经程序。

第三节 收养的效力

一、收养的法律效力

收养的效力是指因收养民事法律行为的成立而导致的法律后果。《收养法》第23条规定:“自收养关系成立之日起,养父母与养子女间的权利义务关系,适用法律关于父母子女关系的规定;养子女与养父母的近亲属间的权利义务关系,适用法律关于子女与父母的近亲属关系的规定。养子女与生父母及其近亲属间的权利义务关系,因收养关系的成立而消除。”

(一)养父母与养子女间产生法律拟制的直系血亲关系

收养关系依法成立后,养父母与养子女之间产生法律拟制的直系血亲关系。他们的权利义务同自然血亲的父母子女关系一致,主要表现在:

1. 养父母对养子女承担抚养教育义务。养父母对于养子女的抚养义务应当符合《婚姻法》的规定,一直履行到养子女18周岁为止,未成年或不能独立生活的养子女在养父母不履行抚养义务时,有权要求养父母给付抚养费。

2. 养父母对未成年的养子女有约束、管教和保护的权利和义务。养父母应以适当的方式约束、管教未成年养子女,对他们的人身和财产加以保护,保证养子女健康成长。当养子女对国家、集体或他人造成损害时,养父母应承担相应的损害赔偿责任。

3. 养子女对养父母有赡养扶助义务。养子女独立生活后,对于缺乏劳动能力又没有生活来源的养父母应尽赡养义务,对生活困难的养父母也应尽扶助义务。当养子女不履行赡养扶助义务时,养父母有权请求养子女给付赡养费和履行扶助义务。

4. 养父母与养子女互为第一顺序法定继承人。其相互间有继承遗产的权利。此外,《收养法》第24条还规定:“养子女可以随养父或者养母的姓,经当事人协商一致,也可以保留原姓。”

(二)养子女与养父母的近亲属间产生法律拟制的直系或旁系血亲关系

收养关系成立后,养子女不仅与养父母形成法律拟制的直系血亲关系,而且在与养父母的近亲属之间也产生法律拟制的直系血亲或旁系血亲关系。我国《收养法》第23条规定:“自收养关系成立之日起,……养子女与养父母的近亲属间的权利义务关系,适用法律关于子女与父母的近亲属关系的规定。”

(三)养子女与生父母之间的权利义务关系消除

我国实行完全收养制度,收养关系合法成立后,养子女与生父母之间法律上的权利义务关系消除，彼此不再发生父母子女间的权利义务关系。但由于自然血亲关系无法人为地消灭，所以，婚姻法有关直系血亲和三代以内旁系血亲禁止相互结婚的规定仍然适用。

（四）养子女与生父母的近亲属之间的权利义务关系也消除

收养关系合法成立后，养子女与生父母的其他近亲属之间的法律上的权利义务关系也随之消除。

《金甲、干乙诉金女解除收养关系案》[1]

【案情简介】

金女出生于1978年。1980年初，金甲、干乙夫妇将其收为养女。1997年金女来蚌为两原告亲戚带小孩。1998年，金甲、干乙夫妇长子金丙在蚌购买房屋1套。2001年6月金丙与金女自愿登记结婚并落户当地，2002年3月生一女名金丁。金甲、干乙夫妇与金女关系一直相处很好，从2003年起，双方关系发生变化，常为琐事发生纠纷，致两原告诉至法院要求解除收养关系。

【审判分析】

一审法院审理认为：两原告于1980年收养被告的事实发生在《收养法》颁布之前，故双方已形成事实上的养父母子女关系，现两原告以双方关系恶化，无法共同生活为由要求解除收养关系，被告表示同意，应予准许。被告金女一次性支付原告金甲、干乙生活费用若干。

宣判后，金女不服，以原审法院判决认定其出生年月有误，判决其向被上诉人支付生活费没有事实和法律依据为由提起上诉，请求二审法院撤销原判，依法改判。

二审法院认为，收养关系解除后，经养父母抚养的成年养子女，对缺乏劳动能力又缺乏生活来源的养父母，应当给付生活费。遂维持原判。

【法理研究】

收养行为在收养人与被收养人之间形成拟制的血亲关系，收养人与被收养人之间的关系适用婚姻法上的父母子女关系。这种关系的建立，使得被收养人与其亲生父母之间的关系消灭。但收养关系一旦解除，这种养父母与养子女之间的拟制血亲关系消灭，他们之间的权利义务关系也随之消灭。在本案中，金女与金甲、干乙的关系逐渐恶劣，影响双方的感情，经过一致同意解除收养关系，是没有问题的。

---

〔1〕 参见北大法意网，http://www.lawyee.net/Case/Case_Display.asp？RID=78458&KeyWord=.

但是，在本案中，尤其需要注意的问题是，金女被金甲、干乙收养后，实际上与金丙形成了兄妹关系，虽然这种兄妹关系没有血缘上的关系，但法律上拟制的血亲关系与自然血亲关系的效力等同。这样，金女与金丙之间的婚姻关系应当被认定为一种无效的婚姻关系。

那么，在金女与金甲、干乙解除收养关系后，金女与金丙之间基于收养而形成的兄妹关系消灭后，他们的婚姻是否因此而有效呢？我们认为应当仍然认定为无效。因为，禁止兄妹结婚不仅考虑到遗传性的因素，而其也考虑到伦理因素。即使基于收养而形成的兄妹关系因解除收养而发生变动时，根据基本伦理道德，不能因此认定他们就能够获得结婚的能力。

二、收养行为无效

《收养法》第25条第1款规定："违反《中华人民共和国民法通则》第55条和本法规定的收养行为无法律效力。"可见，判断收养行为是否有效，是以《民法通则》第55条关于民事法律行为的成立要件和《收养法》有关收养关系有效成立的要件为依据。

（一）收养行为无效的发生原因

导致收养行为无效的原因主要有：

1. 收养人、送养人不具备完全民事行为能力。由于无民事行为能力人和限制民事行为能力人不能辨认或不能完全辨认行为的法律后果，不得进行送养和收养行为。

2. 收养当事人意思表示不真实。收养当事人不是基于自己内心的真实意愿，而是在受胁迫、欺诈等情况下实施的收养行为无效；或者收养当事人并没有真正建立法律拟制父母子女关系的意愿，而是因重大误解而形成的收养行为，是无效的。

3. 收养行为的内容和性质违反法律和社会公共利益。收养行为违反《收养法》和其他法律法规的规定，或违背社会公德和社会公共秩序的无效。

4. 违反收养法所规定的实质要件。收养法对收养人、送养人、被收养人均设定了一定的条件，收养行为一旦违反这些实质要件，就不能产生法律效力。

5. 违反收养法所规定的程序要件。根据《收养法》的规定，收养行为必须经过民政部门的登记才能产生法律效力。因此，即使已达到收养法所规定的实质条件，但没有办理收养登记的收养行为仍然是不能依法成立和生效的。但在实际生活中，考虑到那些被人民群众认可，并已经以父母子女身份生活多年的收养人和被收养人，我国目前在审判时间中还是广泛地但有条件地承认事实收养关系。

（二）收养行为无效的确认

《收养法》第25条第2款规定："收养行为被人民法院确认无效的，从行为开始时就没有法律效力。"《中国公民收养子女登记办法》第12条规定："收养关系当事人弄虚作假骗取收养登记的，收养关系无效，由收养登记机关撤销登记，收缴收养登记证。"从这两条规定看，我国对于收养行为无效的确认有两种方法：①诉讼确认；②行政确认。

（三）收养无效的法律后果

收养行为无论是被人民法院确认无效还是由收养登记机关撤销收养登记，均产生溯及力，自该收养行为开始之日起就无效。收养人与被收养人的父母子女关系溯及既往地消灭，被收养人与生父母的父母子女关系溯及既往地恢复，基于无效收养行为所消灭的权利义务恢复原状。对该收养行为无效负有过错的当事人、公证机关、登记机关应承担一定的民事责任或行政责任。以收养为名而买卖儿童的，依法追究刑事责任。

《赵女在离婚共同送养婚生子女后诉收养人蔡某等确认收养无效并诉原夫蔡男子女抚养案》〔1〕

【案情简介】

原告赵女与被告蔡男于1992年结婚，1994年12月婚生一女，取名蔡甲。双方于1996年在婚姻登记机关自愿登记离婚。双方因都不想抚养婚生女蔡甲，即在登记离婚的同日与第三人蔡某、马某签订了收养协议。该协议经公证机关公证后，原、被告即将蔡甲送给第三人收养。此时第三人蔡某、马某均不满30周岁。1996年12月初，原告与被告均希望复婚，在征得了第三人蔡某、马某的同意后，将蔡甲领回抚养。但不久双方又发生新的矛盾，均感到仍难以共同生活，又将蔡甲送给第三人收养。此后，原告赵女经常去第三人的住处看望蔡甲，引起第三人的反感，指责原告不该这么做。1997年，原告赵女向法院起诉，主张对蔡甲的监护权。

【审理判析】

市法院经审理认为：原告与被告在离婚时同第三人达成收养协议，将他们的婚生女儿蔡甲送由第三人收养，由于第三人不到法定收养人的年龄，该收养协议应确认无效，且已被公证机关撤销公证，第三人应将蔡甲送还其生父母。鉴于被告的经济条件优于原告，蔡甲自出生以来一直由被告及被告的亲属照料，由被告抚养孩子更有利于孩子的健康成长，故对原告要求对孩子行使监护权，由其抚养孩子的诉讼请求不予支持。赵女对判决不服，向中院提出上诉。

中院经审理认为：原审法院确认该收养协议无效，并判令第三人将被收养人送还其生父母，是正确的。上诉人与被上诉人的经济状况较好，均有能力抚养孩子。但考虑到孩子年幼，且是女孩，随母亲即上诉人生活更有利于孩子健康成长。

〔1〕 最高人民法院中国应用法学研究所编：《人民法院案例选》总第30辑，时事出版社1999年版，第41页。

【法理研究】

本案处理首先遇到的一个问题,是原告赵女、被告蔡男与第三人蔡某、马某签订的收养协议是否有效。收养是一种法律行为,一旦收养关系成立,就产生收养人和被收养人之间建立起与生父母子女间的权利义务关系相同的法律后果,因此,我国《收养法》对收养关系成立的条件作了严格的规定。从上述案件事实看,蔡男和赵女的做法不完全符合《收养法》有关规定。

首先,按照《收养法》第4条的规定,不满14周岁的丧失父母的孤儿、查找不到生父母的弃婴和儿童或生父母有特殊困难无抚养能力的子女方可被收养。本案的被收养人蔡甲不属于上述任何一种情况的未成年人,依法不能作为被收养的对象。

其次,按照《收养法》第6条的规定,收养人应当同时具备三个条件,其中一个条件是收养人年满30周岁。第三人蔡某、马某收养蔡甲时,分别才22岁、21岁,没有达到收养人的法定年龄。根据这两条即可以确定本案中的收养协议不符合法律的规定,是无效的。

本案处理遇到的第二个问题,是蔡甲应随父母哪一方生活。根据我国《婚姻法》有关条款规定的精神,父母离婚时,未成年子女随父母哪一方生活,以是否有利于子女的健康成长来确定。本案中,蔡甲是年仅2岁多的女孩,确定蔡甲随母亲即赵女生活,对蔡某的健康成长更为有利。因此,二审法院的处理是比较合理的。

第四节 收养的终止

收养关系的终止,即合法有效的收养关系因发生一定的法律事实、无法继续亲子关系而使该关系归于消灭。收养关系终止有两种情况:一种是法律事件,因一方当事人死亡而使收养关系终止;另一种是法律行为,因收养当事人解除收养关系而终止。本节主要讨论第二种收养终止方式。

一、收养终止的条件

根据《收养法》第26条和第27条的规定,有下列情形之一的,可以终止收养关系:

(一)收养人、送养人双方协议解除收养关系

《收养法》第26条第1款规定:“收养人在被收养人成年以前,不得解除收养关系,但收养人、送养人双方协议解除的除外,养子女年满10周岁以上的,应当征得本人同意。”《收养法》这一规定,是基于“有利于未成年人成长”和“平等自愿”的基本原则而制定的,以便防止发生因收养人、送养人相互推诿抚育责任而侵害未成年人权益的现象。

(二)收养人不履行扶养义务,有虐待、遗弃等侵害未成年子女合法权益行为的

《收养法》第26条第2款规定:“收养人不履行抚养义务,有虐待、遗弃等侵害未成

年养子女合法权益行为的，送养人有权要求解除养父母与养子女间的收养关系。送养人、收养人不能达成解除收养关系协议的，可以向人民法院起诉。”收养关系成立后，养父母与养子女间形成拟制直系亲属关系，养父母须承担抚育养子女的义务。如果养父母虐待、遗弃未成年子女，送养人当然有权要求解除养父母与养子女之间的收养关系。

（三）养父母与养子女之间关系恶化，无法共同生活的

《收养法》第27条规定：“养父母与成年子女关系恶化、无法共同生活的，可以协议解除收养关系。不能达成协议的，可以向人民法院起诉。”养子女成年之后，因某种原因，导致与养父母关系恶化，双方无法再继续共同生活的，养父母或者成年子女中的任何一方，都可以要求解除收养关系。

《王某诉王某某解除收养关系纠纷案》〔1〕

【案情简介】

王某和前妻于1971年收养了刚出生的被告王某某。收养后，王某和前妻共同抚养王某某，养父母子女关系一直融洽。1988年6月，王某前妻病故。王某拟再婚，遭到王某某的反对。经亲友劝说，王某某勉强同意。1989年3月，王某再婚。此后，养父子之间产生隔阂，双方在新的家庭生活中，常为琐事发生矛盾。特别是王某某与继母相处不睦，时常争吵，并借故辱骂养父、继母，伤害了养父子之间的感情。

王某遂于1991年诉至市法院，要求解除与王某某的收养关系。经法院调解，王某撤回了起诉，并希望通过此举及今后的努力来改善养父子关系。但在这以后，双方关系不但没有改善，反而进一步恶化，以致王某夫妇从1992年2月起租房另过。为此，王某于1992年3月再次向市法院起诉，以王某某对他不尊不孝，用污言秽语污辱他的人格，并打骂其继母，扰乱和破坏了他的晚年生活为理由，要求解除与王某某的养父子关系。

【审理判析】

市法院经审理认为：王某与王某某之间的收养关系成立。王某将王某某收养并养大成人，尽到了养育子女的义务。王某某本应尽孝敬父母的义务，但却在养父再婚后，不尊重、不孝敬养父，经常吵闹，致使王某夫妇无法安居生活。养父子关系已经恶化到无法共同生活的程度。判决准予王某与王某某解除收养关系。

王某某对此判决不服，提起上诉。王某同意一审判决。

---

〔1〕 最高人民法院中国应用法学研究所编：《人民法院案例选》总第4辑，人民法院出版社1993年版，第59页。

二审法院经审理认为：王某将王某某抚养成人，由于双方间产生矛盾，不能相互理解，以致关系恶化，难以共同生活。虽经调解，养父子关系仍不能改善，再继续共同生活，对双方的正常生活确实不利。故原判准予解除收养关系是正确的，应予维持。考虑到王某某尚无工作，又无住处，王某可给予王某某一定数额的生活费，并准许王某某暂住原处。

【法理研究】

本案是收养人要求解除与被收养人之间的收养关系。根据《收养法》的有关规定，王某和王某某解除收养关系要符合两个条件：

1. 被收养人已经成年。《收养法》第 26 条规定"收养人在被收养人成年以前，不得解除收养关系"。这样的规定，是为了充分保护未成年人的合法权益。在本案中，原告提起诉讼时，被收养人已经 20 岁，属于成年人，因此，原告可以提出解除收养关系的诉讼。

2. 养父母与养子女的关系已经恶化到无法共同生活的程度。《收养法》第 27 条规定："养父母与成年养子女关系恶化、无法共同生活的，可以协议解除收养关系。不能达成协议的，可以向人民法院起诉"。从本案中的实际情况看，原告与被告之间的关系确实已经达到了难以共同生活的地步。在诉讼中，原告指出，因为被告的行为，他曾经上吊过，而被告也指出，原告再婚后，对其关心不足。这些情况都表明，原告与被告之间的养父母子女关系已经严重恶化，基本上不能继续共同生活。因此，原告提起解除收养关系的诉讼是于法有据的。

从我国《收养法》的规定看，在解除养父母子女关系后，养父母是没有向其子女支付生活费的义务的。本案中，法院在作出解除收养关系的裁决时，还考虑到实际情况，要求原告向被告支付一定的生活费，这是从生活实际出发作出的一种变通，对于双方罢讼息诉，具有一定的积极意义。

二、收养终止的程序

根据《收养法》第 26、27、28 条的规定，终止收养的程序，分为两类：

(一)行政程序

《收养法》第 28 条规定："当事人协议解除收养关系的，应当到民政部门办理解除收养关系的登记。"办理收养解除登记是协议解除收养的必经程序。《中国公民收养子女登记办法》第 9 条还规定："收养关系当事人协议解除收养关系的，应当持居民户口本、居民身份证、收养登记证和解除收养关系的书面协议，共同到被收养人常住户口所在地的收养登记机关办理解除收养关系登记。"

(二)诉讼程序

收养双方当事人不能达成自愿解除收养关系的，或者双方虽然同意解除收养关系，但对财产有争议的，可以向人民法院起诉解除收养关系，由人民法院对双方的争议进行处理。

三、解除收养关系的法律后果

根据《收养法》第29、30条的规定，解除收养关系的法律后果有：

（一）养子女与养父母及其他近亲属间的权利义务关系消除

《收养法》第29条规定“收养关系解除后，养子女与养父母及其他近亲属的权利义务关系即行消除……”。可见，收养关系依法解除后，养子女与养父母之间不再存在父母子女关系，养子女与养父母的其他近亲属之间也不再存在法律所规定的权利义务关系。

（二）未成年子女与生父母及其他近亲属的权利义务关系自行恢复

为保证未成年的子女在收养关系解除后能够健康成长，我国《收养法》第29条规定，未成年的子女与养父母解除收养关系后，与其生父母的权利义务关系自行恢复，以避免收养关系解除后，未成年的子女既没有养父母抚养教育，又没有生父母抚育的情况发生。

（三）成年养子女与生父母及近亲属的权利义务关系经协商后恢复

成年养子女与养父母解除收养关系后，与生父母及近亲属之间的权利义务关系是否恢复，应由双方协商。若协商达成一致意见后，双方的权利义务关系恢复。

但成年养子女与生父母通过协商恢复权利义务关系的，是否还必须与生父母的近亲属也要进行协商？多数学者认为，只要成年养子女与生父母协商同意恢复权利义务关系，其与生父母其他近亲属的法律上的权利义务关系也应视为恢复。

（四）成年养子女对养父母给付生活费的义务以及经济补偿

《收养法》第30条第1款规定：“收养关系解除后，经养父母抚养的成年养子女，对缺乏劳动能力又缺乏生活来源的养父母，应当给付生活费。因养子女成年后虐待、遗弃养父母而解除收养关系的，养父母可以要求养子女补偿收养期间支出的生活费和教育费。”因此，从权利和义务对等原则出发，收养关系的解除与否，并不能改变事实抚养关系的存在，既然养父母抚养养子女成年，养子女也应对缺乏劳动能力又没有生活来源的养父母尽赡养扶助义务。即使双方不再存在收养关系，情况也是如此。但养子女所应给付的生活费的数额，则应根据养子女的负担能力和养父母的需要，并以达到当地一般群众的生活水平为准。对于养子女成年后虐待、遗弃养父母而解除收养关系的，不论养父母是否存在缺乏劳动能力又没有生活来源的情况，养子女均应补偿养父母在收养期间所支出的抚养费和教育费。

《王男在解除收养关系10余年后丧失劳动能力又无生活来源诉葛女经济帮助案》〔1〕

【案情简介】

原告王男与妻子高女婚后未有生育。1961年,王男夫妇收养了未满周岁的葛女,并将其抚育成人。1982年,葛女结婚。1983年,葛女因家庭琐事与王男夫妇产生矛盾,王男夫妇遂提起诉讼,要求与葛女解除收养关系。经法院调解,双方于1983年解除了收养关系,当时未言及经济帮助问题。1996年,高女病故。1年后,王男因多种疾病缠身,丧失了劳动能力和生活来源,遂又起诉至市人民法院,要求葛女给予经济帮助。

被告葛女答辩称:与原告的收养关系早已解除,双方之间现在不存在权利、义务关系,不同意给原告经济帮助。

【审理判析】

市法院经审理认为:原告王男与被告葛女自1961年至1983年间形成收养关系属实,但1983年经法院调解,双方已解除了收养关系。收养关系解除后,双方的权利义务关系即行解除。王男在与葛女解除收养关系10多年以后仍要求葛男给予经济帮助,缺乏法律依据,对其诉讼请求难予支持。

宣判后,原告王男不服提起上诉。中院二审认为:王男在与葛女解除收养关系时尚未缺乏劳动能力,仍能自食其力,依法不符合养子女给予经济帮助的情形。但现在王男年老多病,丧失了劳动能力,且孤身一人无其他经济来源,其要求葛女给付生活费,符合《收养法》第30条规定的情形,对王男请求的支持,符合法律的规定,符合权利义务一致的民事法律原则,亦有利于保护老年人的合法权益,使老年人能老有所养。原审判决适用法律不当,应予纠正。

【法理研究】

本案涉及了收养关系解除后,原来的养子女是否对原养父母有经济帮助义务的问题。一般认为,养父母与养子女之间的关系因收养关系而成立,他们之间具有拟制的血亲关系。在收养关系消灭后,养父母与养子女之间的父母子女关系消灭,他们之间的权利义务关系消灭。此点在我国《收养法》第29条中作出了明确的规定。但《收养法》第30条第1款规定:"收养关系解除后,经养父母抚养的成年养子女,对缺乏劳动能力又缺乏生活来源的养父母,应当给付生活费。"如何理解该条中的"收养关系解除

〔1〕 最高人民法院中国应用法学研究所编:《人民法院案例选》总第32辑,人民法院出版社2001年版,第53页。

后”,是理解本案的关键。

本案中,在解除收养关系时,原告有劳动能力,不要求被告的赡养,甚至也不需要被告的经济帮助。因此,在当时原告对此没有提出任何主张。10年之后,原告由于身体衰老,疾病缠身而丧失劳动能力,此时其能否向被告主张经济帮助。关键是看,此时原告是否仍然有《收养法》第30条中所规定的权利。

从收养法的本意来看,之所以在第30条规定,养父母在结束收养关系后仍然可以向养子女请求一定的经济帮助,是基于两种考虑:第一,从公平原则的角度看,养父母将养子女抚养成人后,无论是在物质还是在精神上,都耗费巨大。即使是在收养关系解除后,对于没有生活来源又没有劳动能力的养父母,养子女也应当负担一定的责任,支付一定的经济帮助费。第二,从保护老年人的角度看,老年人在年轻的时候对子女的抚养尽到了最大的贡献,在其年老时,应当得到子女的反哺和尊敬。即使是收养关系不存在,养子女也应当承担一定的责任。

在解决本案的争议时,应当从上述两个基本点出发。虽然原告在请求被告支付帮助费的时候,已经距解除收养关系的日子10年有余,但这并没有剥夺原告在《收养法》第30条中所享有的权利。因此,二审法院的做法是符合法律规定的。

(五)生父母对养父母的经济补偿

《收养法》第30条第2款规定:“生父母要求解除收养关系的,养父母可以要求生父母适当补偿收养期间支出的生活费和教育费,但因养父母虐待、遗弃养子女而解除收养关系的除外。”生父母要求解除收养关系的,在一定程度上损害了养父母的感情和经济利益,因此,应适当补偿养父母在收养期间所支出的生活费和教育费。但是,若养父母虐待、遗弃养子女,生父母不得不提出解除收养关系的,由于养父母自身存在过错,养父母无权要求生父母补偿在收养期间对养子女所支出的生活费和教育费。

对于在收养期间,养父母虐待、遗弃养子女从而给养子女造成损害的,亲生父母在解除收养关系时,可否就损害向养父母提出损害赔偿?我国《收养法》没有明确的规定。但根据一般的侵权法原理,此时,亲生父母可以代其子女向养父母提出损害赔偿的要求。但在确定赔偿数额时,应当适当考虑养父母在收养期间所支出的教育费和生活费。

《李甲、黄乙与原审被告黄丙、洪丁抚养纠纷一案》[1]

【案情简介】

原告黄甲与李乙是夫妻关系;被告洪丙与黄丁也是夫妻关系。1998 年,原告李乙在人民医院妇产科分娩一男婴,该婴儿属早产。接产医生将婴儿情况告诉原告,原告夫妇商量后,叫医生"处理掉"婴儿。黄丁得知原告不要该男婴后,在未向原告(在医院妇产科病房)征求意见的情况下,便将该男婴抱回家抚养至今。原告放弃抚养该男婴后没有过问、了解过该孩子的情况。1999 年,李乙听本校教师莫某说该婴儿是一女清洁工捡去养后,才了解情况,并于 2000 年 1 月 7 日起诉,要求被告将抱养的男孩归还他们抚养。

【审判分析】

法院认为:被告黄丁于 1998 年抱养的男孩,是原告黄甲、李乙夫妇所生的,事实清楚确实,应予认定。该男孩出生后,在有生命的情况下,原告提出"处理掉"而放弃抚养是违法的。被告在抱养时,原告还在医院住院,被告只听他人说原告放弃抚养就将小孩抱走,没有征求原告是否同意;抱养后 2 年多时间不到民政部门办理收养手续;同时,在已经收养 1 个孩子的情况下,再抱养多 1 个孩子,这些行为都是违反了我国《收养法》的有关规定,因此,被告收养该男孩是不合法的。原告依法负有抚育自己亲生孩子的义务,原告的诉讼请求应予支持。被告抱养该早产、细小、体弱男孩,至今 26 个月时间,付出了不少精力和经济等代价是事实,被告提出要原告补偿 96 000 元抚育费,根据本地区生活水平和小孩的实际情况考虑,原告自愿补偿给被告抚育费 50 000 元合情合理。判决宣判后,双方当事人不服,提起上诉。

二审法院认为原审判决认定事实清楚,适用法律正确,依法应予维持。原审原告及原审被告的上诉理由均不成立,依法应予驳回。

【法理研究】

本案中,原告夫妇因为婴儿出生后存在缺陷就遗弃婴儿,是极端不负责任的做法,如果成就刑法上的遗弃罪的要件,可以追究其刑事责任。本案中另外一个问题是,被告夫妇抱养婴儿的行为是否能够构成收养?根据我国《收养法》,合法有效的收养必须到民政部门进行登记。本案中,被告夫妇将婴儿抱养后,没有经过原告夫妇的同意,也没有到民政部门进行登记。没有形成合法有效的收养。但是,本书认为,结合此案的

---

[1] 参见北大法意网,http://www.lawyee.net/Case/Case_Display.asp?ChannelID=2010103&KeyWord=&RID=22491.

具体情况，可以认定被告夫妇与婴儿之间已经形成了事实收养关系。原告夫妇要求对婴儿的抚养权时，属于亲生父母对已经形成的事实收养关系的撤销。综合考虑具体情况后，法院支持了亲生父母抚养自己子女的权利。但对于被告夫妇在抚养婴儿期间所支出的费用，原告夫妇应当补偿。

（六）养子女在收养期间所应得到的个人财产应归属养子女所有

养子女在收养期间因继承、遗赠、受赠所取得的财产，属于养子女的个人财产，在收养关系解除后，可由养子女带走。养子女的劳动收入在家庭共有财产中所占的份额，在收养关系解除时，也应对该家庭共有财产进行分割和析产，属于养子女个人的财产的，也可由养子女带走。

《刘甲诉被告刘乙解除收养关系一案》〔1〕

【案情简介】

刘甲、刘乙系伯侄关系，刘乙与第三人贾女系夫妻关系，与第三人刘丙、刘丁系父母子女关系。1988 年，因刘甲孤身一人生活，经与刘乙及其生父母协商，与刘乙签订了书面收养协议。协议规定自签订协议之日起刘乙(当时 20 岁)与刘甲一起生活，负责将原告养老送终，刘甲遗产全部由刘乙继承。协议签订后双方开始共同生活。1990 年由刘甲主持，刘乙与贾女结婚成家。以后刘甲大部分时间仍与刘乙夫妻一起生活，此间刘甲与刘乙夫妻为家庭建设均有很大贡献。1998 年刘甲患病，刘乙不为刘甲出钱治病，双方产生矛盾。同年 8 月 18 日，贾女自行车被他人轧坏，贾女对刘甲产生误解，双方发生争吵，贾女即纠集娘家人将原告殴打，使双方矛盾激化。为此原告起诉要求解除收养关系，经村委会调解，原告撤诉，但被告仍不向原告履行赡养义务，故原告再次起诉。

【审判分析】

法院认为，原被告自愿签订之收养协议有效。被告结婚后对原告生活缺乏扶助，第三人贾女纠集他人殴打原告，造成双方矛盾激化，对此纠纷的发生，被告及第三人贾女应负主要责任。原、被告自愿解除收养关系，本院批准。原、被告及第三人贾女对家庭生活均有贡献，故对家庭共有财产部分有平等的分割权利。原、被告在共同生活过程中，原告对被告夫妇给予了扶助，被告夫妻现应给予原告适当补偿。

---

〔1〕 参见北大法意网，http://www.lawyee.net/Case/Case_Display.asp?ChannelID=2010103&KeyWord=&RID=16939.

【法理研究】

本案涉及了收养关系解除后的财产纠纷问题。收养是一种法律关系，其使得收养人与被收养人之间形成拟制的血亲关系。收养关系可以依法解除。在解除收养关系时，通常会涉及收养人与被收养人之间的财产纠纷问题。一般来说，收养人将被收养人养大成人后，解除收养关系的，被收养人应当向收养人支付一定数额的教育费和抚养费。但需要注意的是，对于收养人与被收养人长期共同生活并对家庭财产有重大贡献的，有权要求分割家庭共同财产，取得其应有的财产份额。对此，收养人不得以收养和抚养被收养人为由，主张被收养人没有财产权。本案中，原告与被告夫妻共同生活，双方均对家庭财产做出了重要贡献，在双方分家时，应当本着公平的原则分割家庭共同财产。但本案中，刘甲与刘乙签订“收养协议”时，刘乙已经20岁，不宜认定他们之间存在收养关系。他们之间签订的实际上是一种遗赠抚养协议。双方共同生活共同创造的财产应当被认定为共同共有关系。

跋

这本书是我主编的《民法案例法重述》系列丛书中的一本。王泽鉴老师说过:“学习法律的最佳方法是,先读一本简明的教科书,期能通盘了解该法律的体系结构及基本概念。其后再以实例作为出发点,研读各家教科书、专题研究、论文及判例评释……。”我一直认为,在法律的教学过程中,注重案例的学习和探讨,无疑对学生掌握法学知识和学会法律条文的运用,大有裨益。

《婚姻法》是重要的部门法。在很多年前,我作为巫昌祯老师的学生刚刚接触婚姻法,特别是以后自己又作为教师给学生讲解婚姻法时,就已经逐步明了,仅仅学习具体的条文和规定,而不理解这些法律规范背后所蕴涵的深刻的“伦理”考量因素,是不足以掌握和运用婚姻法来解决实际问题的。而只有通过对案例的分析和掌握,才是掌握条文以及理解其所蕴涵的深刻理念的捷径。

这本书收录了自1992年以来《人民法院案例选》公布的几乎所有婚姻法案例,我们希望通过对这些案例的重新分析、梳理和论证有助于初学者准确、系统地掌握《婚姻法》的知识,并初步理解和把握这些知识背后所蕴涵的深刻的人文理念。

这本书是在我多年的教案的基础上改编而来,因此力求通俗易懂,在构建理论体系的同时,尽量与实践相结合。在全书的编写过程中,特别感谢郑广淼博士的工作。郑广淼博士曾是我的硕士研究生,现在是我的老同学夏吟兰教授的博士研究生,他以极大的耐心为本书的最终完成做出了辛勤的劳动,本书能够得以完成,没有他的智慧和努力,是绝对不可能的。

同时我还应感谢张红、王双京、疏震娅、龙云丽、王福强等同志在本书撰写中的工作。另外,陈绍芳、李兆军、黄杨、李平、马吉亮、扶晴晴、于敏、刘臻、武建峰、杨若蒙、张赟、高海玲、舒翔、高小玲等同志,也都为本书的资料收集和文字整理,付出了自己的努力,在此谨致谢忱。

最后,要感谢带领我迈入婚姻法大门的恩师巫昌祯老师,感谢生我养我的父亲和母亲,感谢为本书的完成与我一样付出自己心血的爱妻——她不仅在工作上给我无私的关怀与安慰,而且在生活上也给予了我无微不至的照顾。在此,我仅能以寥寥数语来表达自己的绵薄谢意。

李显冬

2006年11月18日

于中国政法大学学院路校区

图书在版编目(CIP)数据

婚姻法案例重述/李显冬主编. －北京:中国政法大学出版社,2008.3

ISBN 978－7－5620－3180－2

Ⅰ.婚... Ⅱ.李... Ⅲ.婚姻法－案例－分析－中国 Ⅳ.D923.905

中国版本图书馆 CIP 数据核字(2008)第 033960 号

出版发行 中国政法大学出版社

经　　销 全国各地新华书店

承　　印 固安华明印刷厂

787×960　16 开本　16.5 印张　320 千字

2008 年 4 月第 1 版　2008 年 4 月第 1 次印刷

ISBN 978－7－5620－3180－2/D·3140

定　价:26.00 元

社　　址 北京市海淀区西土城路 25 号

电　　话 (010)58908325(发行部)　58908285(总编室)　58908334(邮购部)

通信地址 北京 100088 信箱 8034 分箱　邮政编码 100088

电子信箱 zf5620@263.net

网　　址 http://www.cuplpress.com (网络实名:中国政法大学出版社)

本社法律顾问　北京地平线律师事务所